軍都久留米

近代都市への転換と地域の人々

山口 淳

花乱社

装丁　花乱社編集部

はじめに

私が生まれ育った久留米市は、戦前「軍都久留米」と形容されていた。軍都とは文字通り軍隊、特に師団が所在する（陸軍の場合）都市のことだが、軍隊が在ることによって、新たな消費が生まれ、それを梃子に発展した都市を言う。軍隊と共存した都市である。

久留米の場合、明治三十（一八九七）年に現久留米市国分町、当時は三井郡国分村（大正十一年に同郡国分町）に歩兵第四十八聯隊が設置されたことに始まる。その後、明治四十（一九〇七）年に第十八師団が置かれ、名実ともに軍隊の町、「軍都」となった。私の父親の世代以前は、いわゆる戦争に行った世代であるが、子どもの頃から日常的に、軍・兵隊に接してきたことになる。「軍都久留米」の響きは、房だけになった軍旗と共に、数々の戦争を戦い「勇敢」であったという歩兵第四十八聯隊の所在地として、誇らしげに使われていたようである。

このようなことから、戦前から現在に至るまで、多くの地誌、地域史の中では「軍都」が必ず取り上げられ、論じられてきた。戦前の書物では、軍の誘致と、兵営が所在することが、郷土の誇りとして論じられている。戦後になれば、例えば『久留米市史』に見られるように、地域全体の通史の中に、各時代別に分散して記述されていることが多い。

一方、戦後しばらくの間は、実際に出征し苦労された方々による自分史、部隊史の類が多く出版されてきた。さらに近年になれば、空襲を記録する、あるいは軍事遺産を記録し遺していこうとする活動が行われ、その記録が出版されていく。

今一つの軸として、全国に展開した陸海軍と地域との課題を論究していこうとする動きがある。

この小書は、最後の部類に属する。久留米という地域が、どのように「軍都」に成っていったのか、どのように変貌したのか、ここで、今一度、軍都としての発展の具体的な姿を都市形成の観点も含めて見つめ直そうとするものである。次に、久留米の人々は、どのように軍・兵隊たちと接してきたのかを論じていく。三つ目に、ややもすると、「軍都」に成ったことによって、その都市は発展した、との考えを見つめ直すこととする。軍からの利益を享受し、発展したことに相違はない。しかし、確かにそうではあるものの、「陰」となった点も多く存在する。軍都として発展したということのみに気をとられてはなるまい。兵営の「表」になれば新たな町が形成もされた。だが、「裏」になればそうはならない。兵営、あるいは演習場が設置されることは、土地を奪われることでもある。このような「陰」をも含めて、「軍都久留米」を見つめ直していく。

ただし、本書で扱う時代は概ね明治三十（一八九七）年の歩兵第四十八聯隊他の設置から、大正十四（一九二五）年の軍縮による久留米第十八師団の廃止までとした。しかしながら、久留米の特徴を論じるために、その前後の事象についても一部記述している。

最後になるが、本書は、軍都について幾つもに分散して書かれていたものを、一つにまとめたもの程度であるかもしれない。ただ、それはそれで、便利な本となっていればよい。今一つ、本文中に多くの資料を引用した。このことが読みづらさとなったのではないかとも思うが、できるだけ「生」の資料を提示して、後の考究の一助になればと願ったからである。意のあるところをお汲みいただければ幸いである。

凡例

一、「聯隊・連隊」の表記については、引用文以外は「聯隊」を用いた。

二、引用文中の職業名などに、現在では蔑称として使用されない用語がある。歴史研究上、反差別を以て臨まねばならないが、資料の歴史的意義を尊重し、そのままの表記とした。

三、引用資料については、原則として次のように表記した。

・原文の意味を損ねない限り、漢字は原則として新字体を用いた。

・異体、略体類、漢字表記の助詞などの表記は、一般的な古文書翻刻の例に倣った。

・繰り返し記号は「々」(漢字)、「ゝ」(ひらがな)、「ヽ」(片仮名)、及び「〱」を用いた。

四、引用文中の（ ）はそのまま使用した。引用者注の場合は〔 〕を用いた。

五、表には通し番号を付けた。また、地図や写真は図として通し番号を付けた。

六、巻末に参考文献などの一覧を付し、本文中の文献・出典紹介は簡略表記とした。

軍都 久留米❖目次

目次

第三章　軍は地域に何を求めたか

第四章　兵営の建設

第五章　かくして軍都となった

第八章　地域の人々と軍隊

第一章　軍都の舞台・久留米

1　久留米という町

久留米市は福岡県の南部に位置する。筑後である。市街地の北と西は筑後川に接しており、東には九州山地から派生した耳納《みのう》山地が連なり、その西端には筑後一の宮である高良大社が鎮座している。この地は古くから交通の要衝であり、東の豊後から西の肥前へ、北の筑前から南の肥後へ通じる主要な道路が交差する場所である。この重要性は今も変わらず、九州道、国道3号線・210号線、ＪＲ鹿児島本線と久大本線が通っている。筑後川が形成した平野は豊かな穀倉地となり農業が発達した。無論、筑後川は長く物流の動脈であった。

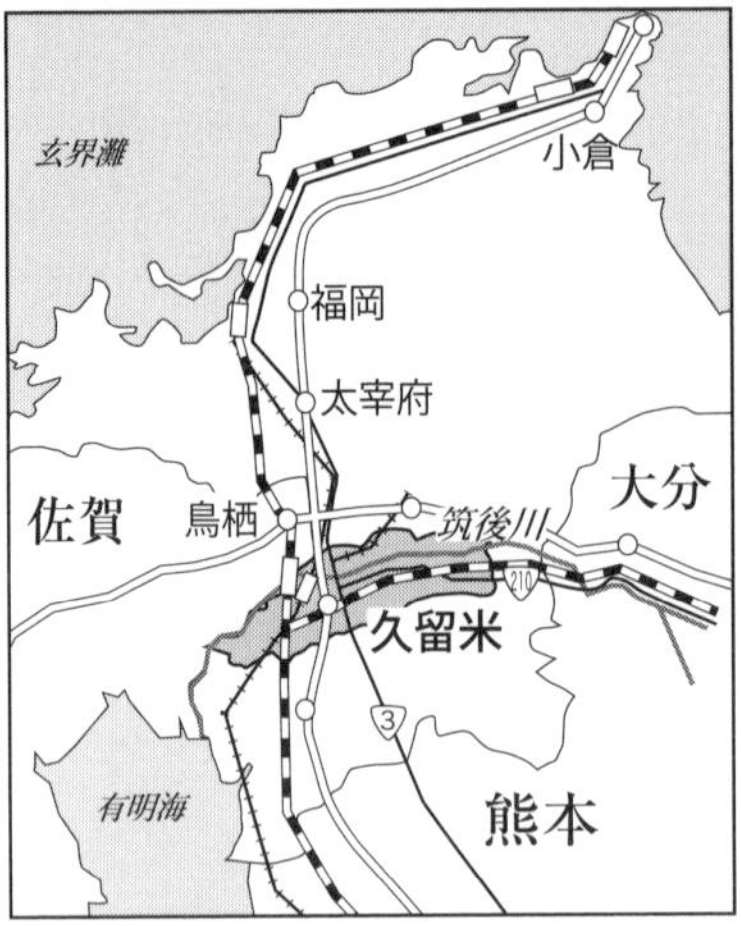

図１　久留米市の位置

このような地勢的特徴を持った久留米には、奈良時代には筑後国府・国分寺がおかれ、高良神社は神仏習合の宗教勢力として大きな影響力を持っていた。南北朝期には、高良山が一時期南朝方の拠点ともなり、戦国期には豊後大友氏が肥前を窺うための重要な地であった。つまり、軍事的緊要の地であり続けた。

近世に入ると、豊臣政権下の毛利秀包《ひでかね》、関ケ原以後の田中吉政の短い統治の時代がある。元和七（一六二一）年には丹波福知山から有馬豊氏《とようじ》が久留米に入城し、以後明治に至るまで有馬氏統治の久留米藩が続くことになる。田中吉政は柳川を居城とし、久留米城は支城となるが、毛利

(小早川)氏、有馬氏は久留米城を居城とした。現久留米市の中心市街は、この有馬氏時代の城下町を基礎に発展した町である。明治二十二(一八八九)年、久留米は市制を施行したが、ほぼ城下町の範囲を市域としていた。

このような歴史を持った久留米が、明治三十(一八九七)年、歩兵第四十八聯隊他を誘致し、次いで明治四十(一九〇七)年には第十八師団の誘致にも成功して、軍都と成ったのである。

2 軍都前史

前項の、かいつまんだ久留米の歴史を基に、「軍都久留米」への胎動の時期を述べていく。

(1) 藩政の終焉

元和七年の入城以来、有馬氏は明治維新まで久留米を統治した。幕末、第十代藩主で英名を謳われた頼永《よりとお》と、その後を襲った最後の藩主である頼咸《よりしげ》の時代には、藩の財政再建に取り組みながら、一方で洋式軍備を取り入れ海軍までも持つこととなった。しかし、藩内の佐幕派(開明派)と尊王派との軋轢・抗争が起こった。藩最後の尊王派政権は、長州奇兵隊と同じような応変隊・欽承隊・殉国隊などをも組織し、なんとか官軍側となり戊辰戦争を迎える。

しかし、この政権は明治を迎えても「攘夷」を払拭できなかった。反政府活動の拠点と目されることとなり、長州奇兵隊脱徒大楽《だいらく》源太郎主従を匿ったことをきっかけとして、政府軍の弾圧を受ける。明治四(一八七一)年、久留米は政府軍による、いわば戒厳状態の中で廃藩置県を迎えたのである。久留米では「藩難事件」と称される。幕末の「尊攘派」による「開明派」の弾圧、そして、この「藩難事件」によって、久留米は多くの有為の人材を失うこととなった。

(2) 佐賀の乱と西南戦争

明治四（一八七一）年、明治政府軍の銃剣に怯えた記憶もまだ生々しいものがあったであろう、その三年後の明治七年、そしてまた、明治十（一八七七）年、久留米の人々は近代的な軍隊として創設された鎮台兵の姿を見ることとなった。佐賀の乱と西南戦争である。この時の様子は、当時の人たちの日記などに書き留められている。この中から、市井の人、あるいはそれに近い人のものを見てみよう。一つは久留米藩の水軍の家に生まれた亀山清次郎が明治四十一（一九〇八）年に著した『洗町小誌《あらいまち》』である。今一つは久留米の豪商であった原古賀町《はらんこが》の木屋《きや》の手代を長く務め、そこを辞した後は南薫町《なんくん》などで穀物などを商った石本猪平の『諸国見聞』と題された日記である。天保十（一八三九）年から明治二十一（一八八八）年まで石本猪平が見聞きしたことが克明に記されている。

佐賀の乱

明治七（一八七四）年に起こった佐賀の乱は筑後川を挟んだ隣地での出来事であった。旧佐賀城下付近だけでなく、筑後川対岸に近い田代付近などにまで戦いが及んでいる。

明治七年佐賀暴動の時は洗町も随分騒いだ。此ノ地当りは定て戦場となりて家屋も焼払はるゝであろうかと噂があるので、何処も大抵家財道具等は他所へ預るやら、地を掘て埋るやら、女子供を引連れて逃るやら、中々混雑した。丁度旧正月で有ったが、朝九時頃から北の方角に当てポン〳〵ドドン〳〵と小銃・大砲の音が聞えた。スワ始ったと騒で居ると一時間計で其音も薄らいだ。すると沿道の民家に火が掛ったと見えて黒烟諸所に立起り、凄ましい模様で有た。併し佐賀兵はヤッサ引に引たので洗切も無難に逃れた。是時洗町よりも境界守備の官命にて住吉・若津等の地方に出張した。父が話に、是時住吉で敵兵が打かけた事があったけれ共戦争にはならなかった。其後賊の乗込居たと思はるゝ上荷船壱艘流れて来たから分捕したと云て居た。（『洗町小誌』）

銃や大砲の音に人々は怯え、久留米まで戦場になった場合に備え家財道具と共に避難する人たちで混雑している。また、旧武士たちは筑後川の河港などの防備に駆り出されている。

『諸国見聞』にも、旧正月元日に「肥前之方ニ大筒・石火矢の音大キニ聞へ」とあり、また、「肥前□衆勢土甲呂村〔三潴郡〕迄参り候よし」と風聞に怯える様子が窺える。

この一方、「上方勢玉箱拾箱斗荷行、早打人力車往来いたし、宮ノ地陣ゑい〔陣営〕方住吉え引越、米・味噌・わらち、両郡北野当公役人馬荷行」と記され、政府軍側にとって格好の後背地となった様子も窺うことができる。

西南戦争

佐賀の乱の記憶も冷めやらぬ明治十（一八七七）年には、また、鎮台兵と、軍《いくさ》の恐怖とに遭遇することになる。先の佐賀の乱に比べると、西南戦争ははるかに大規模であった。久留米は、久留米師範学校や寺町の寺院などが病院となり、鎮台将兵・警察隊・軍夫、合わせて三千人以上が収容されたこと、有栖川宮征討総督の本営となったことが知られている（『久留米市史 第3巻』など）。

しかし、久留米の状況はそれくらいのものではなかった。『諸国見聞』の著者石本猪平は西南戦争当時、久留米藩の参府街道であった宮ノ陣道に面して店を構えていた。実際に明治政府軍や軍夫が通行する姿、音を見聞きしており、その様子を逐一記録している。久留米は、小倉・博多から熊本方面への政府軍の重要な通過地点であった。西南戦争に際して久留米が果たした役割は、まさしく兵站（後方）基地であったと言わねばならない。『諸国見聞』に詳細に書かれた事実によって、久留米が果たした役割が具体的に復元できる。

その具体的な内容は以下のようであった。

① 鎮台兵・軍夫の通過地点、宿泊地などとなった。

西南戦争に関する記述は「明治十丑旧正月元日より伝進気〔電信機〕通路止候よし」から始まる。その四日後から、鎮台兵の久留米への入込み、宿泊が記録される。

旧正月五日、松崎泊りニて小倉鎮台四百人入込ニ相成候て、三本松通壱丁目・二丁目宿ニて御泊りニ相成候

(略)

丑旧正月廿日七ツ時比雨降、鎮台兵凡千人博多上りニて御通りニ相成候、久留米泊り、夜ル荷物行

旧正月五日の鎮台兵は、小倉から非常警備のため、乃木少佐に率いられた二個中隊のことであろう(『陸軍省大日記』弐大日記。『陸軍省大日記』については33ページ参照)。

軍夫、荷物の往来も頻繁である。

旧正月十日(略)車力十四・五挺ニ鉄炮之玉と見候様成物乗せて城下え行込申候、又、追々たん薬と玉荷行も有、車も有、数《かすへ》候様ニひまなく数も分り不申候へ共引行候間、大方百余とも覚申候、又々夜通し荷物入込候車音聞え候也

(略)

旧正月十五日(略)四ツ比ニ玉の薬の半切笊・諸道具、車ニ何百挺ともかすへかたく通り、人力車ニ菊の紋之頭巾ニて百五十とも不申弐百車欤〔歟〕、かすへかたく御通ニ相成候、中ニ荷物も行申候、夜前之御通り之車三百

と咄ニ申入御座候也

この間、兵員の移動、物資輸送の円滑化を図るため、筑後川には舟橋が設けられている。

〔旧正月十八日〕宮ノ地大川舟橋、大川ニ舟十八艘ニて橋ニ成、車も馬も通り候様ニ道ニ成候様砂を置、往還之様ニ相成候、往来ニ相成候也

② 一時政府軍の総督本営が置かれた。

『久留米市史』によれば、明治十年三月十六～二十二日までの間である。

明治十丑旧二月二日、天気、昼七ツ時比ニ筑前宰府より御出立、久留米城下え御入込、（略）御馬乗ニて二人、此内宮様〔有栖川宮〕之よし不分り見付不申（略）

また、『郷土研究 筑後』第五巻第八号には以下の記事（『筑後郷土通史 近世篇 下』）がある。

西南役と久留米

（略）

総督宮の御本営は筑後では初め三井郡松崎の油屋に据ゑられ、次いで三月十日明善校（当時久留米師範学校）に置かれた。（略）本営は同二十日には〔福岡県〕久留米支庁（即旧御使者屋で現久留米市役所）に移られ、学校は之より四月四日迄病院となった。

③ 城下町に病院が置かれ、死者の埋葬地となった。

城下、寺町や久留米師範学校などが病院となり、治療あるいは博多などへの中継地となっている。また、死亡した者は山川村の久留米藩が設けた招魂所の地に葬られた。西南戦争に係る墓塔は一九二基を数える。

〔旧正月二十三日〕昨夕方、寺町え手負の人四百人斗入込ニ相成候風聞

（略）

同〔旧正月〕廿六日（略）寺町宿病人博多え欤、戸板ニ乗て四人持夫ニて御通ニ相成候（略）

（略）

旧二月四日、宮様寺町病人を見廻ニ御出ニ相成候よし（略）

④ 後方の内乱に備える拠点となった。

福岡藩士族が西郷軍に呼応し、福岡県庁などを襲った。彼らはその後、朝倉、秋月方面へと移動するが、現小郡市乙隈《おとぐま》、干潟《ひかた》付近で、久留米から出動した鎮台兵と戦闘となっている。

〔旧二月十七日〕横熊（隈）と乙熊（隈）之間、昼九ツ過筑前賊と久留米鎮台と右之所ニて戦、干形（潟）中所家焼、町方も少々騒キ立申候、南薫辺も心配仕候、軍止ミ候哉引取ニ成手負も来ル、賊之方即死十八人、隊長生ケ取一人来ル（略）

第四月一日旧二月十八日、雨、昨日御出張ニ相成居候分御引取之御人数丈ケ、又今日御出張ニ相成候、弾薬少し行、肩中ニ白木弾薬箱をかるい弐十人余行、筑前甘木ニ賊居候よし、夜ニ入候てから御引取ニ相成候

さらに四月三日には、「（略）唯今秋月出兵之平佐少佐ヨリ、此夜午後一時比賊之互集スル旧城ヲ乗取、官軍死傷

之人モナシ（略）」と秋月での戦闘の記載が続く。

秋月を目指した反政府士族を、久留米に在った鎮台兵が制圧したのであった。『秋月黨』には、「折しもあれ、久留米梅林寺を本部とせる官軍より急派せる一中隊の挟撃に遇い、衆寡敵せず」とある。この戦いは、「西南戦争と小郡」（『故郷の花』第21号）と題した研究発表の中で「福岡の変と彼岸土居の戦い」として触れられている。

また、鎮台兵の訓練も行われている。久留米が、単なる通過のための宿泊地ではなかった証左でもある。

旧同〈七月〉十七日、チョヲレン〈調練〉、五穀神社ニテ百人斗、応変隊之跡ニて百人斗
日々稽古として鑓水山え御出浮、又ハくし原西ノ天満宮、又百人斗、旧七月廿七日宮ノ地方御出浮ニ相成

⑤ 軍夫の徴発地となり、また諸公役が課せられた。

〈旧正月二十九日〉筑後領百性より公役夫ニ出候よし百人・弐百人通り行、咄ニ仕度銀壱人三円被下候よし、勤返り候上ニて弐円被下候よし

この軍夫については『洗町小誌』には、「（略）軍夫には幾人も出で居た。（略）大分お金も溜めて来たそうで有たが（略）」。また、『秋月黨』にも「此役当時官軍の軍夫は二日市の谷彦市之を支配し五十長、百長、五百長、千長あり。谷は千長なり。軍夫日給壱円拾銭、五日交代にて五円五拾銭を支払ふ。当時米一俵壱円七十五銭位なりしと聞く」とある。

⑥ 物資の供給地となった。

物資は通過しただけではない。「（略）旧正月十九日（略）同夜玉薬櫛原村久留米炎焼《ママ》〔焔硝〕蔵くし原村え御預ケニ相成、夜中ニ夥敷来り候よし」。弾薬類が旧久留米藩以来の焔硝蔵に運び込まれ貯蔵されている。もちろん、久留米の地で物資の補給も行っている。現ムーン・スターの創業者倉田雲平は、足袋二万足、シャツ・ズボン各一万着を請負ったという（『月星ゴム90年史』）。

『諸国見聞』によって、久留米が果たした役割が鮮明になった。従来まで西南戦争における久留米に関する認識は①～③に記した程度の認識であった。また、戦後帰国する鎮台兵などが土産として久留米絣を多く購入した、というようなことであった。これまでの理解に加えて、物資の通過保管、供給、軍夫の調達地、後方での騒乱への対応拠点となったこと、以上が加えられねばならない。まとめれば、政府軍の九州への上陸地であり兵站基地であった小倉・福岡と前線を繋ぐ重要な中継基地、兵站と言うべきである。であったからこそ、福岡の反政府暴動に対しても久留米の鎮台兵が対応できたのである。

つくづく、久留米の人たちは幕末から明治維新そして西南戦争まで、その時々の歴史に残る戦の姿を垣間見てきたことと思う。しかし、このこと、特に西南戦争での久留米のありようが、その後の「軍隊の誘致」の底流になっているように思える。

第二章　軍隊の誘致

1　軍隊誘致の頃の久留米

前記のような明治維新期を経た久留米は、明治二十二（一八八九）年、全国で最も早く市制を施行した町に名を連ねる。同年四月一日、九州では長崎・福岡・久留米・佐賀・熊本・鹿児島の六つの町が市となった。

久留米市の場合、予定地区戸数四二六五戸、人口二万四七五〇人。市域は概ね旧城下町の範囲で狭隘、発足時の市吏員は僅か二十五名であった（『久留米市誌 上編』）。『久留米市史 第3巻』には明治四十年に編まれた『福岡県久留米市是』のデータを引き、「多くの一般市民の経済力は、甚だ貧弱の感を免れなかった。（略）明治期の久留米市の経済力は豊かであるとはいえないと見てよいであろう。地方自治体としての市を維持するためには、生産力の向上と財政の確立は重要な課題であった」と評している。同様に『久留米商工史』でも、「市の二十二年度予算総額はわずか四千七百五十四円八十戔《銭》七厘といった貧乏世帯である。市庁舎は旧藩時代に御使者屋であった旧御井御原山本郡役所をソックリ買い取ることにしたが、その代金千七百七十四円二十二銭六厘も一時他から借り入れ、三ヵ年賦で市税からやっと償却した」とある。市の財政にもゆとりは無く、まことに小規模な市であった。

つまり、全国に先駆けて市制を施行したという気概は有ったものの、産業といえば久留米絣を代表とする以外にはさしたるものが無かった。『福岡県久留米市是』には「工業品ハ本表掲載ノ品種ニシテ絣縞傘等ハ其規模稍々大ナリト雖モ其他ハ工主自ラ業務ニ従事シ徒弟又ハ家族ヲ助手トシ製造スルカ故其産額従テ僅少ナリ（略）」とあ

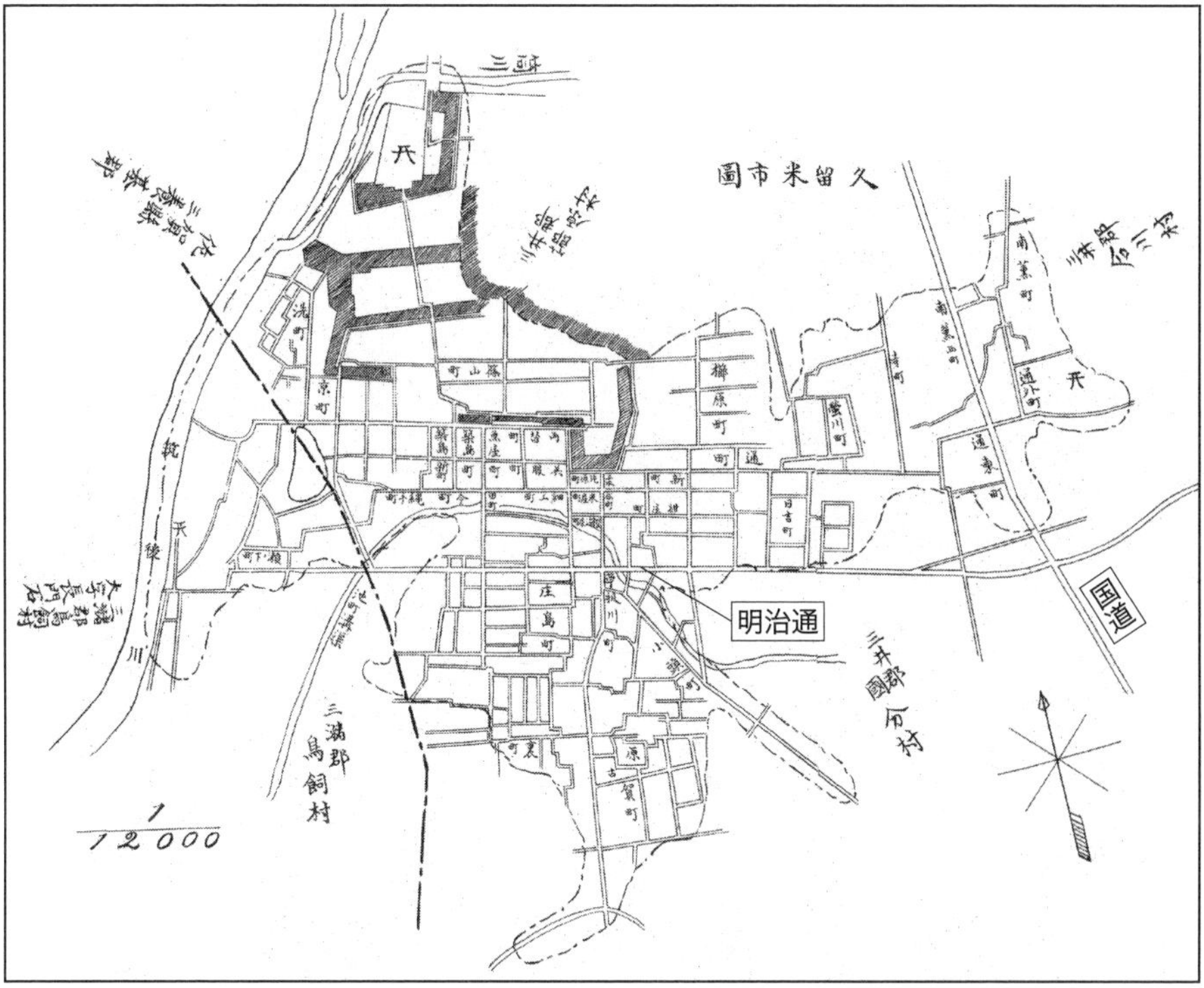

図２　市制施行当時の久留米市域（『福岡県久留米市是』附図に一部追記）
『福岡県久留米市是』は明治40年刊行であるので国道と明治通が描かれている

る。

古くから交通の要衝であったことにより、市制施行の同年十二月に博多〜久留米間（千歳川仮停車場）に九州鉄道が開通（久留米停車場は翌年）したことが将来に向けた明るい兆しではあった。そして、地域的には筑後川の恩恵を受けた広大な筑後の平野の豊かな農業が財産となっていた。その後、ゴムの町として久留米を特徴づけた契機である地下足袋の登場は、大正時代を待たねばならなかった。

このような久留米市が、陸軍の兵営設置という、市発展のための千歳一遇のチャンスに巡り合うことになったのである。

2　誘致運動と土地献納

(1) 軍備拡張

我が国の近代陸軍は、明治四（一八七一）年の鎮台設置、同六年の徴兵令公布によって確立していく。鎮台は未だ、国内の治安への対応を考慮されるものであった。明治二十一（一八八八）年、この鎮台条例が廃止され、師団編成に改組される。外征も可能な新たな陸軍となったのである。

初めての大規模な対外戦争であった日清戦争に勝利した日本は、清国からの三億円以上の賠償金を基に軍備拡張に取り掛かった。三国干渉を行い、中国遼東半島の権益をめぐり対立を深めつつあったロシアに対抗するためであった。

この時の軍備拡張は、陸軍の師団に限れば、日清戦争前の六個師団を倍増し十二個師団にするというものであった。これを受けて、各地方で軍の誘致運動が起こった。当時の我が国で地方都市と言えば、その多くは旧城下町であった。そして、その城下町は、明治維新後ほぼ例外なく藩の中枢であったことによる求心力を失い衰微の状況にあった。このような中で、軍を誘致することは、人口の増加と、消費力によって経済を発展させ、再び都市として浮揚すること

図3　創設時の歩兵第四十八聯隊

北東から見た兵営。中央の２階建ては聯隊本部であろう（写真：故古賀幸雄氏蔵）

が期待できるものであった。農業以外にさしたる産業が無い当時にあっては、唯一の方策と言っても良いものであったはずである。

軍備拡張に話を戻すが、日清戦争は明治二十八（一八九五）年四月の下関講和条約の締結によって終わった。その年の十二月、国は帝国議会で軍備拡張のための予算を成立させた。同時に陸軍参謀本部は、師団・聯隊の新設と配置とを決める陸軍常備団体配備表を改め、陸軍管区表の原案を作成した。

(2) 歩兵第四十八聯隊の誘致

誘致運動と土地献納

この軍備拡張の下では、九州には小倉に第十二師団を新設し、小倉と久留米に二個歩兵聯隊を置くという案であった。

久留米市も軍の誘致に名乗りを挙げた。久留米近隣で誘致運動を行ったのは、小倉町と佐賀市であった。小倉の場合は、関門の地を控え、後には大陸への門戸となる要衝でもある。既に明治八（一八七五）年には熊本鎮台からの一個聯隊が旧小倉城内に設置されており、他を大きくリードする条件を持っていた。この師団計画は小倉の地元民の大きな関心を呼び、明治二十九年、師団誘致委員を選んで上京させた。地元ではこの際福岡県から分離し、旧藩の六郡をもって新県設立の夢を見て運動を開始する者が現れるなど、軍都建設の期待がつのった（『北九州市史 近代・現代〈行政・社会〉』）。

軍備拡張予算が組まれるとの憶測から、各地で誘致のための運動が起こる。陸軍省などへの情報収集が行われ、陳情、請願の類が提出されていく。

結果、久留米市には、小倉第十二師団に属する、第二十四旅団司令部、同旅団の歩兵第四十八聯隊、衛戍《えいじゅ》病院、及び陸軍墓地が設置されることとなった。

この折の久留米の誘致状況を見てみよう。

明治二十九（一八九六）年に久留米市でも久留米附近への陸軍部隊設置の情報を得ると、誘致運動を始めた。その事情を、昭和七（一九三二）年編纂の『久留米市誌 中編』には、以下のように記載する。

明治二十九年軍備拡張につき其筋にて吾が久留米市附近に兵営設置の議ありと風聞頻に伝へらるゝや窃に其実否を探りしに稍信ずる所ありしを以て市民其設置を仰望するの情止むべからざるものあり、是を以て市長は市接近地図並に地価額等を取調べ不取敢上京の上其筋に具状する所ありしに、其筋に於ては粗久留米附近に設置せらるることに内議決定ありしを確め得て帰米せり。然るに佐賀県地方よりも該設置を渇望し大に請願する所ありて省議変更せられんとすとの風説ありければ市長は再上京して反覆陳情し一面市民は奉公の至誠を捧げ、兵営敷地四万坪献納出願の挙あり、依て益之に力を得百方懇請する所ありしを以て遂に其希望を達し、愈聯隊所在地としての決定を見るに至れり。而して該兵営建築に際しては、旧藩主有馬主家よりも其建築費として金一千三百円を寄附せられたり（略）

まとめれば、久留米附近に兵営設置の情報を得て、久留米市長が上京し陳情、市民は「奉公の至誠」を示すため敷地四万坪を献納。これによって久留米市への兵営誘致に成功したというのである。さらに、有馬家は「建築費」として一三〇〇円を寄附している。また、久留米市は近接する佐賀市との競争を意識せざるを得なかった。佐賀の状況は第六章に後述する。

誘致に名乗りを挙げた地方は、いずれも土地献納を「出願」するのだが、久留米の場合を、以下五点の『陸軍省大日記』を引用し考察する。『陸軍省大日記』とは、明治期から昭和期にかけて作成された、陸軍省発来簡の公文書類を編冊した簿冊類の総称である。各文書は、その種類に応じてサブシリーズとして分類されている。この史料により、陸軍の師団等設置方針と、各地における熾烈な誘致運動についても、その一端を窺うことができる。

① 秘第八拾三号

県下久留米市々民惣代恵利千次郎外五拾五名ヨリ同市附近へ陸軍兵営御建設ノ議アルヲ聞キ右敷地献納ノ義別紙之通及請願候右ハ当今ノ時勢ヲ考ヘ実ニ特志ノ申出ニ候条速ニ御採用相成度此段副申候也

明治廿九年五月七日

福岡県知事　岩村高俊

陸軍大臣　侯爵　大山　巌　殿

（『陸軍省大日記』壱大日記）

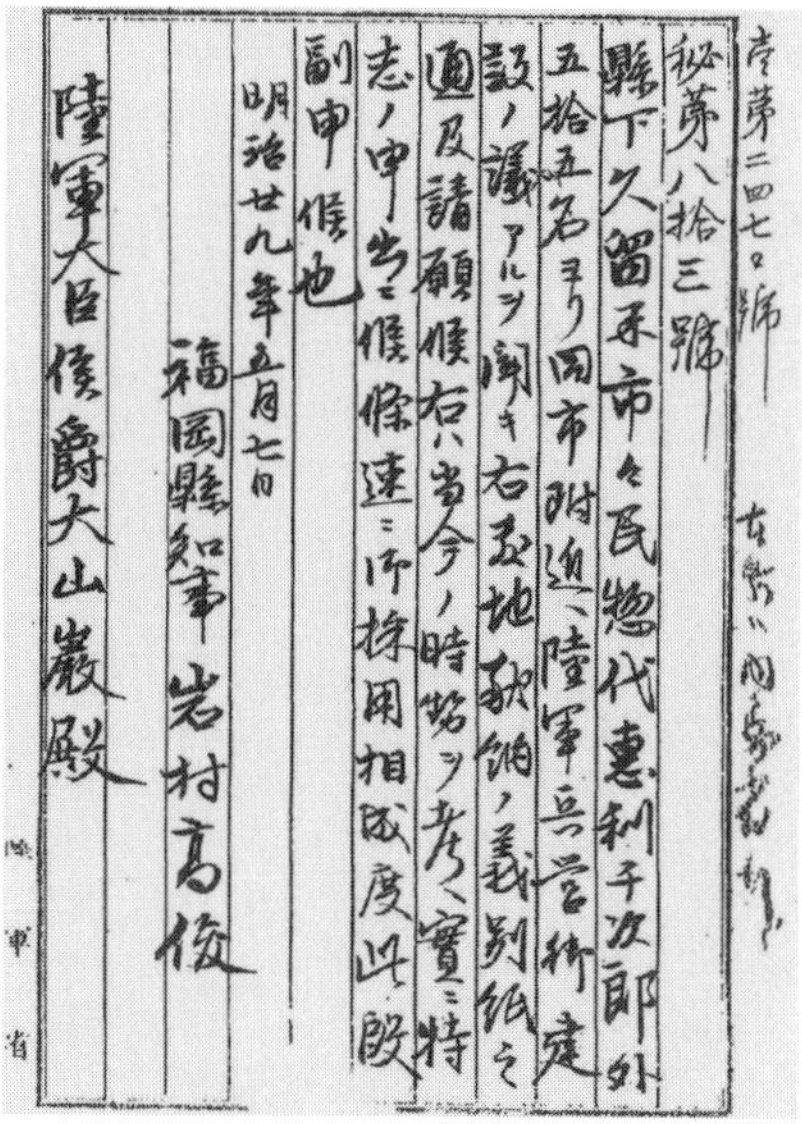

図４　『陸軍省大日記』壱大日記の原文の一部（アジア歴史資料センター／原本所蔵：防衛省防衛研究所）

② 久留米市民兵営地献納ノ件　〔六月一日〕

次官ヨリ建築部長へ照会按

臨建工地甲第四一号ヲ以テ久留米附近兵営敷地献納方出願ノ義ニ付右必要之趣意見上申相成候処右ハ貴部ニ於テ先ツ地方庁ニ打合セ適当ト認メタル土地ヲ指定シテ面積ヲ詳記シ略図ヲ添ヘ更ニ申出相成候様致度此段及御照会候也

追テ臨建工地第四一号ハ一先ツ及返戻候也

（同前）

③ 兵営敷地献納願ニ付意見上申

福岡県下久留米市民総代恵利千次郎外五十五名ヨリ兵営敷地ニ要スル指定ノ地所凡四万坪献納方出願之儀ニ付送乙第二二四八号ヲ以テ意見上申方御達相成候処右ハ別紙図面兵営予定地内ニ於テ献納ノ義ニ有之必要ト被存候間書類相添此段及復申候也

明治廿九年六月廿三日

臨時陸軍建築部長代理

臨時陸軍建築部副部長　男爵　野田豁通 印

陸軍大臣　侯爵　大山　巌　殿

追テ献納願書中地積凡四万坪ト有之候得共実地調査候処拾弐町参反五畝歩ニ有之候間此段副申申候也

（同前）

④ 兵営敷地献納願之件 〔九月二十六日〕

内務大臣ヘ御照会按

福岡県下久留米市民総代恵利千次郎外五拾五名ヨリ地所献納之義出願ニ付別添ノ通同県知事より副申有之候処右ハ兵営敷地トシテ必用ニ有之候所願意奇特之義ニ付許可致度尚ホ右地内ニ介在スル官有道路敷面積四百

七坪五合五勺囲込受領致度候条貴省意見無之候ハヽ献納地ハ受納方手続之上地種組換官有地ハ臨時陸軍建築部へ引渡方至急其筋へ訓令相成度書類幷ニ図面相添へ此如及照会候也
追テ本件出願書中四万坪献納と記載有之候得共官有道路敷地等ヲ除キ全ク献納ニ係ル分ハ拾弐町参反五畝歩ニ有之同所在来道路囲込之上ハ別紙図面之通献納地内へ新道路開設工事落成之上還付致候条受領方共併セテ訓令相成度此如申添候也

高級副官より福岡県知事へ通牒案
貴管下久留米市民総代恵利千次郎外五拾五名ヨリ兵営敷地献納之義出願ニ付秘第八三号ヲ以テ御副申相成候処右ハ内務大臣ニ於テ許可スヘキ義ニ付該書類ハ総テ同省へ回付致置候条許可之上ハ臨時陸軍建築部へ御打合受授方御取扱相成度此如及御通牒候也

右内務大臣ヨリ回答之上左按之通臨時建築部へ御達相成度
御達按
福岡県久留米市民総代恵利千次郎外五拾五名ヨリ地所献納方出願之義ニ付臨建工地第九四号復申ノ件ハ内務大臣ニ於テ願意聞届候旨通牒有之候条該地反別拾弐町参反五畝歩受領ノ手続ヲ為スベシ
但本地内官有道路敷面積四百七坪五合五勺囲込之義内務省へ協議済ニ付併セテ受領シ同所新道路開設工事落成ノ上還附スベシ
（同前）

⑤ 陸甲第一三七号
福岡県久留米市民総代恵利千次郎外五十五名ヨリ土地献納並ニ官有道路受領之儀ニ付本年九月廿六日付送甲

第二七九号ヲ以テ御照会之趣了承本日其旨地方庁へ及訓令候此段回答候也

明治廿九年九月三十日

内務大臣　伯爵　樺山資紀　印

陸軍大臣　子爵　高島鞆之助　殿

（同前）

以上五件を引用した。

①によれば、久留米市は福岡県知事の副申を以て軍への土地献納を請願している。先の『久留米市誌』の記述と合致するが、申し出たのは「久留米市市民」であり、明治二十九（一八九六）年五月七日付である。ちなみに「惣代」の恵利千次郎とは、明治二十二年の久留米市制施行と共に収入役となり、後に書記。三十一年から大正五年まで助役を務めた人物である。この時点では久留米市書記であったようである。

ここに至るまで様々な動きがあったのであろうが、定かではない。ただ、軍備拡張により師団の増設が公布されたのは二十九年三月であり、第二十四旅団の設置場所が久留米であろうと新聞にも報道されている（「福岡日日新聞」明治二十九年三月十八日）。『久留米市誌 中編』には「吾が久留米市附近への兵営設置の議ありと風聞」と記しているが、新聞報道以前に、県への通知、調整などが当然なされていたはずである。久留米市長の上京の日にちは確認できていない。

②、前記の請願を受け、実際に兵営建築を行う臨時陸軍建築部は、兵営として適切である場所と、その面積を詳細化するよう求められている。六月一日付である。これより以前、四月頃から、候補地「偵察」のため将校が現地へ派遣されている。例えば、佐賀県へは四月に通牒される。

兵営地撰定ノ件

高級副官ヨリ佐賀県知事へ通牒案
兵営地撰定ノ為メ当省幷ニ参謀本部ヨリ将校ヲ派遣候間其地到着ノ上ハ可成土地偵察ノ便宜ヲ与ヘラレ度此段及御依頼候也
追テ兵営地撰定ハ極メテ秘密ヲ要シ候間右御念シ置キ相成度又派遣員ハ制服ヲ着セス候間為念申添候也
明治廿九年四月十四日
第一軍事課起案　（『陸軍省大日記』弐大日記乾）

③、②によって指示された地方庁、つまり県との協議を経て、献納される土地が「兵営敷地ニ要スル指定ノ地所」であることと、その面積が「凡四万坪」であることが確定した。
④、土地献納の請願があってから、およそ四カ月半が経過した九月二十六日、陸軍省は内務大臣宛てに、久留米市からの兵営敷地献納を許可したいので手続きを取るように依頼した。あわせて、内務省の許可後には臨時建築部と協議するように福岡県へ通達している。
⑤、内務大臣から陸軍省へ、久留米市からの土地献納を了承する旨通知があった。九月三十日に、久留米市民から献納された土地が正式に採納が決定されたのである。
『陸軍省大日記』によって、土地献納の流れがこのように復元できた。
さて、過去の諸記録では、常に軍に対して土地を献納すると書かれている。確かに、陸軍省宛てに土地献納を請願し、採納後は陸軍が兵営地として所管する。しかし、ここまで見たように、国として献納請願された土地受領の所管は内務省なのである。これは、「官有地取扱規則」を根拠として国は土地を採納するからである。「佐賀新聞」に次の記事がある。

新設師団敷地

新設師団敷地は過日来各臨時陸軍建築支部出張して実査したるも目下或地方にては敷地代の全部若しば幾部を陸軍省より代償せしめんと運動せるものもあり未だ全部決定の運びに至らざるが其決定せる分に対しては目下内務省において官有地取扱規則第六条の手続をなしつゝあり右手続完了の上陸軍省は初めて師団新設地として公表する順序なれば其期は多分来九月中なるべく又本年十二月末までに臨時建築部が第一着に建築を了すべきものは一個師団につき旅団司令部並に一箇大隊の兵営に過す其他は向三ヶ年を期し完成せしむる見込なり

（「佐賀新聞」明治四十年六月七日）

この第六条の条文は次の如くである。

「各庁ノ所有ニ供スル為メ民有地ヲ寄付セントスルモノアルトキハ内務大臣受納ノ手続ヲ為スヘシ」

国が寄附を受けるのは、民有地であり、内務省が採納する。そこで初めて、必要とする「各庁」、この場合には陸軍省の所管となっていく。先の『陸軍省大日記』によっても、陸軍省宛てに土地献納を請願したのは「久留米市民」であって、直接に久留米市でないことは、これに依ると考えられる。

ちなみに、細かいことではあるが、資料④にある官有道路とは旧薩摩街道のことである。現在、歩兵第四十八聯隊の跡は自衛隊の駐屯地となっているが、御井《みい》町から南進するこの道は、駐屯地に行き当たり、敷地の東を迂回している。

歩兵第四十八聯隊跡の敷地は、一三万五四八七・五九平方メートルである（『久留米市史 第11巻』）。これから官有道路、薩摩街道分一〇七坪（約三五三平方メートル）を差し引けば約四万九五四坪となり、ほぼ四万坪である。つまり、第四十八聯隊兵営敷地のすべてを献納したのである。今一つ、この折久留米には、第二十四旅団司令部、衛戍病院、及び陸軍墓地が設置されている。また歩兵聯隊には練兵場、射撃場が付随する。

軍による土地買収

先に述べたように、歩兵第四十八聯隊誘致時に「市民からの献納」によってまかなわれたのは兵営敷地四万坪のみである。であれば、その他の敷地は、陸軍が購入、あるいは借上げしたことになる。該当する用地は、以下の四件である。

一、歩兵第二十四旅団司令部
二、衛戍病院
三、小銃射的場及び練兵場
四、陸軍埋葬地

『陸軍省大日記』に、まさしくこの用地購入の伺い文書がある。

① 福岡県久留米ニ於ケル練兵場其他ノ敷地買収致度義ニ付伺
福岡県三井郡高良内《こうらうち》村字鷹番二千七百二十八番地外百五十二筆
一　民有地段別拾五町七段九畝七歩
　　外参畝弐拾参歩　畦畔
　　九歩　墓地
　此買収価額金壱万四千六百参拾壱円弐戋壱厘
全郡全村内
一　官有道路段別壱段四畝参歩五合
　以上練兵場敷地
全県全郡全村字野内二千九百八拾六番地ノ二外百七筆

一　民有地段別七町弐段六畝拾四歩
　　外四畝拾弐歩　畦畔
　此買収価額金七千六百拾参円八拾壱戔
仝郡仝村内
一　官有道水路段別壱段六畝廿歩弐合五勺
　　以上射撃場敷地
仝県仝郡仝村字野内二千九百五十五番地ノ二外九筆
一　民有地段別九段弐畝廿参歩
　　外参歩　畦畔
　此買収価額金八百参拾四円九拾戔
仝郡仝村内
一　官有道路段別弐畝六歩五合
　　以上作業場敷地
仝県仝郡国分村大字国分字北島百九拾五番地ノ三外十五筆
一　民有地段別四段五畝拾七歩
　　外壱歩参合　畦畔
　此買収価額金四百七拾八円四拾五戔
仝郡仝村内
一　官有道路段別弐拾四歩七合五勺
　　以上旅団司令部敷地

右本年度ニ於テ要スル久留米陸軍練兵場三廉ノ敷地トシテ官有地ハ所轄官省ヨリ譲受ケ民有地ハ土地買収致度候間至急御許可相成度別紙書類相添へ此段相伺候也

追テ（略）

明治廿九年十二月廿八日

臨時陸軍建築部長　男爵　野田豁通 印

陸軍大臣　子爵　高島鞆之助　殿

（『陸軍省大日記』参大日記）

②久留米附近ニ於ケル衛戍病院敷地買収之義ニ付伺

福岡県三井郡国分村大字国分字鑓水百十七番地外九筆

一　民有地段別九段八畝弐拾四歩

此坪数弐千九百六拾四坪

此買収価額金千四拾九円四拾銭

右本年度ニ於テ要スル衛戍病院敷地トシテ民有土地買収致度候間至急御許可相成度別紙書類相添へ此段相伺候也

明治廿九年七月九日

臨時陸軍建築部副部長　男爵　野田豁通代理

臨時陸軍建築部　事務官　山田保永 印

陸軍大臣　侯爵　大山　巌　殿

（同前）

③福岡県国分村ニ於ケル衛戍病院増敷地並ニ埋葬地等買収致度義ニ付伺

福岡県三井郡国分村国分字鑓水及北島及角久保
一　民有地反別弐反弐畝七歩　衛戍病院増敷地
此買収価額金弐百参拾参円四拾五銭
同村
一　官有道路敷地　弐拾坪　衛戍病院増敷地内道路
同郡山川村字道ノ上
一　民有地反別四反五畝弐拾七歩　埋葬敷地
此買収価額金四百六拾八円拾八銭
右本年度ニ於テ要スル衛戍病院増敷地並埋葬地トシテ官有地ハ所轄官省ヨリ譲受民有地ハ土地買収致度候間至急御許可相成度別紙書類相添此段相伺候也
明治廿九年九月十日
臨時陸軍建築部長代理
臨時陸軍建築部副部長　男爵　野田豁通 印
陸軍大臣　侯爵　大山　巌　殿
（同前）

④明治四十一年六月九日
臨時陸軍建築部本部長　男爵　石本新六 印
陸軍大臣　子爵　寺内正毅　殿
久留米陸軍墓地拡張用地買収ノ件
久留米陸軍墓地拡張用地トシテ福岡県三井郡山川村地内ニ於テ別紙調書ノ通リ民有地買収致度候間御許可相

成度目録図書相添へ此段相伺候也

追テ本文ノ土地買収ニ付テハ各地主承諾済ニ候間此段申添候也

（同前）

⑤ 6　陸軍病院の国立病院転用

国立久留米病院の歩み

（略）

現在敷地の大部分は陸軍病院、一部旅団司令部、一部買上げのもので発足当時から見れば約五分の一位になっていましょう。始め明治三十年小さな三等衛戍病院として発足、明治四十年久留米第十八師団が新設されると同時に二等衛戍病院に昇格、病棟も六個病棟に拡充され昭和六年まで殆んど変化なく経過し（昭和十年陸軍病院と改称、この新看板は私がかけました）これが今の国立病院の母体となったようです。

（略）

（「国立久留米病院のあゆみ」昭和54・12　笠　敏雄）

（注）国立久留米病院の台帳面積

（国立病院庶務課調）

明治三〇・五	旧陸軍衛戍病院創設	二〇、三二一坪六五
	（国有地	一〇、七八四坪六五
	民有地借上げ	九、五三七
昭和二〇・一二	厚生省所管　国立久留米病院	
〃　二三・二	大蔵省より所管換	一〇、七三五坪

陸軍病院敷地　九、九七〇
旧五六歩兵団　七六五
司令部敷地

（『久留米市史 第11巻』）

（略）

『陸軍省大日記』資料①は、歩兵第四十八聯隊に隣接する練兵場、射撃場、作業場、及び旅団司令部敷地を軍が購入したことを明確にしている。資料②及び③前半は、衛戍病院敷地の買収である。明治三十年の創設時の敷地は三六三一坪である。資料⑤による、戦後すぐの敷地面積は二万三二一坪六五である。第十八師団設置に伴い、借地も含めて用地が拡大したものであろう。あるいは、青島攻略後の「新病棟（後俘虜収容所）」設置に伴うなど、さらに敷地の拡大があったことも考えられる。

資料③の後半と④は埋葬敷地、いわゆる陸軍墓地の用地購入である。ここもまた、師団設置に伴い用地が拡大している。拡張面積が不明であるが、明治二十九年の設置当初は「四反五畝弐拾七歩」、約四五四四平方メートルである。新陸軍墓地設置に伴い、この陸軍墓地は払下げられており、現在、大部分は畑地となっている。その現況からすれば、面積はほぼ倍増したと推測される。なお、この際に「生籬」が植栽されている。

また、第十八師団設置後のことであるが、高良台演習場も軍による買収である。この演習場は広大で、広さは資料により異なるが、『久留米市史 第11巻』では、北九州財務局久留米出張所の「旧軍用財産引受関係綴」を引用し、「高良台演習場　福岡県三井郡上津荒木《こうだらき》村　数量4、412、283・11㎡　使用目的 歩兵連隊の戦闘訓練」と記している。この演習場地内の共有地の軍による購入例が、『久留米市史 第11巻』中の「軍用地高良台の払下げ請願」に次のように収録されている。

陸軍買収地代金受取り高
一金　壱千〇九拾七円六拾七銭
　内訳
（略）
陸軍演習地村持買収地代金ノ内支出高
一金　六百拾八円八拾七銭五厘
　内訳
（略）
右地所明治四拾四年陸軍演習地ニ御買上ニ相成右価格金同年九月拾参日御下渡相成候ニ付左記内訳ノ通リ各戸ニ分配シ残余金ハ大字藤光光勝寺名基本財産トシ蓄積スルモノトス
　明治四拾四年拾月二日
（略）
（「明治四拾四年　陸軍買収地代金分配及蓄積金預入控簿　上津荒木村藤光区」）

以上の資料から考えれば、軍の誘致にあたって、地元が購入し「献納」した用地は各部隊の兵営敷地のみであり、他の用地は陸軍が購入（一部は借上げ）したこととなる。さらに、久留米臨時建築支部員の談で「敷地は献地と買収の二様あるが司令部及病院、監獄の敷地は買収、御井町裏工兵営の敷地は献地にして、十二軒屋八間屋間の特科兵営敷地と練兵場は買収献納混淆し居れり」（「福岡日日新聞」明治四十年五月三十一日）とある。「特科兵営敷地と練兵場は買収献納混淆」しているとのくだりは、久留米市などの献地記事などの資料と併せ考えれば、軍による主たる買収となったのは練兵場の類であったと解されよう。

各部隊の兵営敷地は地元が購入し献納、他は陸軍が購入を行うという基本的なスタイルは、歩兵第四十八聯隊誘致時も、第十八師団誘致時にも変わりがなかったと考える。

なお、明治三十年一月に久留米市櫛原町五番地に第六憲兵隊福岡分隊久留米屯所が創設されているが（『兵旅の賦』）、土地の詳細は管見の範囲では未確認である。ただし、第十八師団設置にあたり久留米憲兵隊となった際には「久留米市蛍川町憲兵隊の敷地は久留米市役所の周旋にて悉皆買収（略）」（「福岡日日新聞」明治四十年四月十三日）とある。

（3）第十八師団の誘致

次に明治四十（一九〇七）年の第十八師団誘致時を見てみよう。

決定から土地献納の経過

明治四十年の陸軍師団増設は、帝国議会が終わった一月から新聞報道に上がり始めている。以下、「福岡日日新聞」によって経過をたどってみる。

一月五日「（略）師団設置地に就て各地方に其運動盛なりしが元来軍隊の配置は軍略上に出でたる者なれば地方的運動に対しては陸軍省は全然之を容れざるべしと云ふ」

二月七日「（略）九州に於ける新設地は佐賀附近及鹿児島の二ヶ所なるが（略）」

この時点では、久留米は師団増設地には上がっていない。しかし、この一カ月後には久留米に設置との報道がなされる。軍は、この間、候補地約十カ所に調査員を「密派」したという。

三月七日「新設師団に就ては其筋に於て漸く調査済と為り来る十五日頃までには上奏の運びに至るべく本月末には多分発表するなるべし而して確聞する所に拠れば師団基地は実に左の如しとなり

久留米、岡山、福知山、岐阜、宇都宮、新発田

歩兵聯隊候補地は今尚運動激烈にして決定を見ず（略）」

久留米の名が出るのは、この明治四十年三月七日である。ところが、この報道に先立つ二月二十七日には、「吉田久留米市長及同市会議員水田常三郎氏他一名は緊要事件にて昨日午後六時上京せり」との記事がある。「緊要事件」が何であるかは記載がないが、前後の状況からすれば、久留米への師団増設の内示を受けに上京したであろうことは推測に難くない。水田は師団誘致に大いに奔走したという。

さらに、三月二十三日には次の記事がある。久留米市への師団設置内定の報道である。

久留米市と献地

新設師団決定に就て

久留米市に第十八師団を増設さるゝ事は昨紙東電の報ずる如くなるが同市には他よりも同様の確報達し市民の歓喜甚しく皆手の舞ひ足の踏む所を知らざるが如き有様なるが師団増設のことは已に決定せるも兵営の位置は何処に決定するや未だ之を知る能はず要するに其位置の遠近如何は地方の献地に大関係ありて位置近ければ献地に躊躇せざるも若し距離遠きに於ては奮発の程度に於ても必らず充分ならざるべきにつき同地にては先に九鉄の分岐点を失したる覆轍に鑑み必らず非常の決心を以て献地を為さんと欲するものゝ如く吉田市長は数回本県庁に出頭して知事の指示を請け恵利助役も大阪に急行して浅野代議士と打合する所ありしが一昨日午後七時頃桜井本県四部長久留米に出張し萃香園に於て吉田市長、田中八女、左三井、松崎三潴の各郡長と相会し同夜十時過ぎる頃市長は更に市参事会員、市会議員、委員を同所に集めて昨朝二時を報ずる頃迄評議を凝らしたる由にて其協議事項は之を聞くを得ざるも献地の問題には相違なかるべく其筋の指示の程度は二十万坪にて久留米市にては十万坪乃至十二万坪（其買収価額八万円乃至十万円）に上るべき献地を為さゞるを得ざるべく独り久留米市のみならず八女、三井、三潴の三郡も各応分の献地を為すの覚悟なりと云へりこの記事には浮羽郡が欠けているが、最終的には浮羽郡が加えられている。また、「浅野代議士」とは久留米出身の浅野陽吉で久留米商業学校（現久留米市立久留米商業高等学校）の校長。明治三十七年から代議士となり、四回の当選を果たした人物である。

久留米への師団設置の報に久留米市民は沸き立った。しかし一方では、県・市、及び各郡の幹部はこの対応に追われた。この対応の主たる部分は、無論、土地献納についてであることは報道の通りである。新聞報道では三月末には師団所在地の発表となるだろうとのことであったが、事態の進展は早い。三月二十五日には、すでに久留米に設置される各部隊の敷地に県の土木技師が出張し、「指定位置に当る所に棒杭を打ち初め」ている。

久留米の師団敷地

久留米の新設師団敷地は昨日本県庁より土木技師出張し指定位置に当る所に棒杭を打ち初めしが其位置は福聚寺山裏の畑地、国分学校前国道西一丁田の畑地、十二軒屋裏久留米伝染病院附近及其南方の山林等を重なるものとし其他四十八聯隊衛戍病院の西方及角久保附近なるが如し

（「福岡日日新聞」明治四十年三月二十六日）

ついで三月三十日には、兵営敷地と練兵場、射撃場も含め、その面積と共に大きく位置図（図5）が掲載されている。

先の引用の通り、久留米市は「十万坪乃至十二万坪」の用地を献納するという。その実際はどのようであったのだろうか。師団用地の総面積は四〇万九〇〇坪であり、その内各兵営などの敷地面積は次の通りである。

師団司令部及び兵器廠　　七万二千坪

騎、野砲、山砲、輜重兵営　九万四千坪
工兵営　六万四千坪〔作業場を含む〕
衛戍病院　六千五百坪
憲兵　四百坪
射撃場　一万坪
練兵場　十五万坪

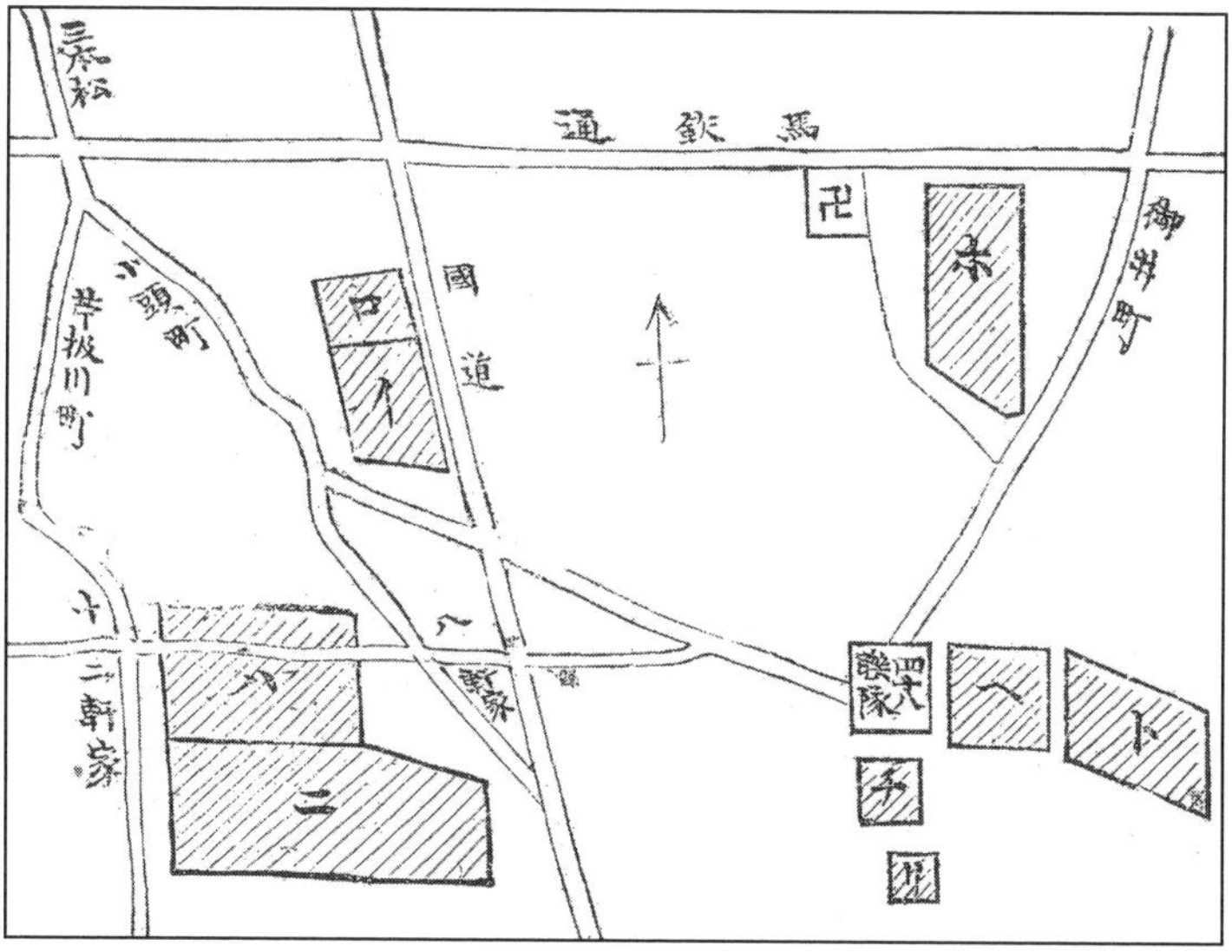

図5　「福岡日日新聞」が伝えた第十八師団の兵営配置
イ：師団司令部，ロ：兵器廠，ハ：騎兵・野砲・山砲・輜重兵，
ニ：練兵場，ホ：工兵，ヘ：歩兵〔第五十六聯隊〕，ト：射撃場，
チ：衛戍病院，リ：衛戍監獄　　　　（明治40年3月30日記事）

以上、「福岡日日新聞」に拠るが、これには明治三十年に設置されていた、旅団司令部、歩兵第四十八聯隊、及び陸軍墓地が含まれていないので、四〇万九〇〇坪は師団新設によって新たに必要となった用地面積である。

ただし、衛戍病院は明治三十（一八九七）年に設置されているので、「六千五百坪」が師団設置に際して拡張された分を指すのか、旧来の敷地とを合わせた面積であるのかは判然としない。だが先述の衛戍病院敷地面積から考えれば、師団設置に際しての拡張面積と見るのが妥当であろう。

以上の用地の内、久留米市が購入、献納したのは、御井町三三四六坪と、西国分一〇万一九六六坪の二カ所である。その購入坪数を含めて勘案すれば、「西国分」は騎兵隊も含めた特科隊兵営の全部、「御井町」とあるのは字名からしても工兵隊兵営敷地である。ただし、「反別九町二反一畝十六歩」は約三三四六坪であるので、作業場を除いたとしても、兵営敷地の一部にしか相当しない。工兵隊兵営の一部であったのか、当初の「工兵大隊」時には用地が狭かったのであるのか、現時点では明確にできなかった。なお、『工兵第十八連隊史』には「(大正十五年)従来作業訓練場が狭隘であったから斜線部の用地を求めてこれを拡大した。当時の大隊長の名を残すため重松山と命名された」とある。

では、残りの用地はどうなのであろうか。後述のように近隣各郡も土地献納を行っているし、軍による購入もある。先述のように、明治四十四(一九一一)年、「陸軍省は関係官庁及び地主と交渉して三井郡上津荒木村一帯の山林約一〇〇〇万坪(戦後の軍用地財産処分状況では四四一二二八三・一一㎡)を買収し、師団諸部隊用の演習地とした」(『久留米市史 第11巻』)のである。八女郡広川町にもまたがる高良台演習場である。いくら山林とはいえ、広大な面積が必要となる演習地などは、やはり軍が調達している。無論、これらの用地は、兵営と違い、苦情が出こそすれ、利益を与えて近隣に繁栄をもたらすことはないのであるから。

土地買収と資金

次には、その資金の拠出の仕方が考慮されねばならない。

これもまた、『久留米市誌 中編』にその状況がまとめられている。

(略)同四十年更に軍備拡張に当り、新設師団当地に設置指定せらるゝや、市は英断を以て敷地拾参万坪を陸軍省に献納して其挙を容易ならしめたり。而して其方法は敷地に充つべき畑山林を一応市の基本財産として購入し、其費額八万六千弐百余円の内、参万五千余円を市内繁栄期成会自から主と為りて各戸より寄附せしめ、其余は市債に因りて支弁し、然る後市は此基本財産を挙げて全部陸軍省に献納の手続きを了せり。是歳十一月有馬頼萬《よりつむ》伯よりも亦敷地弐万坪（時価壱万弐千円）を献ぜられたり、猶ほ市は愈師団設置を指定さるゝや、軍隊歓迎の方法に付市長より屡々訓示を為し尚各区長を通じて市民一般に注意を促せり。

次に「福岡日日新聞」を引用する。

久留米市参事会は昨一日午前十時開会吉田久留米市長を初め全会員出席し小本石田両市書記も之に参加し四十年度追加予算市会発案の件を議せしが同市にては現今の世態に鑑み市発展の必要上市有財産として三井郡内の土地拾三万坪を購入せんと欲し其購入価格は一坪平均六拾五銭外に購入諸費壱百円を見積り総計八万四千六百円及び市長交際費金壱千五百円の追加なりと

（「福岡日日新聞」明治四十年六月二日）

この二つの資料をまとめれば、久留米市の軍用地献納資金の調達と土地献納は、以下のように行われたと言える。①市は該当する二カ所の土地を買い上げることとする。②資金の内一定部分は「市内繁栄期成会」なる団体を設けて、この会が受け皿となり市民からの寄附金を募る。③寄附によってまかなえなかった購入金額の不足分は市債を発行、つまり借金をして敷地を購入する。④この土地は一度久留米市の基本財産とする。⑤その上で献納する、というのである。用地購入のための資金を市内有力者に頼ったのである。この有力者の多くは、軍が来ることによって利益を享受することが見込める人たちであろう。

有馬家からの寄附

軍の誘致にあたっては、旧藩主家からも寄附が行われている。小倉の場合も旧主小笠原家が、また、佐賀市への歩兵聯隊誘致にあたっても鍋島家が寄附を行った。久留米の場合も同様であり、有馬家は明治二十九（一八九六）年に「其建築費として金壱千参百円」を寄附。さらに第十八師団誘致の際には前記のように、「是歳〔明治四十年〕十一月有馬頼萬伯よりも亦敷地弐万坪（時価壱万弐千円）」を寄附したのである。

この二つの献納を読み比べると、明治二十九年は「建築費」の寄附と記している。第四十八聯隊兵営敷地は久留米市が献納している。軍は土地献納に限らず、建築費用の寄附も促していることから、この時は、建築費用を（総てかどうかは分からないが）有馬家が寄附したということと考えられる。ただし、この折の有馬家の寄附は「建築費」と記す資料もあれば、「敷地代」とする資料もあり、混淆している。だが、第十八師団の兵営敷地の献納例を含めて考えても、兵営の敷地購入に要した費用は久留米市と「市内繁栄期成会」の寄附金でまかなっている。これから推量すれば明治二十九年の有馬家からの寄附は、やはり兵舎の「建築費」であったと解したい。

これに対し、明治四十年の場合、字義通りに解釈すれば、時価一万二〇〇〇円相当の土地二万坪を献納したことになる。確かに、久留米市などによる献納も実質は肩代わりの買収による土地の献納であった。しかし、有馬家の献納はこの分には入っていない。

久留米市立中央図書館に有馬家から寄附された古文書群が所蔵されているが、その中に「山林下戻願一件」と題された一冊がある。作成は明治二十七（一八九四）年とある。この作成のいきさつと内容は次のようになる。

旧久留米藩内には、藩の公用金ではなく、有馬家の私的な金「御手許金」で購入した山林がある。これは、「歴代ノ祖先内用手元金ヲ以テ領内所在ノ山林ヲ購ヒ或ハ不毛ノ地ヲ求メ松杉楠其他種々ノ雑木等ヲ蕃殖セシメ植栽監守ノ法ヲ密ニシ数百年間手元私用ノ作事等ニ充ルノ外容易ニ之ヲ伐採セシムル事ナク要スルニ専ラ自家将来ノ大計画ヲ立ルノ目的」のためであったといい、「歴然タル私有」のものであると主張する。明治維新の版籍奉還に際して、有馬家の私的な土地として手続きをしなければならなかったが、明治四（一八七一）年の「藩難事件」に取り紛れ、手続きができないでいた。したがって、裁判により、所有権を確認し「下戻」をお願いする、というものである。資料中には「証拠書類説明」として、この「私有地」の一覧が記載されているが、藩内各郡広範囲に及ぶ。
　この中、御井郡の項に、「本谷」・「長谷」・「平原」・「狸川」（以上、上津荒木村藤山）、明星（旧字、浅尾谷・明星谷・五把久保・牛鳴谷筋・折掛谷・大明星・小明星）などの高良内村の字が見える。この内、字明星は「百五拾六町六反弐畝廿五歩」であり番地は「百九十番地ノ一ヨリ百九十五番地迄及百八十四番地ノ一ヨリ百五十参番地迄」、松・杉・檜などの「現存木数四拾五万九千三百三拾本」と記載されている。高良内町明星山腹一帯にあたる地で、ここに有馬家は四六万八〇〇〇坪以上の土地を有していたのである。ただ、地番が現在まで変更が無いとすれば、字明星一帯には、この記された地番は無い。該当する地番は高良内村中の字脇畑に存在する。明星の地番は二一九〇、あるいは二一八四番代が広がっている。いくらかの資料上の齟齬があることを認識した上で、さらに「下戻」が叶い有馬家の私有地となったことが前提ではあるが、明治四十年段階で有馬家が献納したのは、この字明星の地域内の土地そのものであった可能性を考える。この明星山とその西、飛岳一帯は第十八師団設置に際して「（略）騎、砲（野、山砲）、輜重の特科隊南に控え、直に練兵場、演習地（高良台）に及び、東南、明星、飛岳の山麓には新旧二個の大射的場を有し（略）」（『久留米市誌 中編』）とあり、確かに軍用地であった。飛岳には幕末にアームストロング砲の試射が行われてもいる。「大射的場」とは高良台方面からの大砲演習用の的としての役目があったのだろう。射撃場はその性格上買収に困難であった。であれば、陸軍の時代となって大砲の射撃用の的となる地を提供したと推測する。いかがなものであろうか。

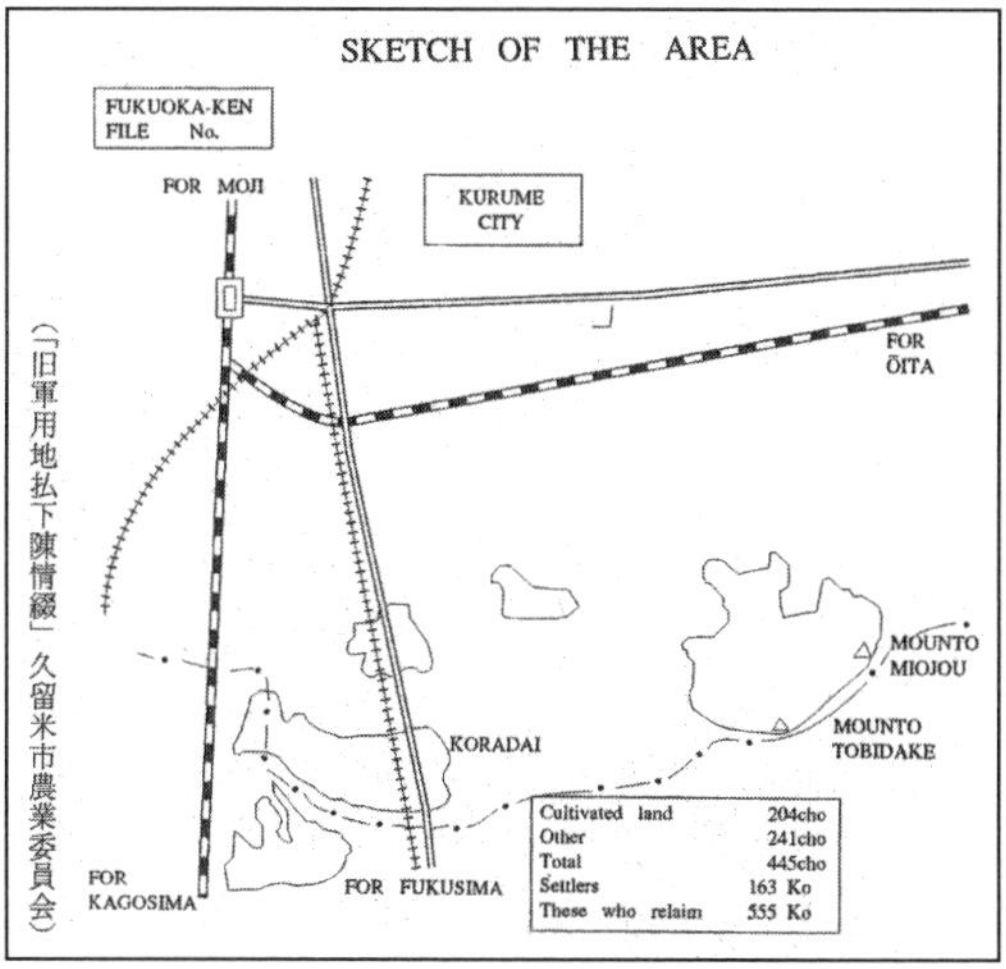

図６　明星，飛岳山麓の演習地
（『久留米市史 第11巻』平成８年）

　また、「〔明星山〕太平洋戦後は米軍の大砲射撃訓練の着弾地にされて無数の傷跡を残す」(「こおらの里 5」〔「西日本新聞」連載、昭和五十九年十二月十二日〕)とある。このことは、この山麓が昭和十六(一九四一)年に「久留米第一予備士官学校訓練場」として買収、拡大されたことによろう(第九章参照)。戦後になっても「大射的場」は続いたのである。

久留米市の資金調達

師団用地十三万坪購入の費用は八万六二〇〇円である。この費用の内、「市内繁栄期成会」からの寄附は四万三〇〇〇円であるので、購入総額に対し四万三二〇〇円が不足する。久留米市は軍用地購入金額の内、寄附金を以ても不足する分を、市債によって補うこととしている。しかし、市債金額は次のように八万円であったといい、また、五万円を土地購入費に充てなければならなかったとも伝えている。いずれにしても五万円は不足額より約七千円多いことになる。この差が生じた理由は判然としない。

久留米市会

一昨日午後三時開会出席者二十一名にて佐々木高氏議長として議事を整理せり議案は四十一年度歳入出追加予算にて同市は先に十一ヶ所の道路開鑿改良を企て其調査を遂げたるに尚弐拾ヶ所内外調査の必要を認むるを以て其調査費三百七円を市会に要求したるなり先づ小会議を開き反覆協議を凝らし協議熟して後本会議に移し無事可決確定し午後四時閉会せり同市に於て先に調査したる十一ヶ所費用金七万円に上り之を同市の経済状態に考ふるに同市は営所献納地所代金の市債に属するもの約五万円あり且教育義務年限延長の為め小学校の増築、新築に多額の費用を要し是等の費用は到底避くべからざる費用にて其上に道路費として数万円の費用を支出するは一時市債を起し永年の償却法を設くとするも事頗る無謀に属し市民の負担を苛重にする訳なれば当局者の苦心は一方ならず然りと雖ども道路は其関係者に於て費用を寄附して開鑿改良を急がんとす

る向もあれば此際其調査を完ふして不時の需に応じ機会を待て其目的を達せん方針なりと云ふ

（「福岡日日新聞」明治四十一年五月二十八日）

また、前年には「久留米市債成立」の見出しの記事がある。

久留米市は師団設置に伴ひ市の発展経営上頗る巨額の費用を要する事は勿論にして其資金は市債を起すこと〻し福岡十七銀行に交渉する所ありしも頗る難産の模様なりしが同市現下の状況は黙止すべきにあらず銀行に於ても茲に鑑みる所あり数回商議の末今回愈々円満に協議纒まり市債八万円利率年八朱〔朱＝一％〕一ヶ年間の契約を以て其成立を見るに至れりと云ふ

（「福岡日日新聞」明治四十年七月一日）

この、「久留米市債成立」の記事を信ずれば、第十八師団誘致の折、久留米市が起こした市債は、結局八万円である。軍への土地献納資金に端を発したのであるが、この時期、軍の誘致と絡み合いながら、道路の整備、小学校の増築、この二つが重なってしまい多額の費用が必要になったということであろう。小学校の増築などの課題が発生したのは、この明治四十年に義務教育年限が延長され、尋常小学校が六年制になったことによる。

このような経過を受けて、吉田久留米市長は、寄附金の受納と、土地献納とを議会に諮る。

久留米市会　同会は既報の如く一昨日午後三時より同市会議事堂に於て開会せり出席廿一名佐々木議長は第十三号議案基本財産土地購入費中金員寄附の件並に第十四号議案基本財産市有土地十三万坪を陸軍省へ寄附の件を附議せしに質問費起〔ママ〕り暫時小会議を開き再び本会議に移りしに三十番（高原）議案原案内賛成の発声と共に続々賛成ありて両案とも原案通り通過決定せり時に午後四時過ぎなりし其原案左の如し

今般久留米市附近に第十八師団設置に付高崎新兵衛外千三百四十四名より奉公の意を効さん為本市基本財産土地購入費の内に別記の通り両年度に於て三回に寄附出願す依て之を許可せんとす

内

金一万四千三百円　四十年十月、金一万四千三百円　四十一年三月、金一万四千四百円　四十一年九月

今般久留米市附近に第十八師団設置に付奉公の意を効さん為曩に本市基本財産として購入したる別記の地所十三万坪を陸軍省へ寄附せんとす

三井郡国分村大字西久留米字南崎一番地畑四畝二十八歩外三百十八筆（此反別三十三町九反八畝二十六歩）

同郡御井町字榎木畑二千百廿一番地畑八畝歩外八十五筆（此反別九町二反一畝十六歩）総反別四十三町三反三畝十歩（此坪数十三万坪）

（「福岡日日新聞」明治四十年十月七日）

今一つ、前述のように、関係する各郡も購入資金を提供している。先に引用した「福岡日日新聞」明治四十年三月二十三日の記事では、「其筋の指示の程度は二十万坪にて久留米市にては十万坪乃至十二万坪（其買収価額八万円乃至十万円）に上るべき献地を為さゞるを得ざるべく独り久留米市のみならず八女、三井、三潴の三郡も各応分の献地を為すの覚悟なりと云へり」と伝える。このような記事から考えれば、久留米市は十三万坪を負担している。献納総面積の二十万坪に変化がなかったのであれば、残りは七万坪である。この七万坪を八女・三井・三潴、三郡によって土地献納したということなのであろうか。久留米市が負担した費用から類推すれば四万六〇〇〇円余となる。だが、管見の範囲では郡による各郡の用地献納の具体は判明しない。

この翌年、明治四十一（一九〇八）年度の久留米市の予算は、歳入一八万二三二七円、歳出は、経常費八万五一九〇円、臨時費九万七一三三円であり、歳出合計は歳入と同額である。だが、臨時費の内、負債償却費に九万四一三四円を計上しなければならなかった（「福岡日日新聞」明治四十一年三月七日）。歳出総額の、実に五一％強に

上る。

3　まとめ

これまで述べた軍誘致のありようは、以下のようになる。まず、軍（陸軍省）は師団設置にあたって、軍略上の観点などから候補地を選定し、現地の調査を行った。誘致する側は、軍の衛戍地となり、その消費力による地域の浮揚を目論んだ。そのために、政官民、そして旧藩主家を含んで誘致に全力を尽くしたのである。

第十八師団設置時を見れば、久留米市は軍の誘致について、当時の代議士浅野陽吉に助言と情報を求めた。情報を重ね合わせて師団用地の献納を行うことを決め、市債を起こして該当地の買収を行った。民は、地域の有力者が、久留米市と表裏となり「市内繁栄期成会」を作り、寄附金を募って土地献納資金の不足を補った、ということになる。

さらに、久留米の有力な「商人」川原権六は、現地で新設師団設置を主幹する小倉第十二師団と密接に連携し、久留米への師団新設への助力をしている。

〔川原権六〕君は久留米一流の富豪なり。商号を八百権と称し呉服卸商およびくるめたび販売を業とす。（略）大島大将、犬養毅氏の如き文音の応酬絶へずといふ。明治三十〔ママ〕年、久留米に十八師団司令部の新設の計画あるや、君は満腔の熱心を以て其成立を期し、全力を提げて斡旋の労を吝まず、創設主幹小倉師団長を補佐して殆んど其枢機に立、彼我の交渉来往は勿論、主務省との打合せに至るまで、全然自費を投じて自ら其衝に当り終始一貫誠意を傾倒して尽力すること甚だ努む斯して業の成に及び、久留米市は君の尽力を徳として特に其功を彰せりといふ。（略）

（『久留米市勢一斑』）

衛戍地の選定にあたって、陸軍省は軍略上の大枠と、選地の際の選定基準を持っていた。この上で、候補地には調査員を「密派」し現地を実見している。しかし、候補地の中で、特に選定基準に合致する場所を特定し、調査員を派遣するためには、現地をよく知る、土地勘がある者がいなければ、うまくは運ばないだろう。衛戍地選定にあたっては、「パイロット＝水先案内人」役を務めた者が必要だったはずである。各地にこのような者がいたはずであろうが、久留米では、川原権六だったのである。

旧藩主有馬家は、率先して土地献納資金の寄附を表明し、さらに家令有馬秀雄を中心に、旧藩領域の各市郡に軍誘致への結束と尽力を促している。「東京有馬伯爵は自から献地を為すのみならず家令有馬秀雄氏を遣はして其間に斡旋せしめ同家令旧領各郡を巡遊して献地の事を説き一市四郡の協議立《たちどこ》ろに纏りを告げ」たという（「福岡日日新聞」明治四十年五月一日）。明治三十年の軍備拡張、そして、この四十年にあっても、各地とも旧藩主家が旧領に及ぼす影響力は歴然としたものがあった。

さらに言えば、新聞は誘致、兵営建設の経過など事実を伝えるのだが、その底流には、概ね誘致が成ったことへの「市民の歓喜」と地域の繁栄を是とする観念が基礎にある。確かに、誘致を行った地方都市の多くが旧城下町であり、衰退した求心力を渇望していたことは、すでに指摘されているように間違いない。軍の誘致は「正」であり「善」であった。師団設置に「非常な歓喜を以て迎え」るし、土地献納も「辞する所に」無いのである。明治期の多くの国民が抱いていたナショナリズム（その思うべき方向性は違っていたとしても）と、日清・日露の戦争に勝利したという高揚感のなせるところでもあったのだろうか。

第三章　軍は地域に何を求めたか

軍備拡張に伴い、師団が増設されることになると、多くの地方都市が、その誘致に名乗りを挙げた。誘致を成すために用地を献納したのは、前項に述べた通りである。では、「誘致」される側であった、軍はどうであったのか。土地の献納、あるいはその他を地方民の「誠意」として受け止めるだけの姿勢であったのか。決してそうではない。軍は新しい衛戍地に、その後の「繁栄」を梃子にして、はじめから「誠意」を強く求めていたのである。その最たるものが土地の「献納」であった。

1　土地買収の肩代わり

軍の誘致にあたって、衛戍地となる郡・市が兵営用地を献納したことは、第一章に述べた通りである。しかし、これは決して久留米市や近隣郡が自発的に行ったことではなかった。陸軍省の側から、それも当初から献地・献金をなさせることを前提とし、誘導したのである。新聞は、このことを簡潔、明解に報じている。

府県事務官召集
新設衛戍地の内示を為し之に要する土地其他の件に付内協議の為め寺内陸相は関係府県事務官を陸軍省に召集すべく夫々通牒し各事務官は追々上京し来れり
（「福岡日日新聞」明治四十年三月十九日）

師団基地と献納

陸軍省にては師団基地決定に就き各決定地より敷地若くは金員を献納せしむることに決し右候補地決定と共に各府県知事を上京せしめ相談を為す由なるが全体にて二百万円以上の献金ある見込なりと云ふ

（「福岡日日新聞」明治四十年三月二十五日）

この二つの記事は第十八師団誘致時のことであるが、陸軍省は、兵営地が発表される以前に「敷地若くは金員を献納せしむる」ことを決定している。該当する府県事務官の召集も、衛戍地決定の内示と共に献納をも通知している。決して依頼ではない。次のように「指示」である。

（略）其筋の指示の程度は二十万坪にて久留米市にては十万坪乃至十二万坪（其買収価額八万円乃至十万円）に上るべき献地を為さゞるを得ざるべく独り久留米市のみならず八女、三井、三潴の三郡も各応分の献地を為すの覚悟なりと云へり（傍点引用者）

（「福岡日日新聞」明治四十年三月二十三日）

「其筋」、つまり陸軍省からの「指示」を前にしては、土地献納を「覚悟」するほかはなかったのである。

さらに、佐賀における軍の強い誘導の例を示す。

兵営設置問題

佐賀に兵営設置の事は本紙が逸早く報道せし如くなるが予が在京中聞く所に依れば寺内陸相は香川知事に対し佐賀の敷地は水田にして射的場狭隘なり而已ならず献地とせずして永代貸地とは余りの仕打ちなり特に陸軍省に於て佐賀と指定せしは必ずしも佐賀市附近を指すにあらず乃ち佐賀県を指したるものなれば鳥栖附近に設置せん云々と畳み掛けたり香川知事は是に対し敷地の水田にあらざる事及び射的場狭隘ならば増地せん

と陳述されたるやに聞く以上は軍略家多き陸軍省の事とて時に或は牽制に出で或は逆襲を試み或は遊軍を放つ等作戦の奥義を尽すにはなきやと疑はるゝも若し射的場狭隘なれば危険甚だ多し故にドシ〳〵是が献上に吝なるべからず然し一旦決定と喜び居たる位置も尚ほ以上の如くんば此際一層大々的運動を要する事と思はる目下香川知事は表面より盛んに運動を為し江副議長は裏面より出願の始より関係せし知人をコ、を先途と運動中なりし予が在京中は維れ日も足ぬ尽力なりし香川江副二氏の外本県出身の某局長も亦尽力し居たりぬ

（「佐賀新聞」明治四十年四月十四日）

「佐賀新聞」は苦笑気味に記しているが、陸軍大臣自らがあれこれとブラフ、もっと言えば脅しをかけて献地を求めている。「献納」という美辞が常に用いられている。しかし、その内実は、まさしく用地買収の肩代わりである。それは、購入資金を提供するという範囲にとどまらない。所有者の説得、取り纏め、そして土地分筆などの諸事務をも伴うのである。

（略）土地買収価格、地上物の移転料、仕替料及損害弁償等は本県小田原県属出張し郡長、町村長と力を協せ関係者に交渉し全く結了したるを以て同県属は一昨日引上げ帰庁せり久留米及大分聯隊は必らず本年十月までに完成せしめ（略）

（「福岡日日新聞」明治四十年七月四日）

引用のように、土地買収価格、移転料、損害補償、つまり土地買収のみならず工事に取り掛かることができるまでの大部分を、県と郡、町村が行う。また、この時期に土地買収費などの支払いが行われている。さらに、該当の役場では分筆などの土地に関する事務は「昼夜連続」して行われねばならなかった。

（略）当支部にては〔練兵場の〕製図終り本省の認可を得而して地均らし工事に着手する予定なるも其前に分筆の手続を為さゞるべからず此の手続に就ては県庁より郡長に伝へ郡長は又村長に伝へて役場員をして昼夜連続事務を執らしめ居れば案外早く結了するならんと期し居れり分筆手続き済んで所有者の承諾を得る時は恰も夏作の収穫を終るの季となるを以て収穫後即ち六月中旬頃より地均らし工事に着手する筈

（「福岡日日新聞」明治四十年五月三十一日）

ところで、軍用地の買収、兵営建設には多額の資金が動く。そこには当然の如く良からぬことが発生する。佐賀での例であるが、第十二師団技師を騙る男が、大村聯隊拡張につき用地買収に来たと偽り、宿泊、飲食代を踏み倒している。このような結果、裁判所では訴訟事件が増加したという。

（略）久留米〔裁判所〕管内は師団設置に就き犯罪の原素とも云ふべきもの千余名も入込み居れることとて司法事件は著しく増加したり是等は多くは刑事に属すべき側なるが又た一面には大なる建築土工の起るに随つて種々の人物入込み来り事業の受負若くば物資の供給をなさんことを約し若くば将来の発展を見越して何々事業を協同にすべしなど〻の計画が善意の協約と悪意の協約とに論なく争訟を惹起すこと多し（略）

（「福岡日日新聞」明治四十一年九月二十一日）

このような事件とは別であるが、久留米では悲惨な出来事も発生した。軍用地買収に絡み、役場吏員が不正を働いたと勾引され、それを苦にした首長が自死するまでになってしまったのである。

2　物価の抑制

軍備拡張による師団の増設、要塞の建設は全国各地で一斉に行われる。さらに軍備拡張は陸軍だけではない、海軍でも同時進行である。これを所定の予算で行わなければならない。したがって、諸物価高騰の抑制も必要であった。諸物価とは、まず兵営建設時の、①軍用地購入に際しての土地価格、②兵営建設に関する資材、③労働賃金、である。次に新師団設置以降では、①将校など営外居住に際しての家賃、②物品購入などに際しての諸々の価格、に分けられよう。

以下、資料をもとにそれぞれを述べることにする。

土地価格

軍は地元に土地の献納を強く求めたが、その理由の一つには買収価格の高騰を防ぐ狙いがあった。無論、軍自体も兵営候補地の秘匿に留意している。

　軍用地の献納に就て
師団増設に付各府県に於ては一箇人又は市町村名義を以て新兵営建築用地の献納を出願するものあれど右等の用地は総て一定の予算内に於て買収せざるべからざる者なれば一部の献納地あるも其附近の用地にして代価の騰貴し居るときは之を買上ること能はざるを以て止むを得他に変更する都合なりとのことなるが例の奸商輩は早くも陸軍用地たることを聞込み一手に手離さんとて運動し居るもの少からず為めに当局者は頗る迷惑し居るといふ
（「福岡日日新聞」明治二十九年五月八日）

新兵営の建築について

兵営の敷地　陸軍拡張に伴ひ新兵営を全国数十個所に新築するに付当局者が最も苦心したるはその敷地なり従来政府にて或る場所に大家屋を建築せんとする場合には商人先に廻りて其土地を買占め居るより折角の土地の価は非常に予算額に超過したる例少なからざりしを以て今回は各地方官に敷地の買占め起らざる様注意すべき旨訓諭し置き又四五方里内に二個所乃至四個所の敷地を予定し置きて万一の買占めに応ずるの準備を為したり然るに案外にも

敷地の献納を願出づるもの続々現はれ而も出願人は一個人にあらずして自治体なる市、町、村なりといふ而して献納地悉く予定地にあらざれども中には予定地もありとの事なり其採否は未だ一も決定せざる由なるが採択の方針は第一予定地たること、第二予定地に近接する適当の場所なること等なりと尤も予定地一部分献納は残余地の価予算に超過せざる限り聞届くる方針なりと云ふ（略）

（「福岡日日新聞」明治二十九年五月九日）

新聞報道が伝える通りである。師団新設予定地が漏れてしまえば、事前の土地の買占めと地価の高騰を招く。軍としては第一に避けねばならないことであった。このために、軍は候補地検討にあたって調査員を「密派」したのであるし、「地方官に敷地の買占め起らざる様注意すべき旨訓諭し」たのである。もちろん、前項で述べたように、各地への土地献納の「指示」は、限られた予算内で事業を行う上から、当初から仕組んでおかねばならなかった。さらに言えば、土地献納、つまり肩代わり買収を当該の自治体に行わせることによって、軍自らが行う用地買収の際の土地価格上昇を抑制させる効果も考慮されていたと考える。とはいえ、記事にあるように、「奸商」による土地の買収は起こっているのである。

一斉に行われる兵営建設に際しても、資材、労働者の不足と、価格、賃金の高騰は当然予想されていた。しかし、いかに軍であっても、これらに対処するには限りがあった。結局、陸軍省は予算を追加することとなる。それにしても、現地では建築竣工時期の延期などを行わざるを得なかった。この詳細については次の第四章、兵営の建設で触れることにする。

ところで、先に軍の誘致に際して、地元の土地の献納について述べたが、建築についても一定の寄附が行われている。

「人夫の寄附　敷地の献納を出願するもののあるのみならず兵営を建築する場合には数万の人夫を弁当自弁にて寄附したしと願ひ出て居るもの少なからずと云ふ」（『福岡日日新聞』明治二十九年五月九日）。同じく歩兵第四十八聯隊誘致にあたって、有馬家が「其建築費として金壱千参百円を寄附せられたり」（『久留米市誌 中編』）とあるのは、この例と考える。

諸物価の抑制

明治四十一（一九〇八）年、陸軍大臣から地方長官への訓示の中で、新設師団と地方との関係を、以下のように述べている。

三　軍備充実ニ伴ヒ十二師管ヲ十八師管ニ改メ従来ノ管区ニ分割配合ヲ行フノ結果新ニ軍衙兵営ヲ設置スル地方少ナカラス戦役中軍隊ト地方トノ関係ハ特ニ一層ノ親密ヲ加ヘタルハ本大臣ノ信シテ疑ハサル所ナリト雖今後新ニ兵営ヲ設置スル地方ニ在リテハ軍隊ノ実情ニ通セサルカ為或ハ之ニ乗シテ私利ヲ図ラントシ

（略）

（『陸軍省大日記』弐大日記）

「私利」への注意を怠っていない。

諸物価高騰への対応については、第十八師団誘致時の久留米市長の訓示にも如実に表れている。

各区長

今般其筋ニ於テ軍備拡張ノ結果当地方ニ師団設置セラル、コトニ相成誠ニ千歳ノ一遇ニシテ我市民ハ満腔ノ熱誠ヲ以テ歓迎ノ意ヲ表セサル可ラス就テハ我市ニ於テハ応分ノ献地ヲナスト同時ニ一面物資ノ供給衛生ノ普及等ニ注意ヲ加ヘ軍人ハ勿論一般人ヲシテ不快ノ念ヲ感セシメサル様可致ハ目下ノ急務ナリトス仍テ玆ニ注意事項ヲ示シ及訓諭候条各人心得違無之様反覆懇示方取計フヘシ

右訓諭ス

明治四十年四月一日

久留米市長　吉田惟清

注意事項

一借家料ヲ騰貴セシメサルコト

此際種々ノ口実ヲ以テ借家料ヲ騰貴セシムル如キコトナキ様注意スルハ勿論軍人ヨリ借受ノ相談アリタルトキハ力メテ家賃廉ニシテ速ニ承諾スルコト

一猥リニ物価ヲ騰貴セシメサルコト

日用品ニ対スル価格ノ高低且物品ノ精粗如何ハ忽チ一般ノ信不信ニ至大ノ関係アルヲ以テ諸物価ハ此際猥リニ騰貴セサル様各商店ハ勿論行商ニ至迄大ニ注意スルト同時ニ専ラ物品ヲ精選シ平素ノ顧客ナルト否トニ不拘力メテ薄利ヲ以テ販売スルコト

一正札付物品ノ価ヲ二三ニセサルコト各商店中或ル商店ニ在リテハ商品ニ正札ヲ付シ居ルニモ不拘購求者ノ如何ヲ見計リ正札ヨリ幾割ヲ減シ販売スル如キモノナキニシモアラス是等ハ此際正確ニ正札ヲ以テ販売シ

決シテ其価ヲ二三ニセサル様一層注意スルコト
一旅客ノ感情ヲ害セザルコト
各旅館ノ宿泊料及旅客ニ対スル其待遇上ニ就テハ此際一層注意ヲ加ヘ叮嚀懇切ヲ旨トシ勉メテ旅客ノ感情ヲ害セサル様致スヘキコト
（略）
一用達商人心得方ノ事
陸軍及諸官衙其他諸会社等ノ用達ヲ為ス者ハ一層物品ヲ精選シ最モ正確ニ且力メテ廉売ヲ以テ調達シ決シテ暴利ヲ貪ラサル様注意スルコト
一職工賃ヲ騰貴セシメザルコト
大工其他職工ノ賃銭ハ一般ノ諸物価ニ伴ヒ高低ヲナシ其平衡ヲ保ツヘキモノナルカ故ニ独リ職工賃ノミ騰貴セシムルカ如キコトアリテハ忽チ他ノ物価ニ影響ヲ及ホスヘキヲ以テ此際猥リニ賃銭ノ騰貴ヲナサヽル様同業者ハ力メテ注意スルコト
一人力車賃ヲ一定シ必ス実行スルコト
人力車賃ヲ一定スルコトハ成規ノ在ルアルモ或ハ人ニ因リテ其賃銭ヲ二三ニセル向往々有之是等ハ此際当業者ハ堅ク申合規約ヲ励行シ乗客ニ対シテハ叮嚀懇切ヲ旨トシ決シテ感情ヲ害スル如キコトナキ様一層注意スルコト
（略）
尚貸家申合規則を励行せしめて、貸借を市長に届出でしめたる等、百方軍人の優待に努め且明治三十六年四月制定師団確定は明治四十年の戸数割等級法に特に一ヶ条を追加し「市内に原籍を有せざる寄留の現役軍人にして、一戸を構へ戸数割負担の義務有る者は、其相当する戸数割等級に対し各三等を降し、三十一等以下は之を三十四等に降すこと」とせり。

（『久留米市誌 中編』）

「注意事項」の冒頭は、借家料である、騰貴しないようにとの注意にとどまらない。「市内に原籍を有せざる寄留の現役軍人にして、一戸を構へ」ている者には、税金の戸数割の減額措置を講じさえしている。物価への注意も怠らない。日用品、旅館宿泊料、「職工賃」、人力車料金など、事細かな注意である。

しかし、事はそのようには運ばない。需要が高まれば価格は上がる。借家も新しく建築されている。土地価格、借家料の値上げは顕著となった。

師団設置後は将校の家が足るまいと思ふ際近所の地所が売れるので買取りました此処に相当の家を建築して家賃も相当にして供給する積りです（市会議員青木茂三郎氏の談）（略）近来は地所の売買が盛んで地価も二倍三倍皆借家建築の目的らしい家賃も旧来の通りでは行くまいが甚だしく高く取って土地の不評判を来さゞるやう仕度いものです（市会議員三安宗太郎氏の談）

これは、四十年三月十六日の「福岡日日新聞」の報道である。久留米市への新設師団設置の経過とをあわせて見れば次の通りである。新聞報道により久留米の名が出たのが三月七日。三月二十五日には、県の土木技師が指定位置に棒杭を打っている。この日、多くの久留米市民は兵営用地の場所を目の当たりにしたことになる。この以前から、すでに借家建設のための土地取引が行われていたのである。土地価格も高騰し、「家賃も相当にする」との算用が始まっている。

久留米市長による、物価抑制を主とした市民への注意は、すでに地価、借家料の高騰が始まった、その後である。師団幹部、将校らは十二月に久留米へ入ってくる。次のように、あきらめにも似た談話となる。

（略）久留米は勤倹の土地で金も多いし、市民が質素であると云ふ事を兼て聞いて居りましたから楽しんで参りましたが今日聞いて見るも師団設置の為めに家賃（家賃が騰れば物価は無論騰る）抔は忽ちの間に倍額になったそうでありますよ（略）

（「福岡日日新聞」明治四十年十二月三日）

久留米に着任する前日の第十八師団参謀長の談話である。同様に師団長も次のように苦言を呈している。

（略）久留米は物価が高く為ったと云ふが夫れは人が入込めば自然に高くなるは当然だが余り過激にやられては困る子ー（略）

（同前）

しかし苦言にとどまらず、物価の上昇に対して、弘前では師団が実力行使に出ている。「師団が設置さるゝと同時に借家料が三倍飲食物が二倍愈皆之に准じて高くなった」、このため軍では「宴会の料理を仙台に注文した」のである。結果、「価を平」にすることになったという。この記事の最後は「久留米は其轍を踏まぬようにせねばならない」と結ばれている（「福岡日日新聞」明治四十年三月十六日）。

3　遊郭の設置

遊郭を設けることとは、軍の誘致に際しての暗黙の了解であった。「貸座敷」とは座敷を貸すという意味合いであるが、遊郭を指す言葉である。久留米市では明治二十二（一八八九）年の市制施行直後の市会において、貸座敷を設けるか否かが大問題となった経緯がある。

市会では反対、賛成、「甲論乙駁」。一週間の考案時日をおき、採決したが、設置反対九名、賛成八名、わずか

図7　当時の遊郭「対山楼」
（『筑後名鑑 久留米市之巻』大正11年）

一人の差で設置が否決されている。しかし、事はこれでおさまらなかった。明治二十六（一八九三）年、この問題が再度市会で取り上げられることとなった。この折も賛否分かれて論陣を張り、論議数日に及んでいる。さらに多数の傍聴人を巻き込み「喧噪雑踏を極め」、警察が警備にあたることとなった。結果、設置は可決された。だが、市参事会は設置を否決し、市内では設置反対運動さえ起こっている（『久留米市史 第3巻』）。

　このような経緯をたどった久留米市の貸座敷（遊郭）設置問題であったが、『久留米市史 第3巻』は以下のように続ける。「その後明治二十九年、久留米市附近に兵営新設の噂が伝わった。市長を先頭にその誘致運動に躍起となったこの年に、貸座敷設置反対の世論も弱まり、九月十九日に福岡県の営業許可が下りて原古賀《はらんこが》町に設置されることになった」

　このことについて、以下の二つの資料を掲げる。

貸座敷及娼妓営業区域として、其後市街の南端苧扱川《おこんがわ》町の東裏なる原古賀町の一部七千余坪の地を画然市井と分立せしむ、俗に此一廓を桜町と称し、二十九年九月より開業するに至れり。時正に市外国分村に歩兵聯隊新設の時と相前後せり

（『久留米市誌 中編』）

（略）九月十六日の創立開業に係り、（略）当時は営業数僅かに三戸なりしが、爾後大に発達して今や二十一戸を数ふるに至る、左に大正三年度現在の状態に就き其一斑を示せば、営業戸数二十一戸娼妓数二百四十八人、（略）大正三年度遊客数四千二百七十四人、遊興費十七万三千百六十九円五十銭を計上し（略）

（『久留米市勢一斑』）

久留米の遊郭設置は、確かに当初は兵営設置問題と関わりなく議論されてきた。しかし、市を二分したこの貸座敷問題は歩兵第四十八聯隊の誘致に際して、設置することで決着したのである。さらに、「歩兵聯隊新設の時と相前後せり」と、やや婉曲な表現ではあるが、軍の誘致と不可分であったことを示している。なお、「反対」とは、あくまで風紀、教育上からの久留米市への設置反対であって、決して人権・女性問題からの存在の否定ではない。

4 道路・衛生

兵営間や演習場などを結ぶ道路も必要であり、師団長の談話にも、道路の整備について挙がっている。また、集団での生活を行う軍隊にとって、伝染病には注意を払わなければならなかった。先に引用した陸軍大臣の訓示の中では、「顆粒性結膜炎《トラホーム》の蔓延」が甚だしく徴兵に際し不合格となる者が多いので「此点ニ留意シ確実ナル方法ニ依リ該病予防」することを要望している。師団設置に際しての久留米市長の訓示にも、衛生上の注意が挙げられている。軍からの直接の要求は無かったにしても、誘致側としては当然に対応しなければならなかった。この問題については、それぞれ別項で詳述する。

第四章　兵営の建設

1　兵営の建設

この章では、兵営建設の経過と様子、また建設事業が地域に及ぼした影響などを見ていくことにする。兵営の建設とは、多くの地域にとって初めての大規模な、かつ、洋風建物の工事であった。その兵舎などができていく過程は、来るべき将兵の新兵営への移転と、それに伴う地域の繁栄が、目の前に形となって現れていく、そのものであった。また、工事自体が地域の雇用など利益を生み出すものでもあった。

(1) 陸軍臨時建築部

この建設事業を所管するのは陸軍臨時建築部である。

第十七章　陸軍臨時建築部
陸軍臨時建築部ハ本部ヲ東京ニ支部及出張所ヲ各師管所在地ニ置キ兵営ノ建築兵営地ノ整理買収其他軍隊ニ関スル建築及土地等監理ス
部長ハ陸軍大臣ニ隷シ各支部長ヲ統轄ス
部長ハ将官ヲ以テシ各支部長ハ佐官ヲ以テ之ヲ充テ其下ニ臨時建築事務官ヲ置ク
(『改正陸軍軍制要領』明治四十一年)

実際に現場で指揮を執ることになる支部は、師団所在地に置かれる。久留米の場合、明治三十年の歩兵第四十八聯隊などの設置の際は第六師団の熊本、第十八師団新設の際は第十二師団の小倉である。

第十八師団設置に際して、支部が久留米に乗り込むのは、用地買収が済んでからである。建築部にとっては、予算と期限とに追われながら工事を取り進めなければならない。建築工事は、当該のその地域だけで行われているものではない。軍備拡張という事業の中で、全国幾つもの場所で行われている。師団増設地では、また、幾つもの兵営工事を同時進行しなければならないのである。兵舎建築工事が遅延するに及んでは部員の増員が行われ、時には休日返上を余儀なくされている。

第十八師団設置の際、臨時建築部は明治四十（一九〇七）年五月三日に久留米市に乗り込む。臨時建築支部長以下「所員六七名」である。この時すでに久留米市による用地買収は済んでいる。五月一日に、吉田久留米市長が県へ献地願を提出し、知事・三井郡長が上京した翌々日である。この際の事務所は、久留米市が櫛原町の民家を「見立て」たが、支部は商業会議所を要求。会議所が他へ一時移転を余儀なくされた。

ちなみに歩兵第四十八聯隊設置時には、国分村に適当な建物が無く、地元の有力者真藤栄と国分和蔵が建築委員となり事務所用の家屋を建てている（「福岡日日新聞」明治二十九年十月九日）。

（2）建設の経過

兵営の建設工事が、どのように進められていったか、主として第十八師団設置の際を、一部歩兵第四十八聯隊設置を交えながら見てみることにする。

第十八師団設置にあたって、建築工事は明治四十年からの四カ年計画であった。

各兵営の建築

新設さるべき各師団の建築は今後四ヶ年を以て完成すべき筈なるが本年度内に着手すべき建築物中小倉支部に属するもの左の如し

久留米（第十八師団）山砲兵一ヶ大隊、歩兵一ヶ聯隊、騎兵一ヶ聯隊、砲兵一ヶ聯隊、工兵一ヶ大隊、輜重兵一ヶ大隊の各営舎

佐賀（第十八師団）歩兵一ヶ聯隊営舎

都城（第六師団）歩兵一ヶ聯隊営舎

大分（第十二師団）歩兵一ヶ聯隊営舎

（「福岡日日新聞」明治四十年五月二十三日）

兵営建設工事が、どのような順序で進められていくのか、主に新聞記事から拾ってみる。

明治四十年三月十二日、久留米への新設師団設置が報じられた。その後二十六日には、県の土木技師が予定地に棒杭を打っている。陸軍臨時建築部が久留米に入ったのは五月三日。その二カ月後、七月四日には師団司令部、工兵隊、各特科隊敷地の地均し、排水溝立替、土塁築造、道路付替え及び新設の諸土木工事入札を公告している。また、用地内の地上物の撤去を七月十五日までと命じている。七月中旬には建築工事の請負入札が予定される。三月に報じられた師団新設は、わずか四カ月後に工事が開始されるのである。

事前作業

実際の建築工事に取り掛かるまでに、行われなければならないことがある。敷地内に存在する構築物などの撤去、移転である。家屋はもちろん、櫨などの有用樹木、墓地等々である。移転は当初は六月末までを想定していたが、七月十五日に延期された。

臨時陸軍建築久留米支部にては地均工事を差急ぐ為め客月末日を期し関係土地地上物の取払ひを命じたるに郡市町村の周旋にて関係者は一々命令に従ひ樹木の取払ひ作物の取上げを終りしが家屋墳墓の移転殊に墳墓は警察の認可を経ざるべからざれば本月十五日まで猶予を与ふる事とせり是れ畢竟郡市町村の尽力に因るとは言へ人民能く支部の事情を諒し営々として地上物の取除けに従事し支部の事務に渋滞なからしむるは称するの外無く（略）

（「福岡日日新聞」明治四十年七月四日）

歩兵第四十八聯隊設置時の、櫨移転の様子が『初手物語』に語られている。

『初手物語』とは、明治十八（一八八五）年生まれの真藤アヤの口述をまとめたものである。真藤家は国分村の名望家で、第四十八聯隊近くに居を構えていた。久留米方言で語られた内容は、明治期の庶民の生活や風俗、出来事など多岐にわたっている。軍隊に関する事柄も多く、貴重なオーラルヒストリーとして、この書でも多く引用する。

（略）営所ん建っ時、敷地になったうちの畑にゃ大っかつ、小まかつ、ごーほん〔たくさん〕櫨の植わっとったけん、そりば何日迄に片付けんなら、お上で始末するち云うこつで、あたで〔にわかに〕打越（御井町）の山ば段段畑にして、植え直さるるとは植え直し、直されんとは薪にしたたい。男達大人数雇うて、梅雨時じゃったけん、蓑笠つけて大ごつした。

「営々として地上物の取除けに従事し」たというが、農作物は別として、有用樹木の移転は梅雨時にかかり「大ごつ」であった。国分は櫨が多い土地柄であった。ちなみに、撤去に伴う補償は、「一ヶ年の取利を積算」して、櫨・果樹類は四カ年分、その他の竹木の伐採料は最高で一円五十銭であったという（「福岡日日新聞」明治二十九年八月十五日）。

墓地の改葬も記録が残る。

御供田改葬碑文（要約）

御供田と柳川大道の二つの墓地は、数百年前から八間屋住民の共有墓地として埋葬してきた。しかし、明治18年（1885）墓地規定法ができて、この両墓地が埋葬禁止地区となったので、新たに墓地を上津荒木村北牟田田につくって埋葬してきた。

ところが、明治40年（1907）陸軍第18師団が新設されることになり、北牟田田と柳川大道の両墓地は撤去されることとなった。そのため、柳川大道墓地は御供田墓地に移し、北牟田田墓地の35名の死骨はこれをまとめて改葬し、新たに大石碑御供田改葬墓碑を建立した。（略）

（『八間屋村から国分自治区へ』）

また、国分村内にあった久留米市及国分共立伝染病院も野中へ移転となった（「福岡日日新聞」明治四十年十一月十五日）。

これらが終わって、あるいは並行しながら地均しを始めとした土木工事が行われる。工事に先立って入札を行わなければならない。土地買収に関連した諸事務も必要であった。

（略）随て師団司令部及工兵隊の敷地は昨三日地均排水溝立替、土塁築造、道路附替及新設の使様〔ママ〕書、設計書、入札心得、契約書案を請負希望者に示し且実地を視せて明五日午前九時請負入札を為さしめ即時開札落札者を定め騎兵、輜重兵敷地の同工事は本日書類を示して明後六日、野砲、山砲敷地は明六日書類を示して来る七日の入札と定めたり而して其請負人は郡市長の推薦に依り支部にて詮考し指名入札せしむる事とせり其全部の竣工期限は八月中としたるも部分に因り竣工期限の定めありて竣工したる場所は直に建築工事に取り掛る事とし本月中旬には建築工事の受負入札を執行すべし（略）

（「福岡日日新聞」明治四十年七月四日）

工事の開始

前段作業が整うと、いよいよ土木・建築工事が開始される。七月三日には、師団司令部、工兵隊敷地の地均し工事が始まることとなり、建物の建築工事請負入札が進められていく。記事にあるように地均し工事の業者選定にあたっては「其請負人は郡市長の推薦に依り支部にて詮考し指名入札せしむる事とせり」とある。これまで、土地買収から始まる数々の努力への対価であろう。また、師団開設後の各種「御用達」獲得の布石があったに違いない。

地均し工事の後、兵舎の建築へと進む。この手順と実際が、明治三十（一八九七）年の大村の例でわかる。

大村兵営工事の近況

地均工事

当大村歩兵第四十六聯隊歩兵営敷地四万坪の地均工事は去る九月廿九日より着手し八十台計りのトロックに百余の人夫を使役し期限内十分竣成の見込にて（略）予期の日限にては到底其目的を達する能ハず（略）請願の末十二月十五日迄竣成せしむる見込み（略）十二月廿八日に至り全く工事を竣成せしむるに至れりといふ其受負人は本県東松浦郡厳木村中島小十郎なりしと

魚菜調理場の竣工

（略）客年十月十一日起工に着手し是又中島氏の受負にて十二月二十四日迄に竣成せしむる筈なりしか其材料等は田舎の事とて長崎当りより取寄せたることとなれば右期日迄竣成せしむるには随分骨の折れたりといふ

兵舎二棟の建築工事
兵舎は木造二階家桁行四十八間梁行八間平積三百二十坪の外部洋式張の建築にして長崎県西彼杵郡浦上村字山里松本辰五郎氏の請負に係り昨年十月七日より起工し本年三月廿日迄竣工せしむる筈なるか着手前熊本の筑繁商館と何事か悶着を生じ夫れか為め起工を昨年十一月十三日迄延期し（略）小屋掛請負人の悪意に依り小屋の中心を切断破壊（略）折合つき（略）数百人の人夫を使役して工事を急ぎ（略）

聯隊本部の建築工事
本工事は木造二階家桁行二十七間梁行六間平積百六十二坪外部洋式張の建築にして鹿児島県志々謙一氏の請負に係る昨年十二月一日より起工し本年三月尽日迄落成せしむる契約にて即日より人夫大工を督し小屋掛を為さしめ昨今にては三分の一の材料を取揃え地盤遣方並開鑿に従事しコンクリトを突き始め工事の進行を取急ぎ居れり

大下水溝其他
（略）斯る建築に従事したることなきを以て仕様書図面等にてハ了解せさること及老練の職工雇入の困難第六松杉払底《ママ》及コンクリート用の砂利河砂石灰等の取寄に困難なること等なり

備付品
当大村聯隊備付品は昨年十一月廿日納済となり漸次格納家屋借受け格納せり就中西大村本経寺には（略）其外養蚕場等二三の人家にも（略）請負人は熊本の御用達緒方治三郎氏なりと

（「佐賀自由」明治三十年一月九日）

地均し、下水溝など土木工事と共に、聯隊本部・兵舎・調理場の建築工事が行われている。例えば、歩兵聯隊の兵営の場合、聯隊本部・兵舎・炊事場の他に、将校集会所・下士官集会所・医務室・講堂・厩・衛兵所・被服庫・兵器庫・弾薬庫などが必要である。建築物は、本部の他、とりあえず兵隊の寝食の確保を優先させて工事が進められたということである。もちろん、久留米でも同様である。木村有恒第十八師団長は「兵営の建築も頗る進捗して炊爨用の蒸気釜が未だ完全して居ないそれが済めば直に来る」と談話を寄せている（「福岡日日新聞」明治四十一年一月二十五日）。ここまでが、兵営建設の一つの節目ということになろう。

ここまで、兵営建設を順序立てて述べてきた。だが、臨時建築部にとっては、一斉に発生した建築事業を期限に追われながら進めなくてはならない。そこで、陸軍省は司法省に、登記事務の「特別ノ取扱」、迅速化を働きかけた。久留米では、登記所が夏季休暇と重なったこともあり、軍用の買収地だけでも八百件程がある中で、一日の処理件数は二十件程度であるという。このままでは、工事の遅延のみならず、土地所有者への支払も遅れ、苦痛を与えるという。これに対し、司法省は軍用地に掛る登記事務の迅速化を通知した。

だが、効果は無かったのであろう。陸軍は、順序を抜きにした荒業を採らねばならなかった。法上の諸手続きの完了を踏まえず、土地所有者が承諾した時点で、工事を始めるというのである。

明治四十年八月二十一日

臨時陸軍建築部本部長　石本新六 ㊞

陸軍大臣　寺内正毅殿

敷地収用完結前諸工事実施之儀ニ付申請

当部ノ担任ニ係ル建築工事ノ儀ハ其ノ敷地収用完結ノ上着手スヘキハ当然ノ手続ニ有之候処今回ノ建築工事ハ要急ノモノ尠カラス随テ之レニ要スル敷地ハ其買収タルト献納タルトヲ問ハス工事ノ進捗上地上物件ヲ急速ニ移転セシメ直ニ工事ニ着手セザルヘカラサルモノアリ然ルニ前記敷地収用完結ノ為メニハ分筆地目変更土地所有権移転登記等許多ノ日時ヲ要スルハ免レサル処ニ有之是等手続ノ終了ヲ俟ツハ建築工事竣成期日ノ

許ササル処ニ有之候間買収地献納地共各其ノ所有主ト協議纏マリ且ツ土地ノ使用及地上物件ノ移転ノ承諾ヲ得タル上ハ其ノ移転及諸工事ヲ実施シ得ルコトニ特ニ御認可相成度此段及申請候也

追テ本件ハ差掛居候ニ付至急御認可相成度副申候也

（『陸軍省大日記』参大日記）

久留米の場合、七月四日には師団司令部・工兵隊、各特科隊敷地の地均しなど基礎的な土木工事が始まっている。引用の決裁が行われるのが八月であるから、追って書きに言う「本件は差掛」どころではない。各地で建築工事が始まるごく当初から、手続を踏みながらの期限内の諸工事の竣工は無理な話であったのである。

2　公共工事としての兵営建設

兵営の建設は大規模な工事である。殊にそれが師団所在地であれば顕著となる。師団所在地となった地方都市にとっては、その多くが初めて経験するような規模であったに相違ない。また、多くの地方都市が旧城下町であったので、居城と城下町の建設以来の規模ともなったこととなるだろう。そして、この現象は一都市に限らない。国内では、明治三十年には六カ所、明治四十年にも六カ所に師団が増設されたのである。この時代の工事は、当然に大方人力による。このため一斉に、大工、石工などの技術者は言うに及ばず、地均しをはじめ土木工事などに多くの作業員を必要とする。工事前には、敷地内の建物、樹木などの撤去、移転が行われる。さらに、所在地となった市町村は、兵営と市街地とを結ぶ道路などの新設・改良に迫られる。兵営の建築、道路の新設などは、まさしく公共工事と位置づけられる。一方では、赴任してくる将校らを当て込んだ借家の建設なども進められる。〝軍隊特需〟ともいうべき状況が生み出されたのである。

（1）雇用と地域の人々

兵営工事にはどれくらいの人数が働いたのか、新聞から拾ってみる。

新兵営工事の景況

企救郡北方兵営工事は既に歩騎砲工の四兵営並に庖厨処等の地均工事とも悉皆之れに着手し（略）以上の建築に付き毎日労役をなすもの大工三百五拾人、人夫六百五十人位なり（略）地均工事は毎日五百名の人夫労働をなし（略）

（「福岡日日新聞」明治二十九年十二月二十日）

職工増員〔小倉〕

大工木挽等の職工は益す増員し現在の労働せる職工は三百名以上なるが近日工兵営の建築に着手せば尚百余名の職工を増員すべしと

（「福岡日日新聞」明治二十九年十一月十四日）

久留米新設兵営敷地地均其他の工事は既に着手し盛んに之を為し居れるが連日の降雨は進捗を妨げたるが如し工事場は三ヶ所にて各百五十乃至二百名の人夫を使役し其人夫は皆な附近の町村より出し温順に工事に従事し居れり（略）

（「福岡日日新聞」明治四十年七月二十一日）

久留米兵営工事の近況

（略）五十六聯隊は工事意外に長引き（略）従来の職工約四百六十名の上に更に約二百名を増加（略）

（「福岡日日新聞」明治四十一年十月十六日）

表1　久留米地域の土木，建築，輸送などの職種と従事可能者数

職種	久留米市	三井郡	浮羽郡
土木建築受負業	10戸	3戸（普請方）	1戸（建築受負業）
土木受負業		3戸（労力受負業）	
大工	158戸・167人	428戸	266戸
左官	32戸・38人	78戸	86戸
石工	7戸・10人	40戸	149戸
瓦職		9戸	
瓦製造業		4戸	
煉瓦製造業		1戸	
鉄工		3戸	
鍛治職	20戸・26人	83戸	65戸
木挽職	24戸・24人	90戸	156戸
井戸掘職		2戸	
荷車	79戸・88人	1239両	
荷馬車		31両	66両
牛車		169人	
工夫	13戸・14人	759人	160人（工役）
日雇人	351戸・385人	542人	1891人

（『福岡県久留米市是』明治40年，『福岡県三井郡是』明治37年，『福岡県浮羽郡是』明治43年による。注：『福岡県八女郡是』には職業別の記載が無い）

作業に従事する数百人の「人夫」は近隣の町村からの雇用である。建築工事ともなれば三百人を超えており、これには大工をはじめとする技術者が必要となってくる。技術を持った者の人数は限られている。軍でもこのことは当初から予測はしていた。

久留米地域の土木、建築、輸送などに携わるであろう職種と人数を、市是・郡是から拾えば、表1の通りとなる。

『福岡県久留米市是』は、職業別戸口などについて以下のように記している。

本表専業者中農業は凡テ郡村ニ接続スル市街ノ片隅ニ居住シ専ラ農業ニ従事シ其ノ他ノ各専業モ亦夫々其本業ニ専心従事シツ、アリ又農ノ兼業者ハ家作又ハ日傭稼等ヲナシ工ノ兼業者ハ農或ハ会社員又ハ商店手代等ノ勤労ニ服シ商ノ兼業者ハ総ヘテ小資本家ニ属シ人力車夫荷車輓等ニ従事シ（略）

並ニ一定ノ職業ナク事ニ該リ臨時雑務ニ従事シ金銭ヲ得テ衣食スルモノニシテ其数実ニ戸数ニ於テ三一二戸人員千九十四人ノ多キニ達セリ（略）

ここに挙げた人たちが、すべて兵営工事に関わったということはないだろう。しかし、先に見たように、当時の工事は人力に頼らねばならないのである。市是に言う兼業農家、あるいは「一定ノ職業ナ」き人々には、貴重な現金収入をもたらしたに違いない。しかし、一方、技術を持った者は、引用した限りでは総数、大工八五二戸、左官一九六戸である。戸数であるので、実際の人数は多少増えるだろう。また記載が無い八女郡をはじめ近隣の郡などからも同様の職人が携わったことであろう。それにしても、限りがある。工事請負業者間で技術者の確保は困難を生じたであろうし、このことが賃金の高騰を招く要因となった。「師団建設工事の為め受負師職人々夫多数の入込みあり労働賃銀高き為め」との報道（「福岡日日新聞」明治四十年十二月二十九日）は、まさにこのことである。

「（略）営所の出け始めて道作りてん〔やら〕営所作りで、土工てん大工連中に、朝学校に行く道で逢うごつなったもん。逢うと小娘じゃけん、冷かしたり冗談云うけん好かじゃった」（『初手物語』）。歩兵第四十八聯隊設置時の話である。

(2) 請負事業者

作業従事者を見てきたが、工事を行うには、入札により請負業者が選ばれる。歩兵第四十八聯隊兵営建築の際には、鹿児島県の池畑なる人が工事を請け負っている。また池畑は、小倉の兵営工事も手掛けている。建設にあたる臨時建築支部は熊本第六師団におかれたのだが、この池畑半蔵（あるいは池畑平兵衛）は第六師団の御用達であった。確かに請負者は入札で決まることとはいえ、第六師団内で築いてきたパイプと経験の前では、久留米の事業者が落札するのは至難のことであったのだろう。

久留米兵営建築受負

今回熊本陸軍建築支部に於て受負はしめた久留米兵営新築工事は四万千六百円にて熊本陸軍用達鹿児島県人池畑半蔵氏に落札せり落成期限は明治三十年一月三十日限なる由猶仝氏は小倉騎兵砲兵、工兵、歩兵の各隊兵営新築工事をも十万円余にて受負目下工事中なるに仝建築は来る十一月中に落成の見込みなりと

（「福岡日日新聞」明治二十九年九月二十日）

小倉兵営受負

（略）北方地方新兵営建築は（略）歩兵営内に属する聯隊本部の家屋建築は受負外に在りしが兵営受負人池端《（ママ）》平兵衛氏客月廿九日熊本建築支部に於て更に契約したりと

（「福岡日日新聞」明治二十九年十月四日）

新設久留米歩兵聯隊縫工場其他新築外一廉

（略）

右請負望ノ者ハ十二月八日ノ官報及ビ臨時陸軍建築部熊本支部小倉出張所仝久留米出張所並陸軍経営部小倉出張所掲示場ニ就キ委□熟覧スベシ

明治廿九年十二月八日

臨時陸軍建築部熊本支部

（「福岡日日新聞」明治二十九年十二月十日）

続いて、第十八師団設置の際はどうだったのか。地均し・排水溝立替・土塁築造・道路付替及び新設の土木工事の例である。

(略)野砲、山砲敷地は明六日書類を示して来る七日の入札と定めたり而して其受負人は郡市長の推薦に依り支部にて詮考し指名入札せしむる事とせり(略)

(「福岡日日新聞」明治四十年七月四日)

建築工事は「指名入札」であり、これには「郡市長の推薦」の事業者の中から選考したとある。後述するが、軍への物品納入事業者選定の場合も同様の手法を取っている。

これが功を奏したのだろうか、実際に久留米の事業者も請負うこととなった。『久留米市是』を見ると、当時「土木建築受負業」は十戸であるが、『久留米市勢一斑』に請負った事業者の名がある。

野田関次

久留米十八師団の建設工事は実に百万円の大工事也、而も此の大工事を一手に請負ひたる者は実に野田関次君也、(略)高島比志島将軍の麾下に御用商人となりて再び渡清、機敏周到、軍需品供給の大任を全ふす、(略)

山口善太郎

(略)久留米市有数の建築請負業者にして信頼最も厚く彼の十八師団官舎の大建築は全部君の一手に請負ひて違算なく竣成したるもの也、其他常に数十万円の大工事を請負ふ事殆んど枚挙に遑あらず、君は以前佐世保市に於て大活躍を試みたるものにて明治四十年初めて久留米市に居を移す、されど、事業の範囲は九州全部に及ぶといふ、亦た盛んなりといふべし。

野田関次は八女郡下広川村の出身であるが、山口善太郎は佐賀県藤津郡東嬉野の人であり、明治四十年に久留米に居を移したとある。また、九州全域で事業を行ったとあるので、第十八師団設置に伴い、久留米に転居したのであろうか。また、歩兵第五十六聯隊兵営工事請負に木下学而の名が知られる（「福岡日日新聞」明治四十一年十月十六日）。

この木下については、前述の野田関次の項に、「（略）旧知木下学而氏に聘せられ氏の経営せる木下組（略）」との記載がある。

(3) 工事の困難と遅延

兵営の建設には多くの困難があった。新聞報道にも、その有り様が散見されるが、その大枠は、工事の集中による、資材・建築従事者の不足と諸物価の高騰によるものである。

臨時建築部本部長石本新六は陸軍大臣寺内正毅に、次のように嘆きにも似た伺いを行っている。明治四十年八月十四日付である。

当部業務兵営官衙等新設工事中臨時建築着手順序表ニ拠リ本年十月尽日迄ニ完成ヲ要スヘキ建築工事ノ義ハ未タ建築伺未済ノモノモ有之且又御認可済ノモノニアツテハ各支部ニ於テハ鋭意之レカ竣功ニ努メ居リ候モ各支部トモ数回ノ入札交渉ヲ重ネ多少費用ノ増額ヲナシ辛フシテ工事ノ契約ヲ締結スルヲ得タルケ所モ有之候モ支部ニヨリテハ入札者皆無等ノ為メ未タ建築工事ニ着手スルヲ不得向キモ有之候有様ニテ要スルニ其意図ハ完成期日ノ切迫ニアリ従テ著敷費用ノ増額ヲ要スルカ将タ又之レカ増額ヲナスモ尚完成予定期日内ニ於ケル竣功ハ実際ニ於テ難確保有様ニ候条目下ノ処別紙ノ部隊ニ限リ四十一年二月尽日迄ニ完成延期ノ御詮議有之候様致度此段相伺候也（略）

（『陸軍省大日記』参大日記）

この後に久留米に関する「完成延期」の該当箇所として、師団司令部、兵器支廠、衛戍病院ノ一部、衛戍監獄、憲兵隊本部、聯隊区司令部を掲げる。

臨時建築部は建築遅延の理由を、工事完成までの期間の短さを挙げているが、その困難な状況を理由と共に示せば以下のような点があったといえよう。

① 洋式の建物の建築であり、また、外部工事も含めて総合的な工事であった。

大村での聯隊兵営工事では、コンクリートの使用や、下水溝などの工事に際しては「斯る建築に従事したることなきを以て仕様書図面等にてハ了解せさること及老練の職工雇入の困難」(「佐賀自由」明治三十年一月九日)があったという。もちろん、このことは大村だけに留まることではない。

② 資材、建設要員の確保難と価格高騰

冒頭で述べたように、全国で一斉に行われる工事のため、建築資材、また、建設従事者も同時に必要となったことが大きな要因である。このため必然的に資材、建築従事者への対価の高騰や不足を招くこととなった。大村での工事に際しては、「松杉払底及コンクリート用の砂利河砂石灰等の取寄に困難」(同前)になったという。「物価が騰貴して予算に影響したると師団兵舎の受負人が逃げ出す」ことすらあったという(「福岡日日新聞」明治四十年十二月三日)。

資材・大工の不足を新聞は次のようにも報じる。

二十九年度の陸軍臨時歳出部には千二百九十五万余円の営繕及び初度調弁費あり十二万余円の臨時建築部費あり本年度中陸軍が土木に大金を要するを知るべし之れに就き或る当局者は曰く本年九月十月頃は全国大工に不足を告げ従て木材非常に騰貴すること必然なり現在の処東京市大工の数一万人に足らず此等の大工はイザ建築の着手とならば無論不足するに相違なし八九月の交より大工人足賃銭の騰貴思ひやらるゝなり或る請

負人は資本に不足なきか為め全国各所に広大なる山林を購入したり彼は木材の騰貴を今より予知したるに由る陸軍省にても建築費に制限あれば余り木材騰貴せば事業に差支を生ずるの虞あり此比或る人の考にて日本の材木此上に騰貴せば予算に不足を生ずるの虞なしとせず寧ろ米国より木材を取り寄せ建築すること便利ならん日米両国比較の上米材日本材より安価ならば米国より取り寄する積りなりと語れりとぞ

（「佐賀自由」明治二十九年六月九日）

軍でも、この不足は当然予測していたことである。この高騰に対して明治三十（一八九七）年の例では、土地購入費の残余で建築工事費の不足を補っている。しかし、予算は補うことはできたとしても、物と人の不足を補うことは困難である。

久留米地域の関連する職業を見れば前掲の表1のようになる。統計のばらつきがあるが、兵営建築工事にあたって、県内の近隣から動員できる職業・人数の概要の一端を窺うことができる。一つの兵営建築現場で数百人が働いており、工事が行われる地域だけでは賄えない。さらに遠方からの職人などの流入が必要であった。しかし、それ以上に大工などの技術を持った人々の内に設計図を理解できる人がどれくらいいただろうか。

③ 工事用道路建設が後回しとなったこと。

工事現場への資材類の運搬などもスムーズではなかった。国分の第四十八聯隊設置の例を先に述べたが、工事最中には、まだ久留米市街地と兵営敷地とを連絡する直線道路は完成していない。狭く曲がりくねった旧道が資材の運搬路であった。このことは、第十八師団設置の際も大差がなかった。現在の感覚で言えば、このような工事に際しては事前に工事用の道路が整備される。当時の資材運搬が主に馬車、荷車に頼り、工事現場での機械に相当するのはトロッコ程度であった。とはいえ搬入道路の狭隘さは、工事へ悪影響を及ぼしたに違いない。歩兵第四十八聯隊設置の際の工事用の道路は「僅かに畦路の大なるものに過ぎ」なかった。

久留米市附近の道路

久留米市内外附近の国県道路は師団建築材料運搬の牛馬車多数なる為め破損を来し殊に昨今頻々たる降雨降雪にて一層の破損を増し（略）

（「福岡日日新聞」明治四十一年二月十一日）

主要道路であっても、当然舗装もされていないので、このような状況を作り出していた。であるにも拘らず、道路整備が先んじなかった理由は、軍が自らが作り出した事情でもあった。軍は土地の高騰を防ぐために兵営用地を内密にしており、公表後は期間を空けずに建築工事を行った。用地の高騰を防ぐことと、工事用道路の整備との矛盾の中で工事は進められたのである。

④ 事件、事故の発生

工事が進む中、思わぬ事故なども発生した。二件の建物倒壊が新聞に報じられている。

明治三十年、久留米歩兵第四十八聯隊では遅れながらも順調に進んでいたかに見える兵舎建築工事で災難が降りかかった。このことは地元でも評判となった。

四八のうた

暑さ　寒さもいとわずたてたる

国分の営所　つづまき風でも　ふき倒す

それにじゃまする雨と風

チョイト　下請け　腰あぬけた

ヨイ　ヨイ

（『ふるさと御井』）

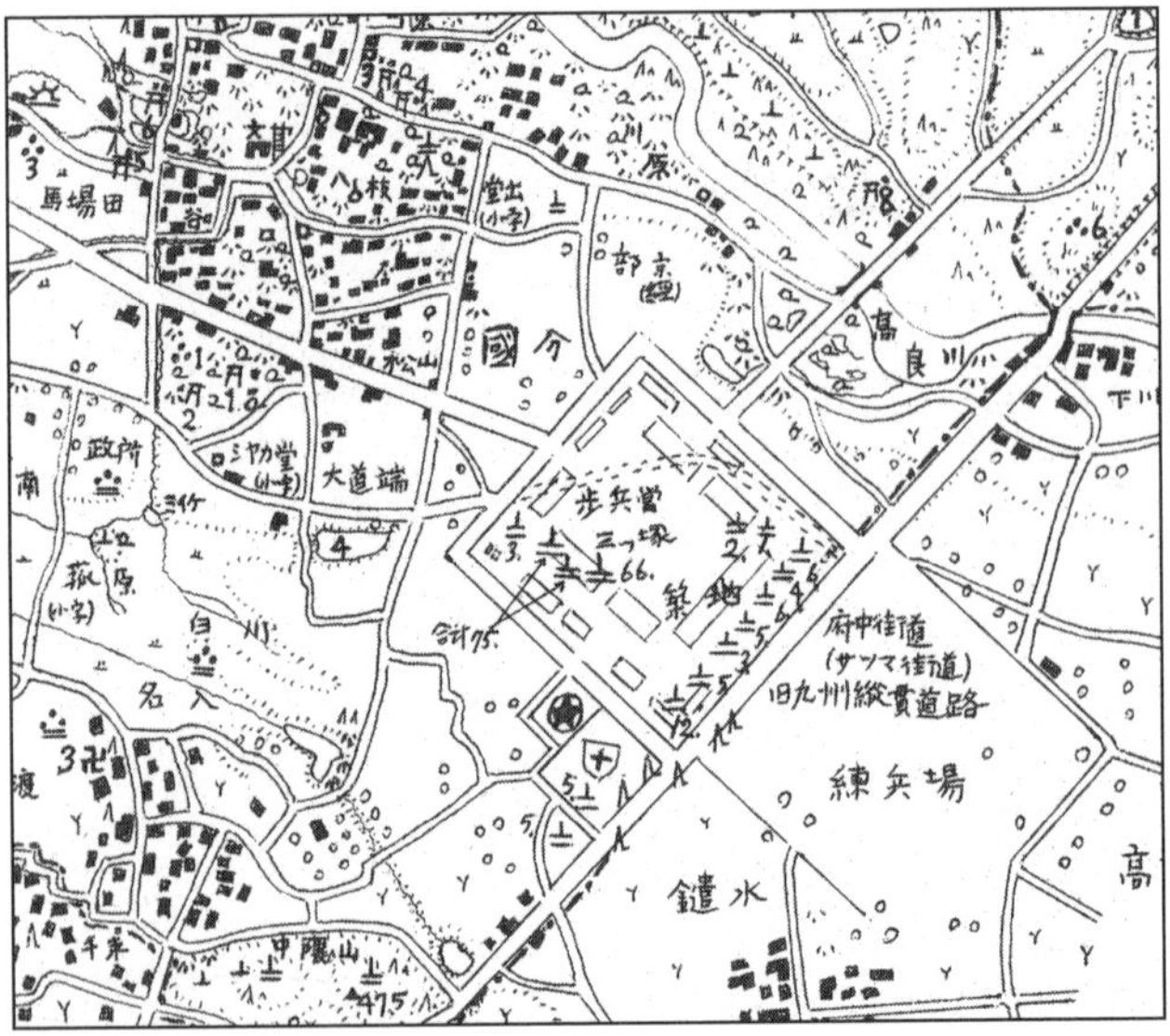

図８　第四十八聯隊兵営と十三塚（兵営内の⊥印が十三塚）
（『初手物語』〔昭和47年〕所収「三井郡国分村大字国分及その周辺図」〔明治33年現在／陸地測量部測図による〕より一部分を拡大）

つづまき風＝旋風で兵舎が倒壊したという。新聞でも同様の理由だと報道している。しかし、一方『初手物語』では、敷地内にあった「十三塚」の祟りがあったのだという。

営所の建っとっとこ、元の歩兵四十八聯隊じゃったとこたい。あの辺にゃほんに塚ん多かったもんの。土饅頭んごたっとから長（な）ごう土手のごつ高かつまでありよったたい。（略）鎗水の方向いて行くと道の左手に、東西に長ごう土手のごつなって、高さの一、二間もあっつろか、大きなもんの在った。（面積二畝六歩）そして道挟そで西側にもその半分ぐらいんとの二っ東西に流れて在ったたい。（面積二っで二畝十五歩）その辺ば〝三ッ塚〟ち云よったつは、そげん土手んごつ大きう長か塚の三ッもあったけんじゃっつろの。四十八（連隊）の建つとき、そげな塚ばひきくずして、その上に兵舎の建ったたい。（略）

その兵舎の出来よる時、もう大方土台の骨組でん屋根でん出来とっとに、ちょうど十二時になって大工さん達がみんなその家ん外さん出て、お昼弁当食べよったげなりゃ、風も無かつにいきなりその兵舎が、ガラガラち崩れて倒れてしもうたげなたい。（略）

この「十三塚」は、久留米市教育委員会発行の『東国分・西国分の埋蔵文化財マップ』にも記入されており、

「十三塚跡　古墳（?）歴史　坊ノ津街道沿いに連なる7つの塚と他の6つの塚からなるもので、古墳とも供養壇ともいわれていま す」と説明がなされている。「昔、戦争で死んだ者の塚」である十三塚の祟りはその後も続く。倒壊した兵舎に限って赤痢・チフスが流行り、師団は兵隊を一時肥前へ転地させて徹底的に消毒したのだという。雨の日に歩哨に立つと土の中から青い火も燃え出て来たという。この十三塚は、四十八聯隊と近隣の者たちで、その後、近くの日吉神社内に祀られることとなった。

大村では請負業者間のトラブルが発生した。「長崎県西彼杵郡浦上村字山里松本辰五郎氏の請負に係り昨年十月七日より起工し本年三月廿日迄竣工せしむる筈なるか着手前熊本の筑繁商館と何事か悶着を生じ夫れか為め起工を昨年十一月十三日迄延期し（略）中比小屋掛請負人の悪意に依り小屋の中心を切断破壊（略）折合つき（略）数百人の人夫を使役して工事を急」（「佐賀自由」明治三十年一月九日）いでいるという。

このようなトラブルに対応するため、臨時建築部は「建築工事見張所」の設置を行った。だが、これでも対処できず、「兵営建築工事取締」のため、各工事現場に憲兵派遣を要請した。

明治四十一年八月廿一日

臨時陸軍建築部本部長　男爵　石本新六 印

陸軍大臣　子爵　寺内正毅　殿

憲兵派遣方ノ件

新設水戸歩兵営及工兵営其他建築工事ハ目下実施中ニ有之候処往々無頼ノ徒徘徊シ請負人ヲ脅迫シ工事ノ妨害ヲ成シ単ニ地方警察官ノミニテハ監視不行届ニ候条此際憲兵派遣方特ニ御詮議相成度及稟申候也

（『陸軍省大日記』参大日記）

大村の例もこのような「妨害」なのであろうが、利権をめぐる話であろう。
このような工事の困難性は、当然、工事の遅延を招くこととなる。先に引用した大村歩兵第四十六聯隊の地均し工事でも、早速「予期の日限にては到底其目的を達する能ハず」と報道されている。工事遅延の様子は、本章でこれまで述べた通りである。

地域の自慢

困難を以て建設された兵営は、完成すると、たちまち地域の自慢となった。歩兵第四十八聯隊の兵舎が落成すると、早速見物が始まった。

新兵営工事は既に聯隊司令部及二ヶ大隊を入るべき二棟落成し□きに暴風の為めに転倒せし一棟は目下頻りに工事を急ぎ居れり四方一面の柵は未だ竣工せず昨今好天気なるに依り兵営見物に出懸るもの多し
（「福岡日日新聞」明治三十年四月十五日）

これが、聯隊の移転式ともなると、「市中の男女は兵営の縦覧をなさんものと早朝より兵営をさして出かくるもの非常に多く小頭町及国道筋は絡繹《らくえき》人の足を絶たざりし」（「福岡日日新聞」明治三十年六月三十日）という状態となった。もちろん、新築兵営の見物は、子弟の入営に際しても多くが訪れている。「特科隊は漸く久留米に帰来したれば郷里の父兄は面会と共に新兵舎観覧の為め出米し来るもの夥し」、第十八師団設置の折の報道である。
国分の兵営は、隣町である御井町でさえも町の自慢と詠った。

「おらが国さで」

御井町名所で　見せたいものは
高良大社に　大学神社
太閤秀吉陣地古跡は　吉見岳
愛宕さんから　真下眺むりゃ　国分の営所
ヒラケタネ　ヒラケタネ
高良の公園　旗崎招魂社
涼みよいぞえ　朝妻清水　ションガイナ

（『ふるさと御井』）

国分の有力者真藤家は、兵営敷地を囲むために樟樹を寄附した。
「いんま営所の森ち云うて、どこからでん見ゆるごつち、寄附して木柵に沿うて営所のぐるりに、ずうっと植え込みなさった楠の苗木六百本（略）」（『初手物語』）
今も、この樟樹は自衛隊駐屯地に存在する。正面側は先年のバイパス建設に伴い撤去され、そのうちの数本が、そのバイパス沿いに移植されている。
明治四十年、久留米でも辛うじて師団司令部、各部隊を開設できるまでの工事が終わった。しかし、とりあえず間に合わせたのであった。開設後も諸工事は継続する。臨時建築部小倉支部が閉鎖されるのは、明治四十四（一九一一）年十一月二十二日付である。

第五章　かくして軍都となった

1　歓迎する市民

師団の誘致に成功した久留米市は、これによって師団所在地となり、「軍都」と成ったのである。明治四十（一九〇七）年十二月五日、師団の主《あるじ》である師団長を迎えることとなった。師団司令部をはじめ各部隊の兵舎の建設は未だ中途ではあったが、誘致に奔走した人々をはじめ地域の人々にとって、事成ったことを実感する〝ハレの日〟であった。久留米停車場駅頭に久留米市長、郡長以下が出迎え、駅前の通りには師団各部隊はもちろん、市内の各学校生徒が奉迎の列を作る。国旗が掲げられた通りを、副官らを随えた師団長は、儀仗兵を伴って威儀を正し、乗馬で進んでいった。この日、旅団司令部を仮の師団司令部として、第十八師団が開始されたのであった。

木村師団長の入米

二日市滞在中なりし木村第十八師団長は貞松副官を随へ昨日午前十時三十七分久留米駅に着せり久留米市にては第一回の師団長を迎ふる事とて全市国旗を掲げて歓迎の誠意を表したり構内に出迎へたるは佐官以上の将校、吉田久留米、左三井、松崎三潴、東三池の郡市長、山門、八女は代理者、岩倉検事、鳥越警視、野村警部、折倉税務署長、村崎郵便局長、後藤、本村、大石、大藪、日高の市参事会員、又待合室内の左側は将校婦人、右側は地方婦人団体構外には各将校及久留米、三井、三潴、八女各郡の郡会議員、町村長、有志者多数にて京町より両替町筋は予定の如く聯隊長代理竹内少佐指揮の下に歩兵第四十八聯隊全部及県立市立各学校男女生徒全部職員監督の下に整列し市内の有志其間に整列して出迎へたり斯くて師団長は下車の後出迎者に挨拶し差廻しありたる黒鹿毛の軍装馬に跨がり宇宿参謀長、種子田木下両参謀、貞松、千代松、溝口の副官を随へ山本中尉の指揮せる儀仗兵一ヶ小隊に擁せられ京町、両替町を経て細工町青々館に入れり同館にては三階の室を其居室に充て玄関側の応接所に於て伺候式を行ひしが最初に師団司令部及其所属、次に旅団司令部次に聯隊にして伺候の人員八十余名午前十一時を以て終れり夫より暫時休憩午餐を済して後参謀及副官を随へ師団司令部（旅団司令部跡）に至り司令部開始式を為し午後三時青々館に帰り休憩したり同師団長は京町は林田邸に入る筈にて同邸は修繕中なるが荷物着次第引移る筈なり

（「福岡日日新聞」明治四十年十二月六日）

師団長着任の十日後、十二月十五日に正式に師団司令部が開庁する。その日、久留米市及び筑後地域六郡による師団歓迎会が催された。

では、軍都となることに、反対、あるいは疑義の声は皆無だったのだろうか。明確な資料には一切接してはいない。しかし、次の報道があった。地元久留米で発行されていた新聞の論である。

市民一般の意衷と背馳す

十八師団の我久留米市附近に設置せらるゝや市民の歓迎の誠意は空前なりしなり之れが為めに数十万坪の敷地を献納し道路を改修し歓迎に奔走して尚ほ足らざらん事を恐る是れ蓋し市民一般の意衷ならん然るに帝国四囲の事情に通ぜざるの徒妄りて責任なきの言を弄して壮快と誤り国家発展上必要の程度にある軍事の縮少を絶叫す嗚呼斯く大にしては眼中国家の思想なく小にしては我十八師団を無用視するものにして其結果や軍隊と市民との感情を離隔し市商業の発展を阻碍すべし此の如きは市民が当初熱誠に師団設置を歓迎したる一

般の意衷に背馳する者にあらずや

（「久留米新報」明治四十一年三月二十日）

報道の趣旨は「一般の意衷に背馳する者」への非難である。軍備縮小を訴えたようだが、その内容は不明である。だが、一部には異を唱える人も無くはなかったのである。

2　第十八師団

一個師団の編成は、二個歩兵聯隊からなる旅団二個を中核とする。これに特科である騎兵・野砲・山砲・工兵・輜重の一個大隊、あるいは一個聯隊が付随する。この内、歩兵二個聯隊を師団所在地以外に置く。第十八師団の場合、大村に歩兵第四十六聯隊、及び第二十三旅団司令部、佐賀に歩兵第五十五聯隊が置かれている。

明治四十年に久留米を衛戍地とした第十八師団の構成と配置は、表2の通りである。

なお、後述するが、明治四十年に成立したこの第十八師団は、大正十四（一九二五）年、軍備縮小によって廃止される。中国との戦争が激しくなると昭和十二（一九三七）年に第十八師団が復活する。第二次十八師団であるが、本書では第一次の第十八師団のみ取り扱う。

前述のように、久留米を中心に新師団の各部隊が配置された。その中で、歩兵聯隊を主として、戦闘を行う部隊については記述されることが多い。ここでは、あまり取り上げられることのなかった、陸軍墓地、工兵隊、衛戍病院について説明を行っていく。

表2　第一次第十八師団の構成と配置

所在地	部隊等	創設・経過等
久留米	第十八師団司令部	明治40年12月21日開設
	歩兵第二十四旅団司令部	明治30年9月28日創設。当初第十二師団
	歩兵第四十八聯隊	明治29年11月14日創設。当初第十二師団
	歩兵第五十六聯隊	明治38年6月12日創設。当初第十四師団。明治41年10月，久留米に移転
	騎兵第二十二聯隊	明治40年12月1日創設。第十八師団廃止に伴い縮小され，第十二師団に編合
	野砲兵第二十四聯隊	明治40年10月9日創設。41年2月18日，久留米へ移転
	山砲兵第三大隊	明治40年10月22日創設。41年3月12日，久留米へ移転。大正6年聯隊
	工兵第十八大隊	明治40年10月20日創設。42年，新隊舎竣工し久留米へ移転
	輜重兵第十八大隊	明治40年10月25日創設。41年3月21日，新隊舎竣工し久留米へ移転
	師団兵器部	明治33年，小倉陸軍兵器支廠の分廠として発足。40年12月，久留米兵器廠に昇格。大正7年，師団兵器部に改称
	久留米聯隊区司令部	明治36年久留米に移動
	久留米衛戍病院	明治30年5月4日創設
	久留米憲兵分隊	明治30年1月，第六憲兵隊福岡分隊久留米屯所として創設
大　村	歩兵第二十三旅団司令部	明治29年創設。当初第六師団
	歩兵第四十六聯隊	明治30年12月1日創設。当初第六師団
佐　賀	歩兵第五十五聯隊	明治38年4月17日創設。当初第十四師団
	佐賀聯隊区司令部	明治16年8月，熊本鎮台佐賀駐在所として発足。21年，佐賀大隊区司令部。36年，歩兵第四十八聯隊設置に伴い久留米に移転。40年，歩兵第五十五聯隊佐賀衛戍に伴い佐賀聯隊区司令部。
玉　名	高瀬聯隊区司令部	明治41年頃創設
長　崎	長崎重砲兵大隊	
佐世保	佐世保重砲兵大隊	

（『兵旅の賦――北部九州郷土部隊70年の足跡　第一巻 明治大正編』〔昭和51年〕より抜粋作成）

歩兵第五十六聯隊

山砲兵第三大隊

歩兵第四十八聯隊

輜重兵第十八大隊

野砲兵第二十四聯隊

工兵第十八大隊

騎兵第二十二聯隊

図9　第十八師団司令部と各兵営（『久留米市概覧』〔大正7年〕より）

第十八師団司令部

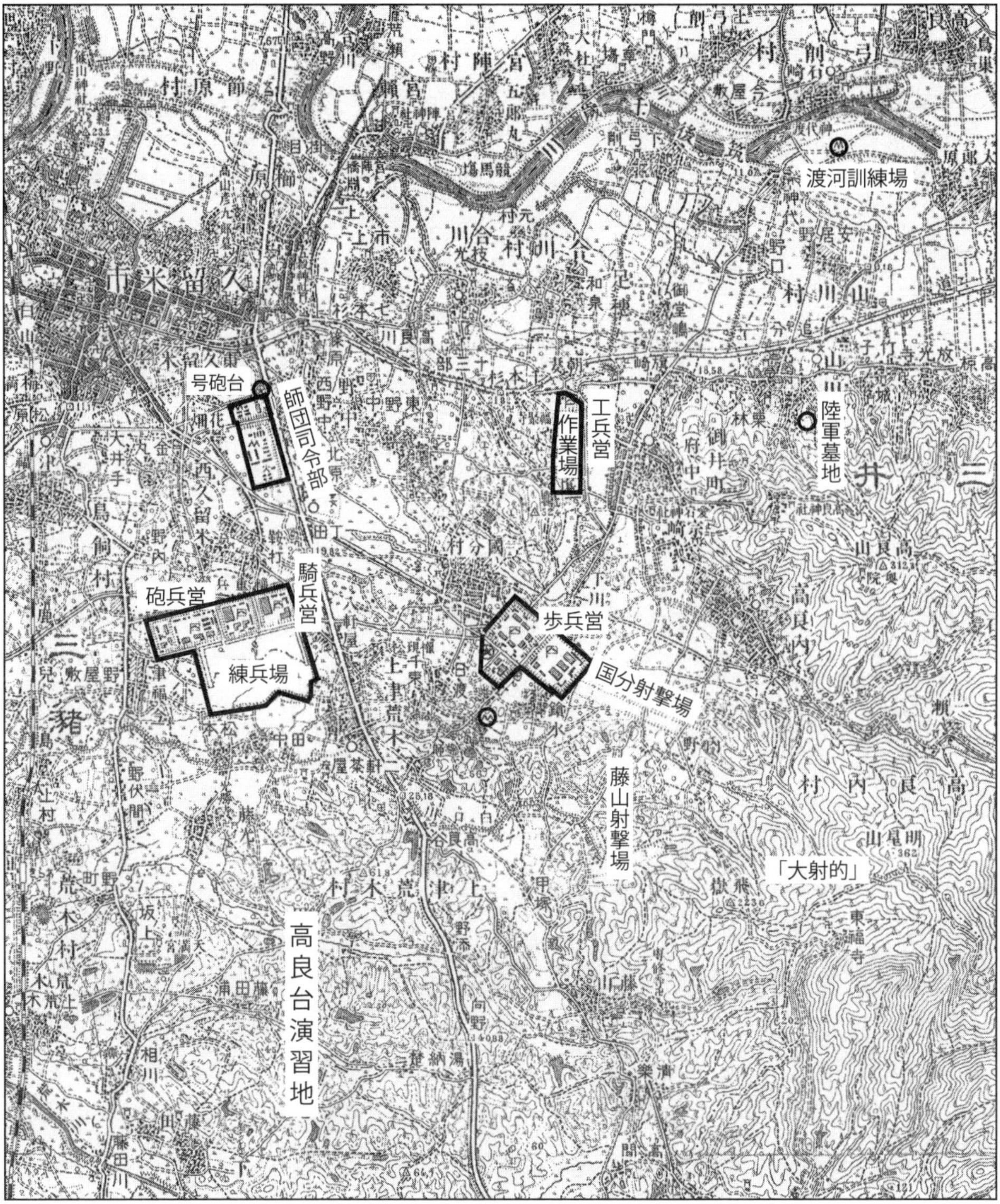

図10　久留米市及び付近の第十八師団諸施設

「陸地測量部 明治四十四年第一回修正測図 久留米 五万分の一」
に諸施設の区域を示し，名称を付した

3　陸軍墓地

軍が衛戍地を設けるにあたっては墓地も必要であった。陸軍墓地の管理は師団が当たる（海軍では鎮守府あるいは要港部が管理する）。当初陸軍埋葬地と称されていたが、昭和十三（一九三八）年に陸軍墓地と改められた。ところで軍用墓地とは一般に戦死、戦傷病死を含む戦死した軍人を葬った墓地と思われがちだが、実際には違う。正確には軍隊に在職中に死亡した将兵の墓である（原田敬一「「万骨枯る」空間の形成——陸軍墓地の制度と実態を中心に」）。つまり、平時に死亡した軍人も埋葬の対象である。

久留米には、歩兵第四十八聯隊などが設置されるに伴い設けられた山川村の「旧」陸軍墓地と、昭和十七（一九四二）年に野中町に移転完成した「新」陸軍墓地とがある。

(1)　山川村陸軍墓地

久留米の陸軍墓地は当初、高良山西麓、山川村の内に設けられた。この地は明治維新に際して久留米藩が明治二（一八六九）年に設けた招魂所の隣接地である。昭和十七（一九四二）年には野中町の忠霊塔を中心とした新陸軍墓地に移転しており、山川村の陸軍墓地は四十四年間営まれていた。しかし、これまで山川の地がいつ陸軍墓地となったのかは述べられてはいなかった。設立時期は第二章で述べたように、歩兵第四十八聯隊設置と同時期、明治二十九年である。この年「埋葬敷地」が買収されており、買収地の字が「道ノ上」と明示されているので、招魂所の北に隣接する一画であることは間違いない。この時点を以て久留米の「陸軍墓地」が成立した。この地が選ばれたのは、招魂所が設けられていたことによるものと考えて相違ない。

招魂所の設置から陸軍墓地の成立までを改めて時系列的にたどってみよう。

① 久留米藩による招魂所の設置

『加藤田日記』に以下のように記されている。

「〔明治二年〕二月十日布告、今般招魂所御取開に付、王事及死命候面々、姓名、実名、年号月日、或は遺物、来る十三日迄無延引応変隊屯所へ可差出候事」

久留米藩は、官軍側となって戊辰戦争を戦う。この戦争で戦死した藩士、あるいは稲次因幡《いなつぐいなば》・真木和泉守《まきいずみのかみ》・古松簡二《ふるまつかんじ》など、「王事に斃れた」者たちを祀るために「招魂所」を創設した。明治元（一八六八）年、京都東山に神祀が創建されたが、久留米藩もこれに倣って創建したのである。この建設には長州の奇兵隊と同様の軍隊であった久留米藩の「応変隊」や「欽承隊」など、あるいは明善堂に学ぶ藩士らが動員されている。

また、現招魂社地内に「招魂社地幷墳墓地寄附者名」と題された石碑が建っており、以下のような銘文がある。

三井郡山川村旧阿志岐村分

開畑	弐畝六歩	三井郡合川村字下弓削	長谷川外守
同	壱畝	久留米市築島町	江頭　久吉
同	五畝二歩	三井郡山川村字山川	富安忠四郎
本畑	八畝十七歩	同	和智大三郎
開畑	壱畝二拾四歩	同	右同人
同	三畝十七歩	同	山口勘七
同	弐畝拾七歩	同	山口儀平
同	七畝九歩	同	豊福為助

八畝弐拾四歩　但廃□薬師跡地　旧阿志岐村

三井郡御井町旧府中町分

本畑　壱畝拾八歩　三井郡山川村字山川　富安□

同　弐拾六歩　三井郡御井町　中島□

右者　前書之人々所持又ハ村持之地モ有之然ルニ明治二年官ニ於テ招魂社及墳墓地設地之際各自奮励勤王之諸士戦死之忠魂□□ニ対シ累世之不動産ヲ擲テ寄附ヲ為セリ因テ其ノ美挙ヲ不朽ニ人伝ンカ為ニ爰ニ其略ヲ記ス

明治三十三年

浮羽郡
久留米市
八女郡
三井郡
三潴郡

明治二年、藩による招魂所建設にあたっては、阿志岐村（明治九年から山川村の一部）とその村民などからの土地の寄附があったのである。

② 御楯神社建立

明治六（一八七三）年、三潴県参事水原久雄らが御楯神社を創建した。

（略）明治六年八月、旧三潴県参事水原久雄の首唱によりて、有志者の寄附金を募るの際、有馬頼咸《よりしげ》公、大に此挙を賛し、若干金を与へて、山上に一社殿を建立された、是れ即ち今の御楯神社である。（『有馬義源公』）

この①と②を合わせた時期がこの山川の「陸軍墓地」一帯の第一期として捉えられる。つまり久留米藩によって設けられた「招魂所」から神道的祭祀が始められた期間である。

③ 官祭山川招魂社と官修墳墓

御楯神社は後に招魂社と称される。「招魂社とは、幕末以来王事戦争事変に斃れた者の英霊を慰むる為に設けられた一種の神社である」（内務省事務概要）が、明治七（一八七四）年に地税が免ぜられ、祭祀、修繕は官費が充てられることとなる。さらに翌八年には、太政官達によって経費が支給されることとなった。「官祭招魂社」であり、山川招魂社もこれに列せられる。

一方、戊辰戦争での「王事」に斃れた藩士たちの招魂墓区画の北に隣接し、佐賀の乱・西南戦争での鎮台兵・軍夫の墓塔区画がある。佐賀の乱での死者墓塔には「佐賀賊徒征討」とあり、佐賀の人々には歯がゆいことこの上ないだろう。

この西南戦争までの墓地は、陸軍墓地ではなく、「官修墳墓」である。官修墳墓とは、明治七年内務省達によって国庫により以後の修繕費を支弁したものである。明治八年には太政官達により「地方長官監督の下に監守者を置いて之が修繕及び管理を掌らしめ」ることになる。この墓地は、招魂社にとっては、神霊を祀った奥津城であり、一体となるものである。この時期を、第二期として捉えたい。

④ 陸軍墓地

そして、陸軍墓地としての時代を迎える（陸軍墓地の名称は時期により変遷があるが、この名称を用いる）。この墓地は、官修墳墓の北側、一段低くなった隣接地に設けられた。第一章で述べたように、明治三十年の歩兵第四十八聯隊などの設置を機に同時に「埋葬敷地」の買収が行われている。この地の第三期と捉える。

陸軍墓地は師団が管理したので、当初は小倉にあった第十二師団の所管であり、その後久留米に新設された第十八師団へと引き継がれていったことになる。当然、第十八師団設置にあたって用地を買い足して拡張され、また「周囲生籬」設置が行われている（『陸軍省大日記』参大日記、明治四十一年六月十日付）。面積は三六四二坪であった（『軍都の慰霊空間——国民統合と戦死者たち』）。

この旧陸軍墓地の状況がどのようであったのかは、昭和十七（一九四二）年の新陸軍墓地への移転と、その後の用地払下げによってほとんど分からない。『御創建一三〇年記念 山川招魂社誌』の以下の記載によって、その一部が推量されるばかりである。

> （略）その道を山に向って行くと、川（岩井川）にあたる（略）更に、奥に行くと、南側に稲次因幡正訓《まさのり》の墓と、その東側に佐々金平真武《まさたけ》・真木和泉守保臣《やすおみ》の墓があり、その横に西南の役で亡くなった陸軍少尉星野圓太郎並びに陸軍少尉補廣津潤蔵《じゅんぞう》両名の招魂碑が立っている。
>
> これより少し下ると、元陸軍用地の陸軍墓地跡に着く。陸軍墓地跡地は、軍よりの払い下げにより、現在は個人の畑になっているため、栗林区近藤斗三郎氏に案内をおねがいした。もと、ここには、戦没者の碑が林のように立ち並んでいた。道の東側には少し大きめの碑、上のやぶのところには、大きい石碑が建っていたという。現在は畑とやぶになっているが、戦時中、野中町に久留米師団関係の戦没者の忠霊塔が建設されるに当たり、（着工、昭和十四年七月、竣工昭和十六年《〔ママ〕》十月。合祀された戦没者五千四拾八柱）日清・日露の両戦後《ママ》又は、日独戦争で戦没された人々の墓碑は、野中町忠霊塔へ運んだのではないか？という。
>
> 又、この墓地には日独戦争の時のドイツ人捕虜の墓地があったといわれる。現在畑の奥に星のマーク（陸

軍の記章）がついた納骨堂があるが、その北側に畳三帖ほどの広さを「竹矢来」で囲み、前には芝生を敷きつめてあった。桜の木も数本植えてあったという。

近藤氏の話では、栗林の方より登る参道にも、鳥居があり、途中には休憩所もあって横には大きな井戸があり、つるべが下っていたという。これは参拝者の飲み水又はお花の水用ではなかったか？

当時の陸軍墓地の区域は明確にはならないが、山川町からの参道を進むと鳥居があり（もちろん、兵営の所在から考えれば、御井町からの参道がメインなのだろう）、その先には、どのような建造物かは不明だが、休憩所と井戸がある。さらに進むと墓碑が林立し、その東側には「少し大きめの碑」と石碑が建っている。墓地内には星のマークがついた納骨堂が備わっている。また、第一次世界大戦時に中国青島《チンタオ》で捕虜となり久留米の地で亡くなったドイツ兵の墓所も推定できる。当時を知る人の聞書きであり貴重である。管見の範囲ではあるが、この山川の陸軍墓地の様子が記述された資料を他には知らない。

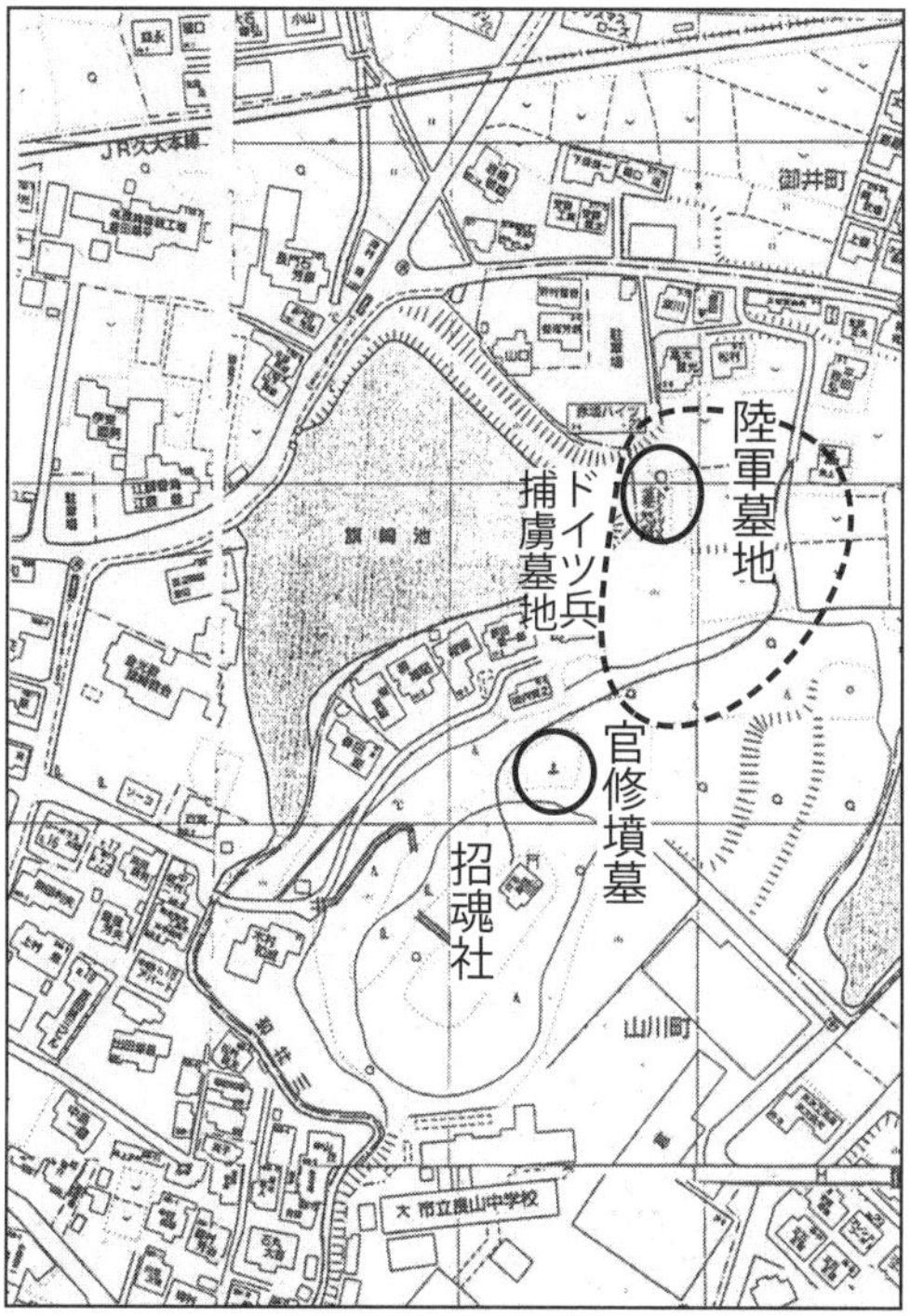

図11　山川招魂社，官修墳墓と旧陸軍墓地
（『御創建一三〇年記念　山川招魂社誌』〔平成11年〕掲載の地図に墓地名称などを付し，位置を示した）

また、「星のマークがついた納骨堂」という記述があり、冒頭にも写真を掲げ、「旧陸軍墓地納骨堂」と記している。『三井郡読本』の「爆弾三勇士」の項には正面からの写真を掲載し「満州事変合同碑」（図12）と記す。今は存在しない。私の記憶では、この陸軍墓地内の南寄りに、ほぼ東南の方を向いて建ってい

図12　満州事変合同碑
（『三井郡読本』昭和10年）

た。「碑」とあるが、形状から見れば「納骨堂」のように見える。もし納骨堂であったならば、後の「忠霊塔」に先立つ合葬墓が、この久留米でも満州事変の段階で設けられていたことになる。

ところで冒頭、この地が久留米藩が設けた招魂所に由来すると述べたが、なぜここが招魂所に選ばれたのかは分からない。この地は「茶臼山」と呼ばれ、戦国期まで山城であった場所で、標高四七メートル程の独立丘陵である。この丘陵には頂上の山川招魂社社殿がある平地、その下段、参道から上った手洗舎などがある平地、そして社殿北の招魂墓などが設けられた平地で構成される。明治二年の招魂所開削の際にどの程度の区画が設けられたか定かではないが、元々、山城であった時点からの「郭」である削平地があり、それを有効に活用できたと考えてよいと思う。次に明治二年に久留米藩でも神仏分離が行われ、神仏習合の地であった高良山中の本坊跡に藩主の「良山御殿」を設けており、いわば高良山が軍事的な拠点ともなっている。茶臼山は、この高良山麓、薩摩街道の傍らに立地している。二つの事実のみ掲げて、将来の考究を俟ちたい。

⑤　終焉

昭和十七（一九四二）年に久留米市内の野中町に忠霊塔を中心とした「新陸軍墓地」が完成し、移転することで終焉を迎えた。跡地は払下げられ、現況は畑地となっている。また、「官修墳墓」は山川招魂社と共に、現在も祭祀が続けられている。

（2）新陸軍墓地

本書は、概ね歩兵第四十八聯隊の設置から、第十八師団の廃止までの期間を取り扱っている。この新陸軍墓地は、この期間から大きく外れた時期のこととなる。ただ、旧陸軍墓地との関連もあるので取り上げることとした。新陸軍墓地は久留米市野中町に所在する。この地は、高良川河畔から北へと連なる「隈山」あるいは「正源寺山」と称される丘陵地であり、古くから御井町・国分町地域の墓地が営まれてきた所でもあった。

この建設についての記録の主なものは、『続久留米市誌 下巻』と『円形野外講堂 久留米市文化財調査報告書第202集』がある。主にこの二つの資料を基に記述する。

新陸軍墓地は、内域二万四〇〇〇坪、外苑一万四〇〇〇坪の広大な敷地である。その中心となるのは「忠霊塔」である。「塔」とは言うが、合葬墓である。基壇からの高さ一七メートル。正面「忠霊塔」の文字は「渡辺中将の揮毫」とあるのは、当時第五十六師団長であり、昭和十七年十二月に陸軍科学学校長に転出する渡辺正夫中将のことであろう。下部に、正面に出入り口を設けた納骨所が設けられている。旧陸軍墓地から四〇三〇柱が移転され、新たに一〇一八柱が合祀されている。また、旧墓地の墓石は塔の背面に埋められたという。

図13　現在の「忠霊塔」

この墓地には合川町十三部と国分町とを繋ぐ道路から入るが、楠並木の表参道、春日灯籠の並ぶ中参道を通り、続いて放生池に架かったアーチ形の陸軍橋を渡って忠霊塔の正面に出る。

陸軍橋を渡る前の周辺には、円形野外講堂、宮城遙拝台、参拝者の休憩所である高良川に面した崖の上に設けられた臨川台がある。この区域を外苑と称していたのだろう。

では、この地が新陸軍墓地に選定された理由は何だろうか。まずは、久留米市の風致地区（昭和十四年）であったことによる要素が強いと考える。「英霊」を祭祀する場所にはふさわしいと考えら

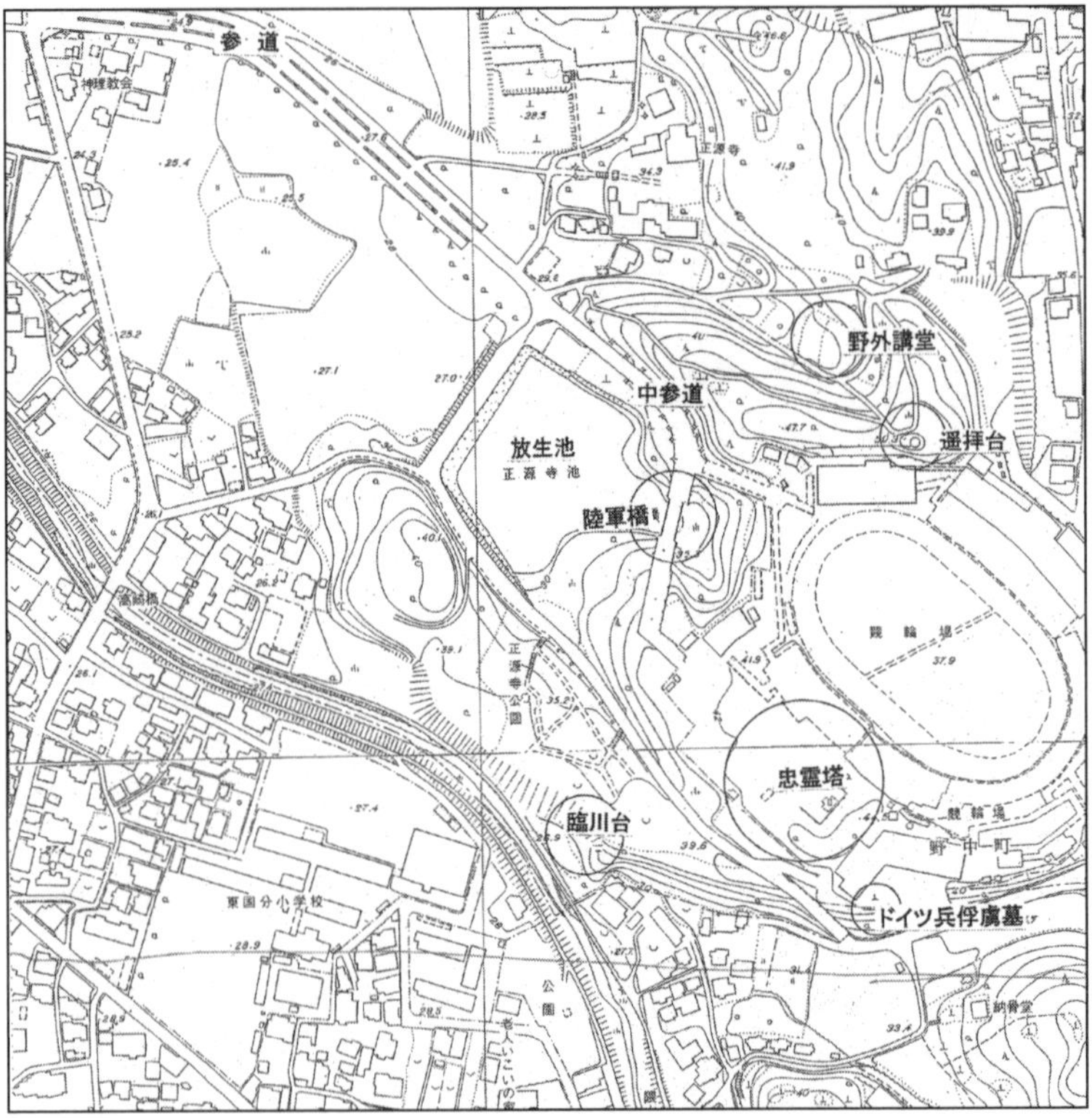

図14　陸軍墓地遺跡配置図

（『円形野外講堂　久留米市文化財調査報告書　第202集』2002年）

れたことと思う。

風致地区指定参考書

（略）

第四号　正源寺山風致地区

沿革　本地区は久留米市の東方に横わる丘陵地帯にして主として正源寺及び日本ゴム会社の所有地に属す。

正源寺は黄檗派禅寺にして宇治万福寺の末寺なり、釈迦牟尼仏を本尊として元禄四年九月天佑上人の創建に係る。南方は池に臨み山麓に高良川流れ幽雅閑静、俗塵を脱したる環境なり。

（『続久留米市誌　下巻』）

また、「高からず、低からず、一帯の草地、松樹まばらな正源山からは、久留米の街が見渡される」（『久留米めぐり』）というように、市街地に近く、また市街地が見渡せる場所であった。

旧陸軍墓地は久留米藩の招魂所をその起源に持つということでは、歴史的にもっともな場所であった。しかし、市街地から離れ、尚且つ山の裏にあたるような視認性に欠ける場所であったし、拡張ができづらい場所でもあった。

新陸軍墓地は当初、昭和十五（一九四〇）年七月七日の満州事変記念日（盧溝橋事件）の完成を目指したが、昭和十七年四月十日に忠霊塔の竣工式が行われ、同時に慰霊式が執り行われた。この建設は「久留米陸軍墓地建設奉賛会」が実施した。この発起人会には、会長に久留米軍友会会長である志岐豊中将（予備役）を筆頭として、石橋徳次郎久留米市長を始め、久留米聯隊区内の各行政などが名を連ねる。在郷軍人会久留米市連合分会長の名も貢献者に有るという。（新）第十八師団関係は来賓に名を連ねる。まさしく後述の大日本忠霊顕彰会の久留米版である。事業費二十五万円を関係自治体などの負担による寄附を仰ぎ、建設工事は勤労奉仕に頼った。この奉仕には、師団管内の中学校及び相当の学校、久留米市職員、農会、軍、宗教団体、企業など、あらゆる団体・組織が動員されている。

ところで、忠霊塔の所在地は野中町一―八である。この地は昭和十五年八月八日付で、石橋徳次郎、石橋正二郎が取得している。忠霊塔、新陸軍墓地建設の最中である。その後、昭和十九年三月一日付を以て、石橋徳次郎の寄附によって陸軍省のものとなっている。ということは、忠霊塔の竣工は昭和十七年四月十日ではあるが、形式的ではあるものの軍が所管するという意味での「陸軍墓地」となったのは、昭和十九年ということになる。

忠霊塔の建設は、久留米に限ったものではない。陸海軍・内務省など六省が共同所管した「財団法人大日本忠霊顕彰会」が「支那事変二周年」にあたる昭和十四（一九三九）年に発足して以降、全国的に行われた半官制運動に依るものであり、「護国神社と同様、地域の戦没者の慰霊、追悼をテコに「民衆意識の統合」を目指したものであったと指摘されている（『軍都の慰霊空間――国民統合と戦死者たち』）。

久留米の場合でも、このことは容易に見て取れる。まず建設奉賛会の顔ぶれを見ても、建設に係る市内外からの労働奉仕、軍・官・民を絡めた一大動員によって建設されたということを見ても、そうである。新陸軍墓地の建設という結果だけではなく、建設過程自体が「民衆意識の統合」を目指し、具体化するものであったと言えよう。さらに、出来上がった新陸軍墓地そのものも、旧陸軍墓地の十倍以上の面積を持ち、合葬墓である忠霊塔は高さ一七メートルの威容を持つ。これもまた、慰霊を超えた、戦争への「民衆意識の統合」を具現化したものと感じざるを得ない。旧陸軍墓地から新陸軍墓地へ。最早、「陸軍墓地」という言葉からくる、戦死者・戦傷病死者など軍人の埋葬と慰霊の地という概念を超えている。「忠霊」を慰霊する場であるということが根底に有るものの、その慰霊を通しての戦勝祈願、忠君愛国の再確認とそのためのセレモニーの一大空間と言わねばならないだろう。少なくとも、故人の名前が刻まれた墓石を前にして、亡くなった一人一人を偲び、慰霊する、というような雰囲気は捨象されている。

亡くなった将兵個々の記録は師団経理部が保管する（原田敬一「軍隊と戦争の記憶」）。

4　衛戍病院と衛生

衛戍《えいじゅ》病院とは、陸軍の衛戍地に置かれ、傷病将兵の治療看護を行う病院である。久留米では明治三十（一八九七）年に歩兵第四十八聯隊、第二十四旅団司令部設置と同時に設置されている。「小さな三等衛戍病院として発足、明治四十年久留米第十八師団が新設されると同時に二等衛戍病院に昇格、病棟も六個病棟に拡充され昭和六年まで殆ど変化なく経過」（「国立病院のあゆみ」）。昭和十年、陸軍病院と呼称が改められた。設置については第二章を参照されたい。

当初からそうであったかは分からないが、「主として胸部患者の収容病院」であったという（『兵旅の賦』）。集団生活を送る軍にとって、衛生は重要な問題であった。当時は現在と比較できないほど伝染病が繰り返し発生していた。それも、コレラ、チフス、赤痢など各種類である。久留米においても、市内に限らず部隊内での発生も起こっている。

『久留米市誌 中編』は以下の如く言う。

伝染病

本市は明治二十二年市制実施以来逐年発展し来り、特に師団の設置、附近町村の合併等によりて人口俄に増加し、保健衛生上最も重大の関係ある伝染病予防区域も亦漸次拡大せり。（略）伝染病も屡々発生し、腸窒扶《チフ》斯《ス》の如きは四時其跡を絶たず、殆んど地方病たるの観あり。（略）

明治廿五年赤痢病の流行は市制施行以来未曾有の流行にして五月より発生し漸次蔓延七八九月の交最も猖獗を極め、十二月に至りて全く滅す。（略）患者の総数壱百六十人、内入院患者四十七人、死亡総数四十四人なりき。

師団誘致にあたっての市長の市民への訓諭、注意の中にも、衛生への留意が述べられている。

図15　久留米衛戍病院正門　大正の頃であろう
（写真：久留米市教育委員会蔵）

一　伝染病患者ヲ隠蔽セサルコト
伝染病予防上ニ関シテハ平素注意方懇示シ置キタル如ク若シ疑シキ患者アリタルトキハ速ニ医師ノ診断ヲ受ケ決シテ隠蔽スル如キコトナキ様衛生組合ニ於テ一層注意スルコト

一　衛生上ニ注意スルコト
下水路ノ悪水ヲ道路ニ撒布シ又ハ道路ニ悪水流出セシメ或ハ自家門前ノ掃除ヲ怠ル向往々有之是等ハ衛生上大ニ有害ナルヲ以テ此際充分注意ヲ加ヘ決シテ不潔ナキ様致スヘキコト

（『久留米市誌　中編』）

久留米市では、軍誘致後のことであるが、明治三十一（一八九八）年に、「清潔方法清毒方法並伝染病救治其他衛生上諸般ノ事ヲ履行シ組合内ノ安寧健康ヲ保持スル」ために衛生組合を設けていたが、下水路の改良は明治四十四（一九一一）年に至っても実施できていなかったという（同前資料）。

しかし、いかにしても伝染病は防ぐことができない。第十八師団が整った直後、明治四十一年夏には歩兵第四十八聯隊で腸チフスが発生した。数年前にも発生したといい、この年の発生では、兵営の消毒と健康兵の「転営」が行われている。

久留米歩兵の転地

久留米歩兵第四十八聯隊は数年前にも其第三大隊に伝染病起り混雑したる事ありしが本年再び伝染病の蔓延を見るに至り本月一日は特命検閲に差掛りたる時期とて将卒を論ぜず其準備に汲々たるの際に当り突然腸窒扶斯患者を発し水質の関係に依れるか爾来引続きて患者を出し隊にては手抜なく消毒を施し撲滅を期したるも発患は日を逐ふて多く初発より昨日迄の患者決定症二十五名内二名死亡し現患者廿三名疑似症三十二名合計五十七名の多数に上り尚蔓延の恐あるを以て同隊にては終に転営の已むべからざるに至り未だ転営の許可なきも其準備に忙殺せられ居れり即ち昨日は附近町村役場の消毒器数基を借入れ第一大隊兵舎裏に据へ先づ第三大隊より消毒を初〔ママ〕め凱旋当時彦島消毒所の消毒と同一の方法を採り軍医監督の下に被服を初め室内に於ける寝具器具の類全部消毒し兵士は入浴して身体を浄め旧兵舎に入らず下士集会所、将校集会所等に入り明日を以て出発し同隊は肥前大野原（武雄附近）の廠舎に転営する由引続き第一大隊は同様消毒の後来る十五日頃肥後黒石原（熊本より三里）の廠舎に転営し兵舎の病毒消滅を待て帰営し第二大隊と更代する予定なるが転営に就ては大隊長以下全部出張するを以て聯隊長は時々之を巡視すべしと

（「福岡日日新聞」明治四十一年七月十二日）

表3　第十八師団の健康状態

旧　患		222名
新　患	全身病，伝染病	69名
	其　他	13名
	呼吸器病	43名
	栄養器病	174名
	花柳病	24名
	眼　病	37名
	外被病	65名
	外傷及不慮	82名
	其　他	48名
	計	555名
合　計		〔ママ〕778名
治療日数		9240日
就業3日以内にて治療したるもの	患者数	184名
	治療日数	462日
転帰治癒		546名
死　亡		11名
除　役		10名
1月以来減耗累計	死　亡	19名
	除　役	47名

（「福岡日日新聞」明治41年8月14日より作成）

ちなみに大野原・黒石原は、両者とも演習場が設けられていた所なので演習廠舎を利用したのである。

この腸チフス発生の約ひと月後、新聞は以下のように師団の傷病兵の状況を伝えている。師団と言っているので、久留米以外の部隊も入っている数であろう。「久留米第十八師団去る七月中の健康状態左の如し」（「福岡日日新聞」明治四十一年八月十四日）として掲げられた数値を表3にまとめる。いかに約一万人の大所帯とはいえ、新患、つまりこの時点で入院も含めた治療中の将兵は五五五人の多さである。しかも、軍隊なので、と思いがちな「外傷及不慮」ではなく、多くは病気なのである。さらに、「一月以来減耗累計」、約七カ月での死亡者は十九名、軍役を続けることができなくなり「除役」となった者は四十七名である。先の、病気と外傷の数値から考えれば、死亡・除役の多くが病気であったと考えることができそうである。

なお、「花柳病」とは性病のことで、伝染性があるため軍は注意を払っていた。

このような伝染病への対策は、明治三十年の歩兵第四十八聯隊設置当初から考慮されていた。隣接する御井町に拠点を設けようとしたのである。

回春医院開業式
三井郡御井町は第四十八聯隊転営後俄に必要の地と為り将校兵士の住居或は諸商人の入込むものも尠からず然るに全地にハ是迄一人の良医なく一旦病気流行するも治療を施す人なき為め全地人ハ大に困難し居れる折柄久留米衛戍病院長井上軍医正、菊井軍医等ハ若仝町にして悪疫流行せば忽ち兵営を襲ふの憂あり衛生上注意せざるべからずとて公務の余暇を以て医院を開き薬価は原価を以てし亦貧者にハ無代価にて施薬することとし綾部、有馬の両看護長大に尽力する所あり此に始めて御井町に回春医院を設くるに至り昨十九日午后三時より仝医院内に於て開業式を挙げたり、出席者ハ御井町々長中野胤三郎氏以下各区長議員等三十余名（略）

健康兵の隔離所

久留米第四十八聯隊にてハ悪疫流行の際健康兵を隔離せしむる為め高良山の山腹なる座主（旧知事の住家）を仝隔離所に充つる筈にて目下相談中なりと聞く

（「福岡日日新聞」明治三十年七月二十一日）

健康兵の隔離所がどうなったのかは分からない。しかし、病院は、その後明治四十年、御井町の元役場跡に「公立三井病院」が開業したとの記事がある（「福岡日日新聞」明治四十年二月四日）。この折もまた院長に岩田軍医正が就任している。回春医院が一度は無くなり、新たに三井公立病院が設けられたのか、あるいは回春医院が公立病院として改変されたのか、さらに、いつまで存続したか不明だが、陸軍病院長が携わっていることには変わりがない。陸軍病院は、軍の衛生上の問題から発したとはいえ、地域の医療にも関わったことになる。

ちなみに、高良山腹の「座主」とは、明治二年の神仏分離まで山中の本坊であった蓮台院御井寺の跡である。記事の通り、一時期、藩主の「良山御殿」となり、その後は高良神社の宮司職舎となった。明治三十年代に描かれた「国幣中社高良神社」図には、蓮台院跡も描かれている。これには「社務所」と注記された、本坊であろう大型の建物一棟と、附属の建物二棟、山門三カ所が見える。この場所と建物の利用を考えたのであろう。

5　俘虜収容所

久留米には、日露戦争時と第一次世界大戦（日独戦争）時に、それぞれ俘虜収容所が設けられた。衛戍病院とは直接には関係がないのだが、後者のドイツ兵を収容した「久留米俘虜収容所」が衛戍病院の新病舎跡に設けられたので、ここに取り上げる。新病舎とは、青島攻略にあたって多くの傷病兵が出ることを予想して、急遽つくられた病棟で、終了後は解体あるいは焼却を前提としたバラックであった。

なお、現在は「捕虜」を使用するが、当時は公的には「俘虜」を使用していたので、ここでは収容所を指す場合などには「俘虜」を使用する。

久留米の俘虜収容所については、久留米市教育委員会から『久留米俘虜収容所　1914〜1920　久留米市文化財調査報告書　第153集』など五冊の報告書が刊行され、詳細が公にされている。本書では、主にこの報告書を基にして、本書の取り上げる課題に沿って概要のみ記述しておく。収容所の詳細はこの報告書に拠られたい。

(1)　ロシア兵俘虜収容所

日露戦争中、明治三十八（一九〇五）年三月三十一日に、国分村の歩兵第四十八聯隊東側に隣接する練兵場にロシア兵捕虜の「久留米収容所」が開設された。最大で、下士官四〇六名・兵卒二四二三名、合計二八二九名が収容された。収容所は四万坪の敷地に四間×二五間のバラック三十棟であり、屋根は藁葺であった。明治三十九年二月六日までにすべての捕虜が帰国し、翌日収容所が閉鎖された。この間二件（二名かどうかは不明）の捕虜の死亡があり、内一名は陸軍墓地への埋葬が知られている。

（2）ドイツ兵俘虜収容所

収容所

第一次世界大戦時、日本は日英同盟に基づきドイツに宣戦布告をした。多くは「日独戦争」と称されている。主な戦場となったのがアジアにおけるドイツの拠点であった中国の青島《チンタオ》であった。この要塞の攻略には久留米の第十八師団を基幹とする部隊があたった。このため、久留米に俘虜収容所が設けられた。主戦場ヨーロッパから遠く離れた青島での戦争は、当初から勝つことが約束されているようなものであった。ドイツ側の守備隊六千人に対し、日本軍は四万人程であったという。このような状況であったため、未だ青島での戦闘が始まっていない大正三（一九一四）年九月には、早くも俘虜情報局が設置され、捕虜の受け入れ準備が始まっている。ちなみに、青島での戦闘は十月三十一日から始まり、十一月七日には要塞が陥落している。

全国には十二カ所（最終的には六カ所に統合）の収容所が設けられたが、ここでも収容所の誘致運動が行われている。

〔大正三年〕12月3日には新たに大分、徳島、静岡の3市に俘虜収容所の設置が告示され、全国で12ヶ所の収容所が開設されることとなった。当時、俘虜収容所を設置することは一大消費集団を地域に創出することであった。このため、地元経済が様々な分野で潤うという期待から収容所誘致の運動も盛んで、徳島や和歌山、静岡などでは陸軍大臣等への陳情を行っている。

（『ドイツ軍兵士と久留米――久留米俘虜収容所Ⅱ　久留米市文化財調査報告書　第195集』）

地元経済への期待という、師団増設に際しての兵営誘致と全く同じ論理である。

久留米は他に先駆けて大正三年十月に設置（十月六日告示）されている。久留米俘虜収容所は当初、梅林寺（臨済宗寺院で久留米藩主菩提寺）、香霞園（休業状態であったであろう料亭。篠山支所と呼称された）、大谷派久留米教務所（市内中心部日吉町）、高良台演習地内の演習廠舎（久留米市外三井郡上津荒木村に在った）の四カ所に分散されており、いわば、借り物を収容所にあてた状態であった。そこで、大正四（一九一五）年六月から国分村の衛戍病院新病舎一カ所に纏められることとなり、大正九（一九二〇）年三月十二日まで設置されていた。新病舎といえば聞こえは良いが、実際には、青島攻撃による戦傷病者を収容するために衛戍病院の隣接借地に急造した、天井もないバラック然とした建物であった。三万一〇〇〇平方メートルの敷地に、最大で一三〇九人が収容されていたため狭隘で、捕虜たちにとって不満が多い収容所であったという。

図16　国分村の俘虜収容所

注連縄を張った正月の風景
（写真：久留米市教育委員会蔵）

戦時臨時構築物タル急造病舎ナリシヲ以テ、収容ノ年ヲ重ヌルニ従ヒ破損相次テ発シ常ニ姑息ノ修理ヲ要シ、或ハ冬季採暖ノ設備ナシ、又ハ便所ノ構造不完全ニシテ居室接近スルカ如キ常ニ不平ノ種トナレリ

（『大正三年乃至九年戦役俘虜取扱顚末』防衛省防衛研究所図書館蔵：『久留米俘虜収容所　1914～1920　久留米市文化財調査報告書　第153集』より引用）

この収容所については、先のロシア兵俘虜収容所の時と違い、多くの記録が残されている。また、久留米市教育委員会による調査報告書作成の過程で、ドイツからの資料提供などの協力もあり、多くの新事実が判明している。

このドイツ兵俘虜収容所では、基本的にハーグ国際条約に基づいた管理が行われていた。もちろん、収容所という狭い空間に拘束され、不自由な生活

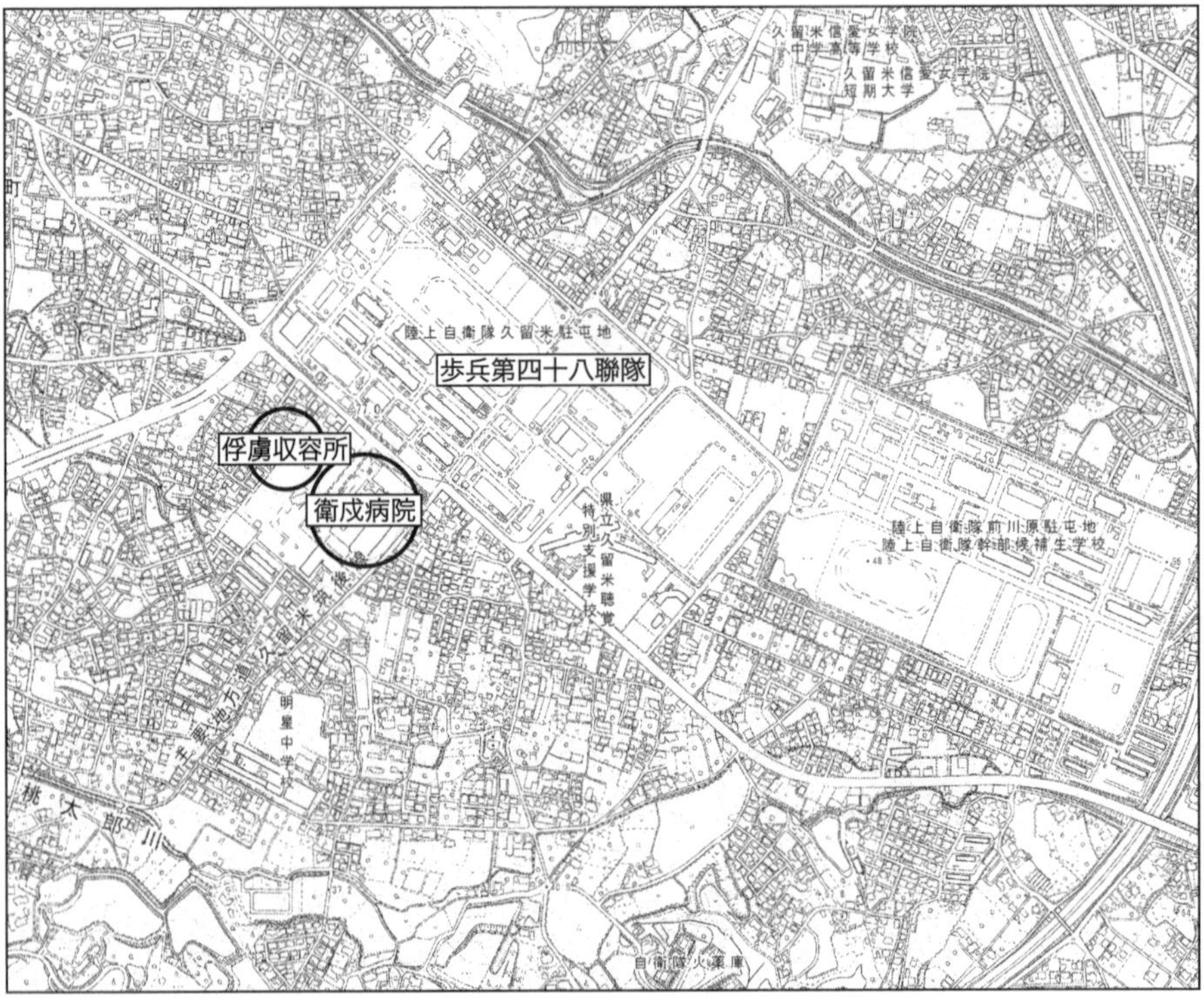

図17　国分村の俘虜収容所の位置

「久留米市管内図」（平成24年修正版）に位置を示し名称を付した

ではあったことが前提ではあるが、捕虜たちは演劇・演奏・スポーツなどの活動を行い、時には収容所外への遠足もあった。日本政府からの給与を受け、本国からの義捐金なども受け取ることができている。さらに、一部将校たちの家族が来日し、収容所近くに借家を借りて移り住み、収容所での面会さえもできていた。

　ハーグ条約とは、戦時国際法に関する条約の一つで、日本は明治四十四（一九一一）年に批准している。この第二章第四条に「俘虜ハ、敵ノ政府ノ権内ニ属シ、之ヲ捕ヘタル個人又ハ部隊ノ権内ニ属スルコトナシ。俘虜ハ人道ヲ以テ取扱ハルヘシ」と記されている。

久留米市にとっての収容所

　前述のように、経済的な効果を期待して収容所の誘致が行われた。久留米の場合の経済的効果の一例は、次の通りである。

まず、同収容所がもたらした１９１６年（大正５年）の久留米地域への経済効果の概要を見れば、次のとおりであった。

下士卒酒保売上高	６９、７２４円９４銭
将校酒保売上高	１９、８２４円６０銭
准士官以下被服糧食費	１２《ママ》、０００円〔※〕
将校賄料	１８、３９６円
総計	２２７、９４５円５４

〔※１２０、０００円の誤りか〕

この約22万８千円が「大体に於て久留米収容所から久留米市及其附近に落つる一ヶ年間の金高と見て大過」ないとすれば、久留米の経済は収容所の設置によって大きな恩恵を受けていたということが出来る。

（『ドイツ軍兵士と久留米――久留米俘虜収容所Ⅱ　久留米市文化財調査報告書　第195集』）

次に、出入り商人については以下のようである。

（略）大正時代の初めには軍に物資を納入する御用達商人によって「用達組合十八会」が組織されていた。この内の一部が俘虜収容所への出入り商人となった。この事業家たちについて当時の新聞は「出入り商人は約四十名で、将校食料同酒保及び准士官以下の食料品の商人が儲頭である。洗濯屋でも毎月三百円に上り、靴屋が百五十円乃至二百円、床屋が七、八十円乃至百円にも及んでゐるので、此等の連中は矢張り俘虜様々であらう」と書いている（略）

（同前）

彼らの内の五人は「共栄会」を作っていたという。

一方、まだ戦争中であった大正七（一九一八）年から、捕虜たちの一部、技術を持った者が地域の工場などに雇用され働いている。日本足袋株式会社、つちやたび合名会社、日本製粉株式会社久留米支店の三社では十五名であったという。

この時期、久留米の産業界には大きな変化が表れ始めていた。長く久留米の産業を代表していたのは、久留米絣であった。だが、たび工業の発展は著しく、全国に「久留米のたび」と知られるようになっていた。そして、生産額は絣に追いつき、大正十一（一九二二）年には絣を追い越している。この発展については、「このような久留米のたび工業の著しい発展は、豊富な労働力に加えて、他のたび業者が木綿からたびを作っている間に、久留米では糸からたびを作り、自家染色するなど一歩先んじて一貫作業を機械化のもとに行なったことにあった」（『久留米商工史』）と指摘されている。

つちやたび（月星）は大正六年に合名会社となり、大阪支店の開設、分工場を建設する。しまや足袋も市内洗町に新工場を建設、日本足袋株式会社と改めた。第一次世界大戦の好況の中で、久留米のたび産業は大きな発展期を迎えていたのである。まさにこの時期、先進国ドイツの技術を持った捕虜が久留米にやって来たのである。

日本足袋（アサヒ・しまや足袋）には、木綿染色・木綿織物・機械職、織物機械修理・ミシン機械修理の技術者が入った。つちやたびには、木綿漂白・刃物鉄工・ミシン機械類修繕職・織物起毛、織物機械据付及び修繕工である。

この内、次の二人がいる。

ハインリッヒ・ヴエデキント――ハノーバー出身、工作機械エンジニアとして月星に勤務。靴底関係の成形装置であるソールカッティングマシンを大幅に改良し、生産にふさわしい装置に完成。機械関係の特許多数を完成。二十世紀前半の月星の機械技術を支えた功労者。

パウル・ヒルシュベルゲル――大阪の角一ゴムを経て大正十二年に日本足袋㈱に入社。ゴム配合を担当し、技師長として地下足袋、ゴム靴その他ゴム製品の配合研究、工程研究、作業能率研究などを行い、同社初期のゴム技術を築く。昭和四（一九二九）年、タイヤ試作にあたってゴムの配合関係を担当。

足袋会社であった二社が、ゴム底の地下足袋を開発し、大きな発展の契機となるのは大正十二年のことである。その後、ブリヂストンのタイヤも含め、久留米をゴム産業の町に育てた功労者の中に、奇しくも戦争捕虜として久留米に収容されたドイツ人があったのである。裏を返せば、久留米の産業の一角は、このような技術を需要する段階に至っていたということになる。

久留米市民との交流

今一つ特徴的であるのは、捕虜と市民との交流があったことである。久留米市民たちは、そして捕虜も互いを間近に見ているのである。

高崎〔森新呉服店〕のその学校裏の森のなかにゃ、二、三軒借家どんが建っとったばってん、あんまり借手もなし、ようしめ切ってありよったが、日独戦争ん頃ドイツの捕虜が家族ば呼うでよかごつなって、捕虜の奥さんてん、子供てんがその家あたりに住んでござったたい。（略）
ドイツ人の捕虜は花好きで、うちの火事の跡の屋敷に、椿の珍らしかってん、すみれてん、いろいろ花の咲きよったけん、よう花もらいに来よらっしゃったたい。（略）　（『初手物語』）

軌道に乗るとくさい、男達ゃ威張って乗っとるもん。（略）ドイツの捕虜の来とったころ、あの人どんが街

に行きよっとにどん乗り合はすると、すぐ席立って、女子供ば掛けさせよった。（略）
（同前）

収容所近くの人たちは、こうやって捕虜の姿を垣間見てきたし、学校からの見学もあっていた。遠足など外出の際も物見高い人たちがいたことであろう。

大正七（一九一八）年十一月、第一次世界大戦の終結後、帰国を前にして市民との交流が増す。この中で、代表的な二つを取り上げる。

一つは、久留米高等女学校で行われた演奏会であり、大正八（一九一九）年十二月三日のことである。同校『同窓会誌　第拾六号』には、母校状況の記事の中で「十二月三日　独逸俘虜四十五名来校生徒の薙刀術を参観し終りて彼等自身の音楽演奏会を校内にて催したり」と短く事実のみを伝えている。

二つ目は、市内苧扱川町の恵比寿座で開催された「独逸人演芸会」である。大正八年十二月、市役所、市教育会及び愛国婦人会の主催によるものである。主催者は、その開催趣旨を次のように述べる。

（前略）青島戦役已来久しく当地に来って居ました独逸人も彌近日帰国する筈であります。然るに彼等の内には音楽其他色々の芸術に勝れたる者が沢山居ます。

抑芸術には国境がないのですから、親しく彼等の演芸を見ましたならば、只珍しい、面白いといふ外に彼の国民の気象なり、趣味なり、又風俗習慣なりが能く知る事が出来まして我国民の参考になる事も多かるべく考えます。依て私等は彼等に交渉して演芸会を開き、音楽、芝居、曲芸を演奏せしむる事になりました。

（略）
（『久留米市誌　中編』）

ただ、市民との交流とはいいえ、一般公開ではなく「会員組織トナシ、有識階級、同好者ヲ以テ会員トシ、（略）

会員タルノ資格ハ陸軍ハ下士以上、地方ハ官公吏有志者及其家族、愛国婦人会員等」と限られたものであった。
この二つの出来事を伝える久留米の資料は、事実を簡単に伝えているだけである。だが、久留米市教育員会の収容所関連資料調査の過程で、この二つに参加した捕虜の日記が確認されたのである。『ドイツ軍兵士と久留米――久留米俘虜収容所Ⅱ　久留米市文化財調査報告書　第195集』に「エルンスト・クルーゲ」の日記として紹介されている。クルーゲはベルリン出身。青島における日独戦争勃発とともに一年志願兵となり、海軍歩兵一等兵。日本軍の捕虜となり、久留米に収容されている。

図18　久留米高等女学校でのドイツ人捕虜によるコンサート
（写真：久留米市教育委員会蔵）

市民たちの多くは、初めて見るドイツ人であったであろう。捕虜たちにとっても、間近に接する久留米の一般市民であった。久留米高等女学校でのコンサートと、市内恵比寿座で催された演芸会の様子を、クルーゲの感情のこもった日記（生熊文《いくまあや》抄訳）から一部を抜粋する。

○久留米高等女学校でのコンサート

（略）久留米の女学校から講堂でコンサートをして欲しいとの招待を受けたのだ。（略）立派な講堂へ向かう。そこにはもう全部用意ができていた。少女たちは自分のベンチに座っていたが、皆とてもお行儀よく、お手々を重ねて、これから始まる出し物を待ち焦がれていた。プログラムはドイツ語で印刷してあったので、それぞれの出し物の前に通訳が黒板に題名や作曲家に相当する言葉を書いた。さて、コンサートが始まった。聴衆は座ったまま指揮者にお辞儀をしたので、たくさんの桃色の顔の代わりに突然色とりどりの背中と黒髪でいっぱいになった。少女たちが本当に音楽を楽しんだのか、ドイツのお客様に礼を尽そうとしただけなのか、私は分からない。とにかく一曲ごとに、割れるような、しかし統制された拍手が起った。そしてプログラムは長かったのに、最後の瞬間まで緊張して注目が保たれた。それどころか特別演奏項目もあった。小さな音楽家の少女がある楽譜を持ってきて、はにかみながら「この曲」を演奏してくれないかと尋ねたのだ。それはシューベルトのセレナーデだった。通訳がそれを黒板に書くと、席中にどよめきが伝わった。アアとかオオと言う声や囁き声がした所を見ると、この曲は明らかによく知られているらしかった。拍手もそれに相応してもっと大きかった。コンサートの後、またコーヒーとケーキが出て、校長先生のお話があり、一人ずつ献呈の辞の付いた絵葉書を記念にもらった。（略）

（同前）

何と久留米高女の講堂で行われた演奏会では、ベートーヴェンの第九の第二楽章と第三楽章が演奏されていたのである。まさにこの一九一九年（大正八年）十二月三日こそ、日本人が初めて第九の真ん中の二つの楽章を聴いた日だった。（略）

（略）久留米のドイツ人俘虜たちは収容所の外に出て、女学校の講堂で演奏し、生徒たちが聴いたのである。それはベートーヴェンの第九交響曲が収容所の塀を超えて、日本の社会に飛び出したときでもあった。

（横田庄一郎『第九「初めて」物語』）

○恵比寿座「独逸人演芸会」

（略）師団の反対にもかかわらず、我々のオーケストラが久留米の劇場で客演する事になったのだ。（略）上演は午後3時からだったが、日本人はもう10時にはやってきて、午後1時には劇場は満員になった。我々「芸術家」は役者や女優や期待いっぱいの聴衆などいろいろな人々と触れ合えて、とても愉快だった。聴衆と役者はかなり親密で、見物人が好奇心を押さえ切れなくなるとカーテンの下から舞台に潜り込んで、しばらく口と鼻を抑えて見つめると、また満足して自分の席に帰って行った。その「席」というのは、たいてい小さな世帯とでもいうものであった。客席は畳が敷いてあり、聴衆はそこに座った。足の高さほどの四角い枡で空間を囲み、その一つ一つに6人の大人が座った。大概さらに数人の子供がいて、臆さずに乳を飲んでいるものもいたし、叫び声をあげる子供もいた（略）

（『ドイツ軍兵士と久留米――久留米俘虜収容所Ⅱ　久留米市文化財調査報告書　第195集』）

彼ら捕虜が最後に久留米収容所から帰国の途についたのは、この交流から約一カ月後の大正八（一九一九）年一月二十六日であった。そして、三月十二日に久留米収容所は閉鎖された。ただ、自らの意志ではなく帰国できなかった者も居る。捕虜十一名がこの地で死亡したのである。

6　工兵隊

工兵隊とは、戦闘部隊を支援し、陣地構築、障害物構築・排除、戦闘部隊の渡河などを行う部隊のことである。陸上自衛隊では施設隊が相当する。旧陸軍では一個師団に一個大隊あるいは聯隊が設けられる。

第十八師団では、工兵第十八大隊（第十二師団の下、昭和十一年から聯隊）が当時久留米市外の御井町に置かれた。冒頭で述べたように、支援部隊であることから華々しく記述されることは多くはない。平成元年発行の『工兵第十八連隊史』には、「大正三年の日独戦争出征と、昭和七年第一次上海事変に出動した戦歴あるのみ。ひたすら工兵技術の練成に努むるほか、関東大震災及び各地の災害の復旧と救援に、あるいは施設工事の新設に当り協力と援助の為に出動した」と記されている。

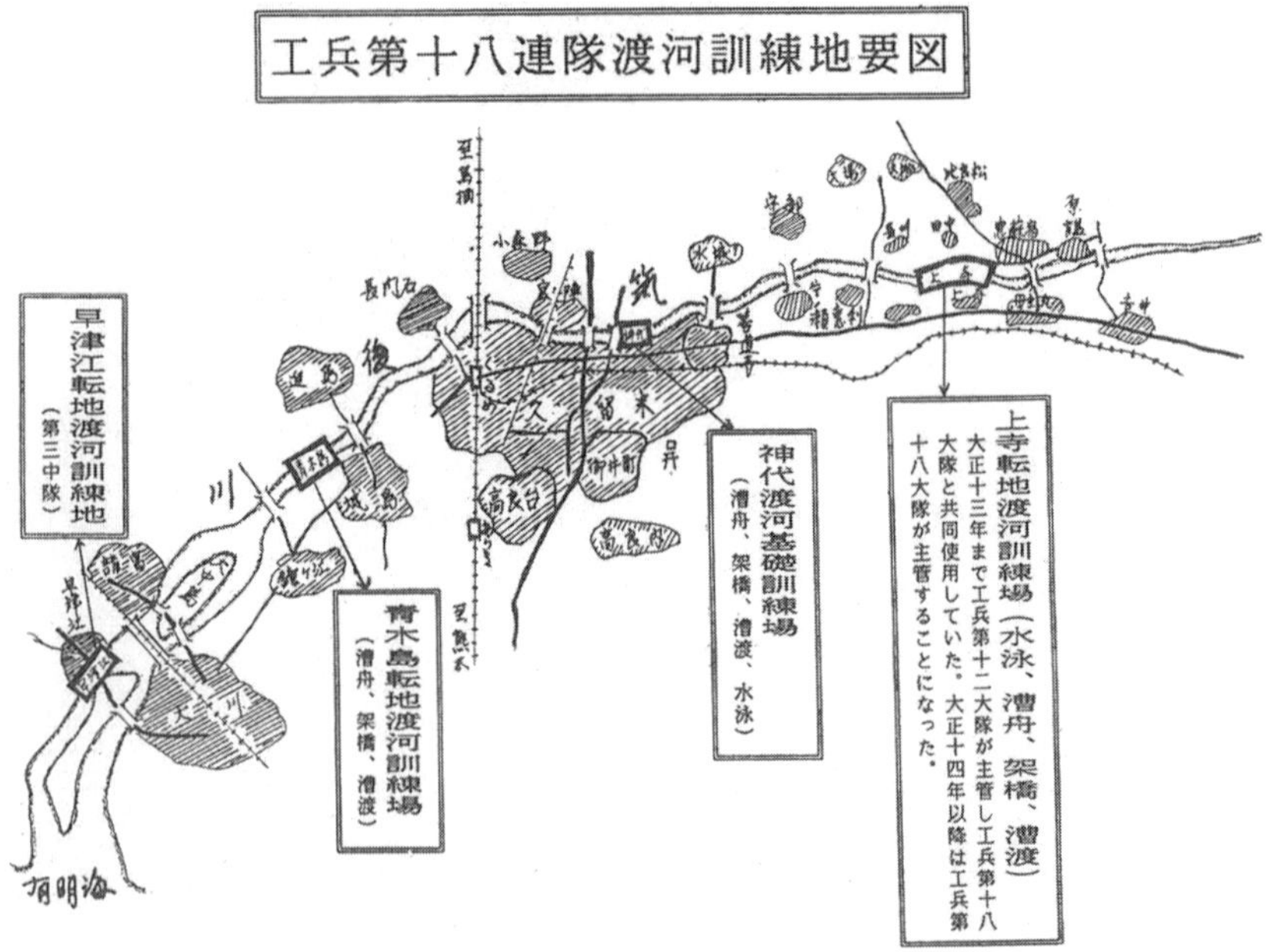

図19　工兵隊渡河訓練地（『工兵第十八連隊史』平成元年）
営門前から御井町中心への道路開削も，神代などへの往来の便を図る目的があった

（1）工兵隊と地域

現在の陸上自衛隊施設隊がそうであるように、当時の工兵隊も、地元も含め災害地へ派遣され救助、復旧活動を行っている。

大正十二年　関東大震災復興に救援出動。酒匂川に橋梁を架設して主要幹線道の交通確保に努めた。

昭和二年　矢部川氾濫防止に救援出動。福岡県瀬高町新船小屋、矢部川左岸堤防決壊による応急防水工事。

昭和五年　久留米市大水害救援出動。筑後川の氾濫による久留米市内の人命の救助、物資の補給と交通の確保。

（『工兵第十八連隊史』より抜粋作成）

また、高い土木技術を持っており、地域の橋梁架設なども支援している。

大正十五年　福岡県浮羽郡片ノ瀬と同朝倉郡守部とを結ぶ筑後川に橋梁を架設。
昭和二年　佐賀県神埼郡田手川の橋梁架設援助出動。
昭和三年　佐賀県立佐賀中学校水泳場建設援助。
昭和五年　福岡県若松市高塔山登山観光道路の建設。
佐賀県唐津市鏡山登山観光道路の建設。

（同前）

このような建設支援は、大正末期の不況で教育予算が削減されたため、自治体と諮り教育訓練として行ったという。木材は八女郡大渕村、あるいは筑後川上流から購入し、筏輸送訓練も兼ねたという。

もちろん、この時に建設された橋梁は、すでに架け替えられているが、明治四十（一九〇七）年、工兵隊創設時に渡河訓練地への便のために建設した営門前から御井町中心部への道路は、今もバスの通う県道として機能を果たしている。

(2) 爆弾三勇士

「爆弾三勇士」についても、この小書で扱った時代には入らない。だが、軍都久留米を語る上では外してはならないと考え、敢えて一項を設けた。

肉弾三勇士とも言われるが、往年の軍都久留米を知る人にとって、必ずといってよいほど話題となる、久留米工兵第十八大隊に関する出来事である。昭和七（一九三二）年、「上海事変」の際に、鉄条網を爆破するため破壊筒を抱え出た、作江・北川・江下の三名の工兵は爆死した。生還できなかったのは無理に突入させられたためなど諸説あるのだが、軍は命も顧みずに戦ったと顕彰し、「軍神」とされた。この「軍国美談」は各種報道によって社会的現象ともなって、たちまち全国に拡がった。歌、ラジオ、興行などに取り上げられ、いわば三勇士ブーム

図20　爆弾三勇士銅像

（「爆弾三勇士銅像記念」絵葉書。久留米市教育委員会蔵）

を引き起こしたという。

　久留米は一躍三勇士の聖地となり、「名所」となった。久留米では早速、翌昭和八年に三勇士銅像を建立した。この銅像は「戦勝神」高良大社境内への建設が考えられていたが、内務省の、神社に関係ないものの建造は許可されないとの方針によって、久留米市内公会堂構内に建設されている。この銅像は、福岡の彫塑家松尾薫が原型を制作し、久留米の鋳金家で当時東京に在った豊田勝秋が制作している。豊田は「久留米で私は工兵十八大隊を訪問して、時の小隊長だった東島少尉から、諸勇士の悲愴なる形見を前に、当時の壮烈なる模様を委しく聞く事が出来ました」と述べている（『豊田勝秋――近代工芸先駆者の生涯』）。

　さらに、出身部隊である工兵第十八大隊営内には三勇士記念館が、工兵隊作業場の高みには三勇士記念塔が設けられた。この記念塔の三勇士のレリーフは、当時たまたま志願兵として工兵隊に在籍し、後に「長崎平和祈念像」を制作した北村西望が手がけている。

　いずれも三勇士を慰霊し、顕彰するためのものであったが、三勇士ブームの最中である。たちまち久留米の名所となった。当時久留米で出版された観光関連の冊子は、こぞって爆弾三勇士を採りいれている。

『久留米めぐり』は、三勇士銅像、廟巷鎮勇士館（三勇士記念館）を挙げ、『三井めぐり』でも同様に三勇士記念館と記念塔、三勇士銅像を紹介する。『観光の久留米　市勢要覧・商工名鑑』は表紙に肉弾三勇士銅像を掲げている。

　冊子での紹介だけには止まらない。観光バスのルートとなった。

附△市内遊覧並に筑後路観光コース

市内遊覧並に筑後路観光コースは駅前観光案内所及び連絡自動車株式会社にて御斡旋申上て居ります。

1　市附近の遊覧コース（略）

第一コース　水天宮、（略）三勇士銅像（略）

第二コース　工兵隊、肉弾三勇士記念館、高良神社参拝、戦車隊、特科隊

（『躍進！ 久留米を語る』より略記）

『久留米観光読本』は観光バスガイド用につくられた。「巻末言」に、「本書は昭和七年十月、久留米市観光協会創立以来、少女ガイドが観光客を案内してゐる口演集の一部であり、少女ガイドの心覚えであり、ノート代りである」と記され、本文には「此の鉄兜の銅像こそ江下、北川、作江!! 昭和七年二月二十二日の午前五時、国防の楯廟巷鎮に護国の鬼となられた肉弾三勇士でございます（略）」と三勇士を紹介する。

さらに、地図も負けてはいない。『最新大久留米市街地図』（昭和十一年）には裏面の「久留米案内」に「三勇士銅像・記念館」を、『久留米市全図』（昭和十一年印刷）も「名所古蹟」に三勇士銅像、工兵隊内の三勇士記念館を載せている。

教育界でも然りである。

三井郡教育支会発行の『三井郡読本』は、「爆弾三勇士」の項を設けて三ページ程を割き、以下のように記す。

（略）時に曙光《しょこう》漸く明るし。東島小隊長其の形勢の不利なるを見て、更に予備班に命じて強行破壊を企つ。内田班長直ちに令を部下二組に伝ふ。第一組は一等兵作江伊之助・北川丞《ゆづる》・江下武二の三士なり。三士は破壊筒に点火し、之を抱きて弾雨の間を強行突進す。途中北川一等兵敵弾に傷つく。為に三士斉《ひと》しく倒る。突嗟奮起戮力《りくりょく》更に邁進《まいしん》す。その目的物に達するや、同時にその身も亦爆煙と共に飛散す。（略）

事、天聴に達す。特旨を以て祭粢料を賜り、各伍長に特進し、功六級金鵄勲章並に勲八等白色桐葉章を授けらる。是異数なり。（略）

世を挙げて爆弾三勇士と称し、我が軍人の精華なりと言ふも亦宜《うべ》ならずや。（三勇士銅像撰文に拠る）

三勇士が国定教科書に採りいれられた昭和十六年以前に、地元では教材化されていたのである。

先にも引用した通り『工兵第十八連隊史』には、「大正三年の日独戦争出征と、昭和七年第一次上海事変に出動した戦歴あるのみ」と関係者自らが記している。軍都久留米の代名詞となった歩兵第四十八聯隊などに代表されるような、武勲を立てられる存在ではなかった工兵隊にとって、「肉弾三勇士」は戦史の表舞台に立つことができた誇らしいことであっただろう。当然、久留米市にとっても「軍都久留米」を全国に高からしめるものであった。もちろん、「三勇士」ともてはやされなかった、他の五名の兵士を含めた八人の生命との引き換えにである。

第六章　久留米への選地理由

第二章で久留米市は積極的に軍を誘致したことを述べた。次に第四章では兵営の建設を、そして第五章では久留米市が軍都となったことを記述した。この章では、なぜ久留米市が衛戍地に選ばれたのかを考えてみる。軍はいかなる点を考慮して久留米を選定したのか。主に明治三十年の軍備拡張を例にとり、軍の視点から見ていくことにする。

1　軍の選地方針

軍が衛戍地を選定する場合、次の方針を持っていた。

兵営地撰定ニ関スル方針

一、可成《成るべく》市外ニ於テ之ヲ撰定スル事

二、可成各兵営ヲ集団シ得ベキ広大ノ地ヲ撰ム事

三、可成官有地ヲ利用スル事

四、土地高燥清潔水質良好潤沢ニシテ可成運輸交通ノ利アリ給養ニ便ナル事

五、兵営附近ニ於テ小銃射撃諸演習□〔割注〕ノ便ナル事

六、練兵場ハ可成広大ナルヲ要スル事

七、鉄道水道其他ノ土木工事予定地及公園共同墓地等ヲ避ケル事

八、以上七項ヲ顧慮シ止ムヲ得サレハ指定ノ市街ヲ距ル約二里迄ハ之ヲ許ス事
九、可成一ケ所以上ヲ撰定スル事
注意　撰定地々価ノ概略ヲ秘密ニ探知シ置ク事
（『陸軍省大日記』弐大日記、明治二十九年）

表題にあるように、「兵営地撰定」のための具体的な項目であるが、その前提として、軍事・軍略上の大きな構想があったことは言うまでもない。この項目に沿って衛戍地の具体的な場所が特定されていくこととなる。

2　久留米への設置過程　歩兵第四十八聯隊

前項に即して、久留米が兵営地として選定されたのだが、決定に至るまでには軍内部に異論があり、事は簡単には運んでいない。『陸軍省大日記』を基に、歩兵第四十八聯隊の衛戍地が久留米に決定された経緯をたどる。日清戦争後、明治二十八（一八九五）年十二月の帝国議会で軍備拡張予算が成立すると、陸軍はすぐに準備に取り掛かっている。明治二十九年二月、陸軍次官児玉源太郎は、熊本第六師団参謀長宛てに「兵営建築地ノ撰定ニ関スル方針ニ基」づいて、「貴師団衛戍地附近」に適当な衛戍地を選定し報告することを求めた。九州への新師団の設置が動き始めたのである。第六師団は小倉を報告する。だが、四月、陸軍省からの協議を受けた参謀本部は異論を以て応えた。選定地は「敵弾ニ対シ甚シク暴露セルヲ以テ同地方ニ新築ス可キ諸建造物ハ成ルヘク該敵弾ヲ避クルノ目的ヲ以テ北方《きたがた》村南方ノ地」（『陸軍省大日記』参大日記）に変更を求めたのである。小倉城を中心とした地より、より内陸への変更要求であった。陸軍省と参謀本部とのやり取りは続く。陸軍省は第十二師団を小倉付近に置くことを前提として、次のように、大村、久留米、鹿児島への建築事業に着手したいと協議を進める。四月九日である。

（略）

参謀総長へ御協議按

軍備拡張ノ為メ大村、久留米、鹿児島ニ於ケル兵営地等別紙之通リ予定シ急ヲ要スルモノヨリ順次地所購入建築事業等ノ準備ニ着手ノ見込ニ候条貴部ノ管理ニ属スル件ニ関シ至急ニ意見承知致度及協議候也（略）

別紙

兵営其他ノ敷地

大村ニ属スルモノ

歩兵第廿三旅団司令部　別紙大村町附近略図予定地域内

歩兵第四十六聯隊　予定域内

久留米ニ属スルモノ

歩兵第廿四旅団司令部
歩兵第廿四聯隊
歩兵第四十八聯隊
｝別紙藤田村二万分一図第一予定地内（甲）

鹿児島ニ属スルモノ

歩兵第四十五聯隊　別紙鹿児島市附近略図下伊敷村甲突川左岸ノ第一予定地（甲）

（『陸軍省大日記』弐大日記）

この案に対し、参謀本部は同年四月十五日付で陸軍省に対し、以下のように回答した。

送乙第一三九九号ヲ以テ大村久留米及鹿児島ニ於ケル屯営地撰定ニ関スル件協議之趣了承右ハ左記之意見ニ

有之候此如及回答候也

一、大村ハ撰定ノ通リニテ可然

二、鹿児島は甲ノ地ニテ異存無之

三、全旅団ヲ久留米ニ集屯セシムトスレハ甲ノ地ニテ異存ナシ若シ歩兵第二十四 四十八両聯隊ヲ格別ノ地ニ衛戍セシムルヲ要スレハ福岡ノ屯営ハ依然第二十四聯隊ニ充テ第四十八聯隊ハ佐賀附近ニ置キ旅団司令部ハ福岡ニ置クヲ適当ナリトス

四、前項後段ノ配置法ニ依ルトキハ福岡屯営ノ移転ヲ要セサルヲ以テ之カ為メニ充テタル費用ハ之ヲ他ノ緊要ナル事業ニ転用セラレ度シ又此配置ノ目的ヲ以テ歩兵一聯隊ノ為メニ更ニ佐賀附近ノ地ヲ偵察セシメラレ度シ

明治廿九年四月十五日

参謀総長　彰仁親王

陸軍大臣　侯爵　大山　巖　殿

（『陸軍省大日記』参大日記）

参謀本部の久留米への兵営設置方針は、歩兵第二十四旅団司令部と、旅団に属する二個歩兵聯隊である。二個歩兵聯隊が久留米に「集屯」でなければ、新設される歩兵第四十八聯隊は佐賀付近に、との意見を提示したのである。

この陸軍省と参謀本部の意見の相違は第十二師団設置場所そのものにまで及んでしまう。五月に入り、陸軍省は、小倉付近が防禦上問題があるなら、「挙テ之ヲ久留米市附近ニ移」すのはどうかと言いだしてしまう。同時に「佐賀附近モ亦調査致候得共別紙乙号之訳ノ如クニテ到底新営地トシテ採用ノ見込無之」（『陸軍省大日記』弐大日記）と回答している。さすがに参謀本部も「新設諸官衙及兵営地ヲ久留米附近ニ移時ハ防禦作戦ノ計画ニ背馳ス

ル」（『陸軍省大日記』参大日記）ので、小倉付近への師団配置での三案を示している。五月九日である。北九州の地が、「大陸への門戸」であることから、この地に新設師団が置かれることは動かなかったことではあろうが、一瞬、久留米第十二師団誕生の案（とまではなかったであろうが）まで飛び出していたのである。

久留米市民からの兵営地献納が出願された五月七日は、まさに、このような陸軍省と参謀本部との激しい「協議」の最中だったのである。久留米への、福岡の歩兵第二十四聯隊を合わせた歩兵二個聯隊設置案が、いつの時点で四十八聯隊だけになったのかは分からない。だが、久留米からの献地は一個歩兵聯隊敷地相当の四万坪であった。

後は事務的に進んでいく。明治二十九年五月十六日付、軍務局は臨時建築部へ「急ヲ要スルモノヨリ順次地所購入建築事業ニ着手スベシ」と指示する。

この時、久留米への兵営敷地が、歩兵第二十四旅団司令部、歩兵第四十八聯隊であることが明示される。久留米への兵営設置が内容とともに決定したのである。ちなみに、第十二師団の諸部隊を北方村に置くことに対し、参謀本部は六月九日付で了承している。

3　久留米への選地理由

軍が持っていた兵営設置についての条件については先に引用した。さらに、「福岡日日新聞」は「調査委員は昨今各候補地に出張して調査を為しつゝあるが、物資、交通、演習地の三点は殆ど骨子的大要件として審査せられ港湾、人口増殖の程度、壮丁の多少等は寧ろ其副要件」（明治四十年二月七日）であるという。軍の「兵営設置ニ関スル方針」の内、四項目の「運輸交通ノ利アリ給養〔軍隊で、人や馬への衣食などの供給〕ニ便ナル事」と、五及び六に記された、演習、練兵場が広く利便性があること、この二つが特に重要視されていたという。久留米は、このような条件にどのように合致したのだろうか。

個別の条件を如何に満たしていたかを考察する以前に、まず久留米の地勢的な軍事的重要性が考慮されていたはずである。本書の「はじめに」で述べたように、筑後川に面した久留米の地は古くから交通の要衝であった。東西・南北に通ずる道路が交差する。そこに都市が栄えた。陸軍も西南戦争時に兵站基地としての久留米の重要性を、身を以て体験していた。わずか二十年ほど前のことであり、陸軍にもしっかりと記憶されていたに違いない。これに加えて、この明治二十九・三十年の時点では九州鉄道が通じており、また、国道も整備されていた。交通の要衝としての価値は増していたのである。

(1)国分村と歩兵第四十八聯隊

久留米市は他市との誘致活動を勝ち抜き軍隊の誘致に成功した。しかし、実際に兵営が設置されたのは久留米市内ではない。当時の市域は久留米市発足時のままで、旧城下町程度の区域で狭隘である。他市では旧城内を兵営の候補地とした所もある。しかし、久留米城は北と西とを筑後川に接し、東及び南は城下町が広がっている。連続した兵営地の拡張は困難である。それに加えて、久留米城本丸東側は筑後川に面した低地であり、水害の常襲地である。他市での例のように旧城跡に兵営地を選定することは考えられない。

如何に久留米市が誘致を行ったとしても、久留米市域以外の近接する場所に兵営を求めることは当然のことであった。当時の久留米市は兵営設置後の物資と娯楽の供給地、給養の地としての役目を担うのである。結果、兵営は久留米市の南西に隣接する三井郡国分村に設置された。その理由を探ってみよう。

そもそも国分は、

「(略)東西凡三十六町南北凡三十六町殆ント方形ノ村落ナリ
地勢ハ全面平坦ニシテ丘陵少ナク耕地多ク千二百六十戸ノ人家ハ所々ニ団集シテ国分、野中、東久留米、西久

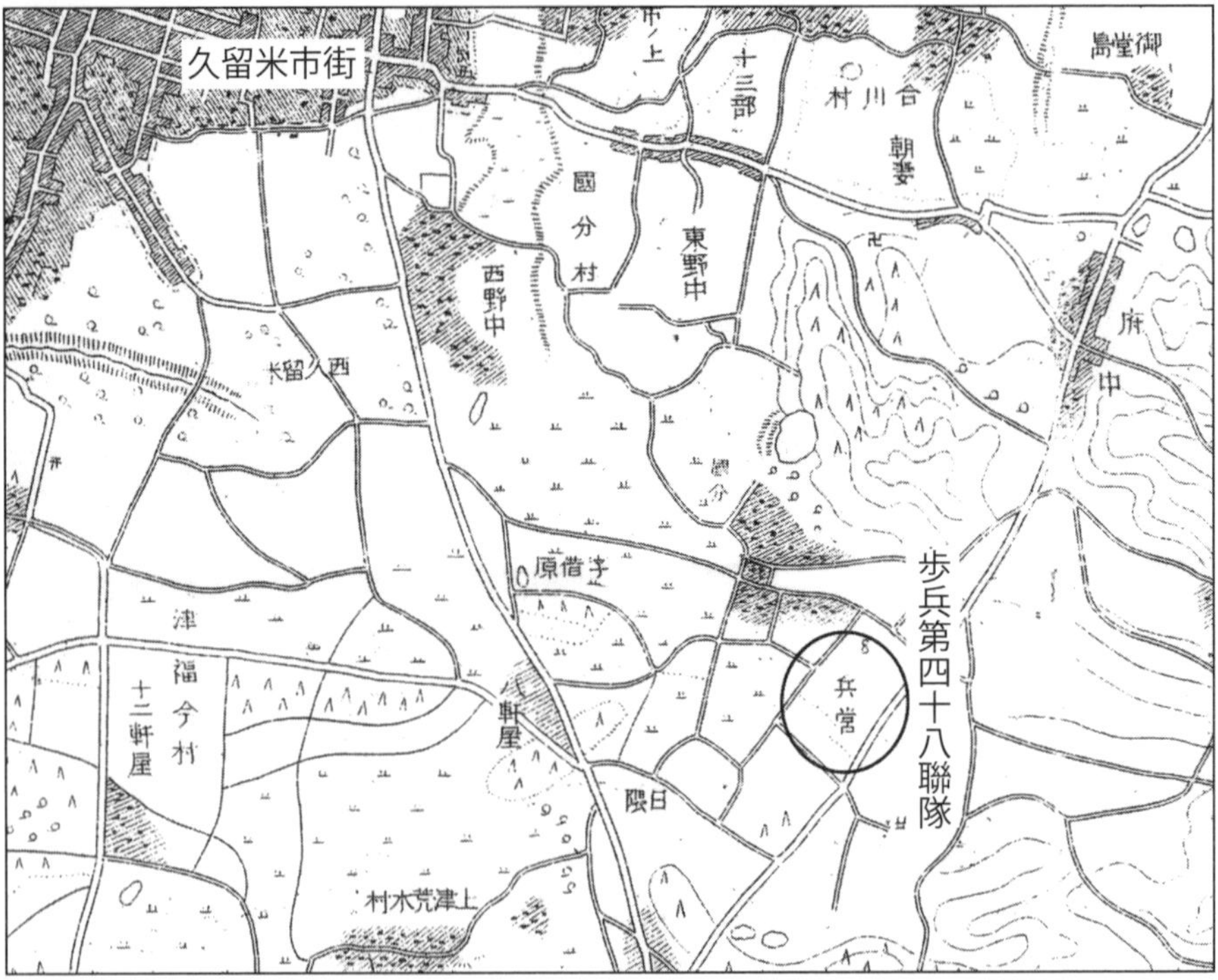

図21　明治35年発行の地図に見える第四十八聯隊兵営

「久留米市実測図」（金文堂，明治35年）をもとに，聯隊と久留米市街を示した

留米ノ四部落ヲナシ六千四百七拾二人ヲ包有シ郡内〔三井郡〕第一ノ大村タリ」（『福岡県三井郡国分村是』）

とあるように、国分村は筑後川から遠く山地からも離れている。小丘陵はあるものの、ほぼ平坦な台地上にある。また久留米市街地にも隣り合わせ、他村に比べ商工業も一定発達していた。

　このことを踏まえて、国分村と兵営選定方針とを併せると、次のように考えられる。

①「一、可成市外」とあるが、国分村は交通の拠点である久留米市に隣接する市外である。また、「八、止ムヲ得サレハ指定ノ市街ヲ距ル約二里迄」に合致する。久留米市を控えており「給養」への不安はない。

②「二、各兵営ヲ集団シ得ベキ広大ノ地」の項については次のように条件を満たしている。

　村是にあるように「地勢ハ全面平坦ニシテ丘陵少ナク耕地多ク」の地である。

　『初手物語』には、「国分はほーんに藪ばっかりじゃった」、「村の家数も御一新頃は、国分中で七十軒余りしかなかったげなが（略）」と、土地柄を述べている。

③「四、土地高燥清潔水質良好潤沢」であることについては、優良な条件を持っていた。国分村は久留米地域に在っては、氾濫洪水を繰り返した筑後川から離れた台地の上に位置する「高燥」の地である。その上、豊富で清冽な湧水があった。国分村の東に位置する高良内村奥の山間を水源とする高良川は、国分村を東から流れ下り、村内で大きく北へと流れを変え、やがて筑後川へと注ぐ。この高良川の伏流水が村内の、兵営の地となった付近で豊かな湧水を恵んでいる。『初手物語』にも「清水の湧き水」、「山王さん堤（下尾堤）」の項を設けて、国分の湧水の豊富さを述べている。昭和五十年代まで淡水海苔も採れていたほどであった。後述するが、軍は井戸を掘り、この湧水を軍用水道とした。軍にとって水は、その量もさることながら、衛生上も重要な課題でもあった。久留米市内の井戸取水は「不適」だった。

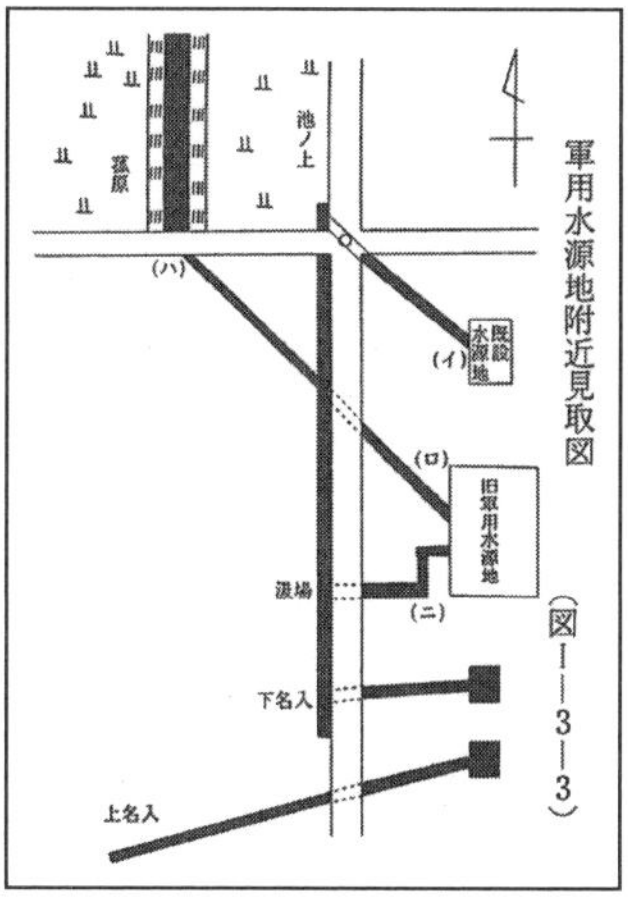

軍用水源地附近見取図（図ー3ー3）

図22　国分村日渡に設けられた軍用水道の水源
（『久留米市史 第11巻』〔平成8年〕より。水源井戸写真原版は久留米市教育委員会蔵）

飲料水検査

従来市民の飲料水は悉く井水を用ひしにより、其良否は人体の保健に多大の関係あるを以て、市制施行の翌年即ち明治廿三年十二月細工町に井水試験所を設けて之が検査に着手せり。（略）陸軍特別大演習挙行（略）同年七月県庁の施設に係る井水検査開始（略）其検査の結果左表の如く飲用不適の井水多数なりしを以て井戸浚渫を励行せしめたりき。

（『久留米市誌 中編』）

検査総数三八三六の内、適数はわずか三二九、不適数は七八九を数え、他は濾過・煮沸が必要との結果であった。

④ 演習場・練兵場

陸軍の兵営地選定基準では、小銃射撃諸演習に便利であり、練兵場はなるべく広大であることが求められている。明治三十年の誘致の段階では、演習場は国分村の東に連なる高良内村と、南の上津荒木《こうだらき》村に求められた。第四十八聯隊の東に連続して設けられた演習地は、概ね高良内村の「内野」、或は「鎗水」と呼ばれる地域である。ここは久留米藩時代から藩士の調練の場所であった。『校訂 筑後志』には「遣水原　御井郡高良内村に属す、方十五町の平原なり、嘗て米城の壮士試みに火箭を射、大砲を放つの要地なり」と記述される地域である。『加藤田日記』にも、以下のように調練の様子が記されている。

〔慶応二年二月十四日〕内野山に於て大砲隊御徒士中〔有馬〕監物殿見分有之候、上にも被為入、此節初て御求に相成候エンヒルト、御試被遊候。〔有馬〕監物殿、〔有馬〕相模殿、〔有馬〕蔵人殿、平山久兵衛、鳥居彦市、長谷川半兵衛、其外にも御差図にて発砲各試みられ候事。

〔慶応三年十一月二十九日〕大砲隊内野山に於て丁場御酒頂戴、御肴は鶏煮付、〔不破〕美作殿献上の鹿等被下候。

〔明治二年四月十九日〕内野山へ持出、稽古八拾参人。

つまり、歩兵営に隣接する高良内村の内野地区から明星山麓にかけて、地形的にも歴史的にも演習地に適した空間が広がっていたのである。

⑤むろん「七、鉄道水道其他ノ土木工事予定地及公園共同墓地」でもなかった。

久留米付近には、単に兵営を建設し得る一定の平坦な地という範囲であれば他にも想定できよう。しかし、飲用にも適した豊富な水、演習地の確保という二つの利点を頂点にして、兵営設置の場は国分以外に勝る場所はなく、ここが選ばれたのは必然であったといえよう。

そして、用地の買収と兵営の建設が着手された。先の選定条件には、当然出費を少なくするために「なるべく官有地を利用すること」とあるが、国分の当該地には道路以外に官有地はない。『軍隊を誘致せよ――陸海軍と都市形成』（松下孝昭著）にも書かれているように、軍を誘致する自治体はどこも土地の献納を申し出ていた。久留米にあってももちろん同様である。第二章で述べたように、歩兵第四十八聯隊兵営要地四万坪を献納している。

改めてまとめれば、兵営の設置場所に国分村が選ばれた理由は、①運輸、給養の拠点となる久留米市に隣接し、②広く平坦な高燥の土地であり、③豊富で清潔な水に恵まれ、④兵営地の東高良内村の内野地区を中心に、明星山・飛嶽に向かった広大な演習地が確保できること、であった。以上の四点が国分村が第四十八聯隊の兵営地に選ばれた主要な理由であるに違いない。ただ、この④の広大な演習地の場所となったことが、高良内村に災厄をもたらすこととなる。これについては第九章で詳述する。

(2) 佐賀との比較

一方、佐賀はどうだったのであろうか。『久留米市誌 中編』に依れば、「（略）其筋に於ては粗久留米附近に兵営設置せらるることに内議決定ありしを確め得て帰米せり。然るに佐賀県地方よりも該設置を渇望し大に請願する所ありて省議変更せられんとすとの風説ありければ市長は再上京して反復陳情（略）」している。久留米市は佐賀市との誘致の競合を強く意識したのである。

では、佐賀への兵営誘致はどのようなものであったのだろうか。前項の久留米への設置過程でも一部引用はしたが、改めて『陸軍省大日記』を佐賀に限って見てみると以下のようになる。

兵営地撰定ノ件
高級副官ヨリ佐賀県知事ヘ通牒案
兵営地撰定ノ為メ当省幷ニ参謀本部ヨリ将校ヲ派遣候間其地到着ノ上ハ可成土地偵察ノ便宜ヲ与ヘラレ度此段及御依頼候也
追テ兵営地撰定ハ極メテ秘密ヲ要シ候間右御念シ置キ相成度又派遣員ハ制服ヲ着セス候間為念申添候也
明治廿九年四月十四日　第一軍事課起案
（『陸軍省大日記』弐大日記）

この佐賀への偵察起案から一日後の四月一五日付の資料には、「大村久留米及鹿児島ニ於ケル屯営地撰定ニ関スル件協議」の中で、参謀本部は陸軍省に対し、「福岡屯営ノ移転ヲ要」しない場合には「歩兵一聯隊ノ為メニ更ニ佐賀附近ノ地ヲ偵察セシメラレ度シ」とある。参謀本部からの意見である。だが、これに対し、五月七日には、「佐賀附近モ亦調査致候得共別紙乙号之訳ノ如クニテ到底新営地トシテ採用ノ見込無之」と回答があっている。理由は別紙で不明だが、兵営地として採用の見込みがない、と切り捨てている。

日露戦後の軍拡時にも、佐賀は師団の誘致を行うが、結局叶わずに歩兵一個聯隊の設置に留まってしまった。

（略）明治三十八年十一月十四日の佐賀商業会議所議員協議会で、佐賀市に陸軍師団を誘致する請願を決議した。

（略）この実現に、佐賀市選出の代議士江藤新作は、在京の有力者と緊密な連絡を持ち、（略）会議所の役員はたびたび上京し、江藤代議士やその他の人々と、陸軍当局を訪れ、佐賀市に陸軍師団が設置されるよう請願した。当時の陸軍大臣は寺内正毅であった。しかし、陸軍省はなかなか佐賀商業会議所の請願を入れず、結局、にぎりつぶされた。

（略）同年〔明治四十年〕四月二日、佐賀商業会議所の議員協議会で、こんどは希望方針を縮め、佐賀市に歩兵連隊誘致を改めて請願することにした。（略）

（『佐賀県経済百年史』）

引用中の「代議士江藤新作」とは、佐賀の乱を主導した江藤新平の長男である。

では、佐賀が不可となった理由は何だったのであろうか。もちろん、明治三十年段階では小倉への師団新設の中で、久留米が早くから兵営地設置の候補地に挙がっていたという大きな流れがあったのではあろうが、具体的な優劣の差は水の問題が大きかったと考える。

当時の佐賀市はその用水の多くを、藩政時代に設けられた川上川からの導水など河川の水で賄っていたという。この事情について『佐賀市史』では、『佐賀市水道誌』に記された大正三（一九一四）年二月二十一日付「飲料水使用者調」を引用して、次のように述べる。

市内五千六百三十三戸ノ内、別表井水及ビ販売水使用者（註具体的には大正二年八月当時、井水使用戸数は千五十九戸、販売水使用戸数三百七十八戸で河水使用戸数は四千百九十六戸であった。）以下ノ各戸ハ皆河水ヲ以テ飲料ニ供シアルモノニシテ、（略）松原川ノ支流タル中ノ橋小路下流裏十間河ニ注入スル場所ヨリ汲取リ飲料ニ供スルモノ多ク、該支流ハ新馬場及通小路ノ一部ヲ経テ、花房小路南裏、中ノ橋小路北裏手ヲ通過シタル緩流ナルニ、塵芥ノ流滞ヲ絶タズ、風呂其他ノ下水ハ用捨ナク該河川ニ流下シ、如何ニモ飲料トシテ危険ノ感アルモノナルニ、数十年来ノ因習ナレバ左程ノ感覚ヲ刺戟スルニ至ラザルガ如シ。（略）

水道を普及する側の資料ではあるが、市内を流れる川の水を用水とし、その川に塵芥を捨てることさえあったという。国分村の湧水との差は歴然である。飲料水を中心とした佐賀の水事情の悪さが分かる。このような水事情を克服するには大正五年以降順次拡大する水道の普及を待たねばならなかった。

また、明治四十年に歩兵第五十五聯隊が設置された場所は、第三章で引用したように、寺内陸相は「佐賀の敷地は水田にして（略）」と述べたという。水田ではなかったにしても、概ね佐賀市付近は低湿の地であることも影響したことであろう。

第七章　軍は何をもたらしたか

久留米市の発展

軍を誘致した各地方都市は、多くが旧城下町であった。旧藩時代はその地域の政治・経済の中枢であったが、明治以降はその求心力を失い、多くは衰退をみせていた。軍を誘致することは新たな経済的基盤を導入することであり、求心力を復活させ、再び繁栄を取り戻そうとするものであった。軍の誘致に成功した地方都市は、これを梃子として近代的な地方都市へと姿を変えることとなった。このことは第二章に述べた通りである。

表4　久留米市の人口の推移

年	人　口	備　考
明治22年	24,750人	
29年	27,020人（対22年比 ＋2,270）	
30年	27,404人	歩兵第48聯隊設置
41年	35,447人（対30年比 ＋8,043）	40年　第18師団設置

（『筑後名鑑　久留米市之巻』〔大正11年〕より改変作成）

久留米の場合、明治三十（一八九七）年の歩兵第四十八聯隊、明治四十（一九〇七）年の第十八師団の誘致について記述された資料は、その多くが久留米市の発展として論述されている。その発展とは、軍の消費活動と、人口の増加による経済的な発展と、道路などインフラの整備による都市構造の変革、発展とが行われたことに分けられる。それが具体的にどのようなものであったのか、ここで改めて確認していこう。

これまで軍の誘致による久留米の発展については、概ね人口の増加を軸にしてとらえられている。まず、大正十一年発行の『筑後名鑑　久留米市之巻』には、「（略）明治三十年歩兵第二十四旅団を設置せられ、次て四十一年に第十八師団の設けらるゝや、発展の気運著しく、今や人口五万二千〇五十八人、戸数九千四百九十八戸に増加したり。（略）」と述べ、市制施行の明治二十二（一八八九）年から大正十（一九二一）年までの人口・戸数の増加を示す表を掲げている。昭和七、八年発行の『久留米市誌』では、軍の誘致により発展したとは述べるが、具体的には記述しない。下って昭和六十年発行の『久留米市史　第3巻』は、「諸兵営の設置」の節の中で「国分村の変貌と久留米市の発展」の項を設けて記述する。その内容は、国分村では人口の増加と、職業構成での商業・工業の増加があったと指摘する。久留米市の発展についてもほぼ同様で、やはり冒頭は人口の増加、次いで所得の内「俸給・給与」の増加を指摘している。道路の整備、市街地の変化については僅かに記するのみである。言わんとするところは、兵営の設置による人口の増加と、中でも給与所得者の増加、軍経済による消費の伸び、これが久留米市発展の主たるものということになろう。確かにこのことは押さえておくべき基本的な事実である。だが、しかし、とも思う。

繰り返すが、軍隊の誘致、それは、そのことによって久留米市が発展することを目論んだものであった。このために軍用地購入に多額の予算を投じ、労力をつぎ込んだのである。その結果がどのようになったのか、既刊の資料を基礎にしながら、いくつかの項目に分けて今少し踏み込んでいく。

1　経済的発展

『久留米市史』を見れば、軍の誘致による発展については、人口の増加と職業構成の変化に顕在化していることは先に述べた。その源は、兵営設置による軍人の転入と、軍の持つ莫大な予算である。

(1) 軍からの経済効果

軍隊誘致には土地献納をはじめ、地方は大きな費用をかけている。当然、軍側からの継続的な消費により費用を回収し、所期一大目的を果たさなくてはならない。兵営地となったことによる経済的効果は、何よりも軍の消費活動によるが、これには、①軍組織の購買による消費活動と、②将兵個人及び家族による個別の消費活動、この二つに分けられる。さらに言えば、新兵入営があり、これには家族関係者が付き添う。また、面会に訪れることもあり、宿泊代などの消費も少額ではない。

軍による消費に戻す。これには、まず軍による人口の増加がある。平時における歩兵一個聯隊の人数は約一千人程である。これが一個師団ともなれば、約一万人の消費人口が増えることとなる。また、営外居住の将校の多くは家族と共に赴任してくる。

『久留米市史』には、軍都となった効果として「福岡日日新聞」の記事を引用し、「師団設置以後、久留米の経済は「不況知らず」とまで言われ、その躍進振りは（略）著しかった。（略）師団設置前の三十九（一九〇六）年と設置後の四十三年と比較すると、俸給・給与は、八万九四〇三円から一躍三二万二五二〇円に、商業は一三万八六〇八円から三六万九三九円に（略）」と、その発展の一端を記している。

では、軍による経済効果の源であった、軍からの支出はどのようであったのか。わずかではあるが、参考になる資料を示す。まず、第十八師団の経理部長の談話である。

（略）現時の師団経費として僕の手元での支払のみでも年額約百五十万円ある、之に種々の臨時費を合算すれば大したものです。一兵営を建築するにも七十万円も要する位だから……云々

（「福岡日日新聞」明治四十一年十月二十三日）

（略）師団ノ費サルル所ノ費額亦多ク年経費四百八十九万円ニ上リ其内当地方ニ消費セラル、額約三百十七万円ヲ下ラサル（略）

（『久留米市誌 中編』）

師団設置から後年の、大正十三（一九二四）年の第十八師団廃止の際の「師団廃止ニ対スル関係市町村長ノ陳情書」中の文言である。

ここに言う「四百八十九万円」あるいは「三百十七万円」という数字の根拠は分からないが、師団経理部長が言う金額よりはるかに多い。師団経理部を通すものだけではなく、広く師団が存在することによってもたらされる金額をも含むものであろうか。であるならば、先述の営外居住者や軍人の個人的消費、あるいは、入退営や面会などによって生ずる消費などを含んだ金額ということになろう。

第四章で述べたが、「日独戦争」時の俘虜収容所の設置の際には、捕虜たちの消費によって一カ年間（大正五年）で約二二万八〇〇〇円の経済効果をもたらした。

このような金額が、久留米地域にとってどれくらいの規模になるのだろうか。比較できそうな数字を挙げれば、明治四十二（一九〇九）年度の久留米市予算、歳入歳出総額は一八万二三二七円。大正四（一九一五）年の久留米市の工業生産額は五一四万二九八円、同年の久留米市歳入歳出一七万五〇三〇円（『大正五年久留米市勢要覧』）である。多少時期のずれはあるが、軍の経費は、久留米市の工業生産額総額に迫るほどである。市の予算とは桁が違う。いずれにせよ、「手元支払」の一五〇万円に臨時経費を足した額、あるいは「当地方ニ消費セラル、額約三百十七万円」という軍からの支出が久留米市発展の源となったのである。

次に、②の将兵と家族などの消費活動による効果については、一、借家を含めた地域での消費、二、市への税金の増加、三、入営、面会などによる宿泊、が顕著な例である。

久留米税務署管内の所得税は、地元における増加理由を、「三潴郡国分村方面居住の軍人にして市中に転入したるもの新たに来住したるもの等多く（略）師団設置に伴う貸家の増加等」（「福岡日日新聞」明治四十一年九月十九日）があると指摘している。明治四十年後期の久留米市の戸別割賦課戸数は、師団設置によって半年間で一六六戸増加したという（同前、明治四十一年五月二十八日）。

旅館への宿泊者も増加する。第十八師団設置により、歩兵第四十八聯隊には久留米聯隊区、新設第五十六聯隊には高瀬聯隊区、特科隊には各聯隊区から新兵が入営する。その際、「久留米に来集すべき兵員及附添人等を概算すれば約二千人以上」であるため、久留米聯隊区司令官は、久留米市と国分村の旅館と一泊二食四十銭均一を協定したという（同前、明治四十一年十月二十八日）。これが毎年繰り返されるし、その間は面会での利用が生じる。

（2）軍御用達

師団の各種物品調達、建築・営繕などは、その師団の経理部が行う。この意味では、軍を相手に商業活動などを行おうとすれば、師団所在地であるか否かは大きな違いがあるだろう。

軍の誘致によって、直接的にその経済的恩恵を受けるのは軍「御用達」である。この御用達が地元の「商人」でなければ、地元への経済効果が薄まってしまう。したがって、軍の誘致の次には、地元からの軍御用達が生ずるように運動した。また、軍にとっても、これまでの誘致にあたっての地元の「誠意」に応える必要があった。

第十八師団設置にあたって、御用達下命について次のやり取りが行われた。

御用達下命ノ義ニ付開申

今般第十八師団ヲ当地方ヘ御新設ニ就テハ聊カ奉公ノ微意ヲ表センカ為メ応分ノ献地ヲ為シ以テ歓迎ノ誠意ヲ致サント欲シ今ヤ其手続中ニ有之候然ルニ該建築工事モ着々御進行相成特科隊ノ如キハ本年十二月迄ニハ入営ノ事ト恐察仕候随テ他府県ヨリ多数ノ人々入込ミ種々ノ計画ヲ為スト同時ニ或ル一面ニハ頻リニ陸軍御用達ヲ希望スル者続出セントスルノ状況ニ有之就テハ是等ノ者ニ於テ自然不当ノ行為ヲ現出スル如キ事有之候テハ啻ニ官ニ対シ不都合ナルノミナラス地方ノ体面上ニモ鮮カラサル汚点ヲ醸シ候義ニ付各隊ニ於ケル需用品ハ一層精撰確実ニ供給為致度候間市内専門ノ当業者ヘ御用命被仰付度左スレハ当業者ノ身元並ニ其業柄等ハ篤ト考査シ推薦可仕候ニ付本市民カ熱望御洞察御採納アラン事切望ノ至リニ堪エス右ハ不日新設師団ノ幹部モ御発表アル事ト恐察スルヲ以テ其場合ハ前陳ノ熱望貫徹候様右幹部ヘモ宜敷御示命ノ程相仰キ度此段

事情ヲ具シ予メ及開申候也

明治四十年九月十七日

福岡県久留米市長　吉田惟清 印

陸軍大臣　寺内正毅　殿

明治四十年九月二十五日

臨時陸軍建築部本部々員　梅地庸之丞 印

陸軍省副官　立花小一郎　殿

当部小倉支部長ヲ経由シテ別紙開申書執達方申出候処該開申書ニモ陳述致候通リ今回新設セラル、諸部隊ニ対シテハ該地方民ハ挙テ誠意誠心ヲ以テ歓迎シ今日迄出来得ル丈ケ便宜ヲ与ヘツ、有之将来軍隊ト円満融和ヲ図ルヘキ意向ニシテ該支部開設以来非常ノ厚意ヲ以テ兵営敷地其他ニ就テモ大ニ斡旋シ建築事業ノ進行上多大ノ便宜ヲ得タル儀ニシテ当該支部長ハ市民ノ希望ヲ容ル、ノ精神ニテ已ニ第六第十二師団経理部ヘハ依托購買ニ対シテ法規ノ許ス限リ開申ノ通リ購買相成度旨通牒致候趣ニ付テハ追テ新設部隊御発表ノ上ハ当該師団参謀長迄開申ノ趣旨徹底致候様可然御取斗相成度申進候也

（『陸軍省大日記』参大日記）

引用のように、久留米市は、臨時建築部を経由して師団への物品納入は「市内専門ノ当業者へ御用命」を願い出た。そのためには「当業者ノ身元並ニ其業柄等ハ篤ト考査シ推薦」を為すというのである。第十八師団幹部が発表される二カ月ほど前の願い出である。臨時建築部もまた、「法規ノ許ス限リ開申ノ通リ購買相成」るように当該の師団経理部へ伝えるように取計らっている。軍誘致の際に、土地献納を始めとして軍誘致を実現するために〝身銭を切り〟奔走した地元の有力者の内、多くは「商人」である。協力を受けた久留米市としても、その努力に

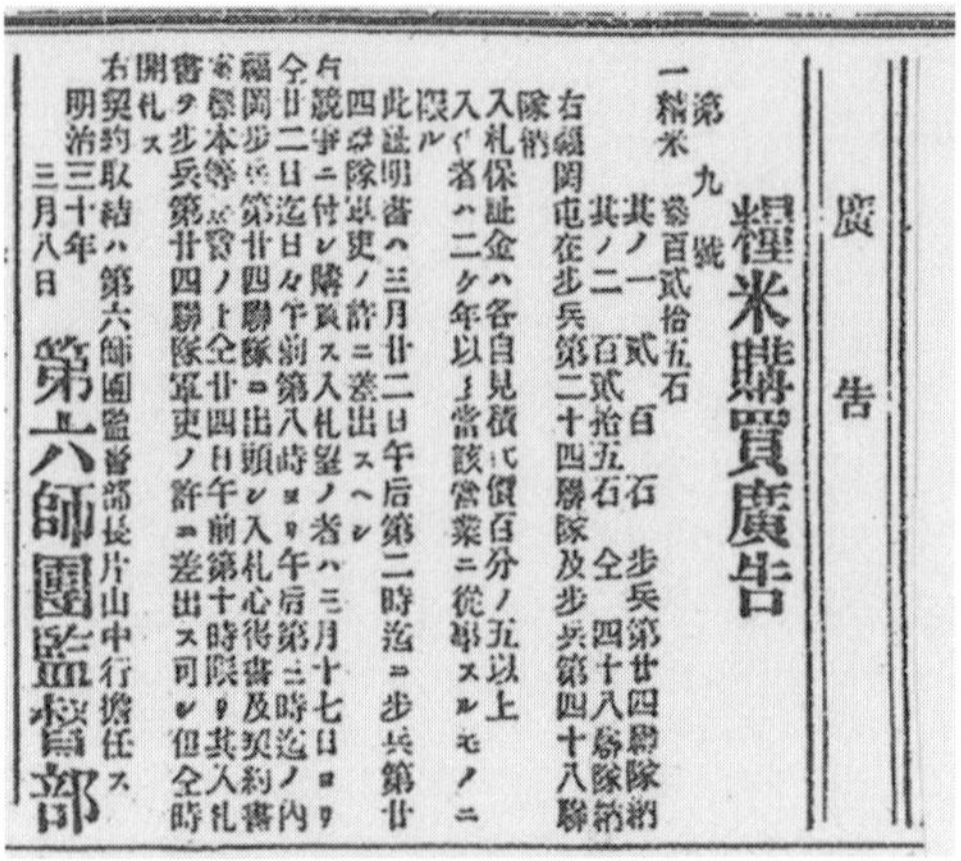
廣告
糧米購買廣告
第九號
一精米　参百弐拾五石
其ノ一　弐百石　歩兵第廿四聯隊納
其ノ二　百弐拾五石　仝　四十八聯隊納
右福岡屯在歩兵第二十四聯隊及歩兵第四十八聯隊納
入札保証金ハ各自見積代價百分ノ五以上
入札者ハ二ヶ年以上當該営業ニ従事スルモノニ限ル
此証明書ヘ三月廿二日午后第二時迄ニ歩兵第廿四聯隊軍吏ノ許ニ差出スヘシ
右競爭ニ付レ購買入札望ノ者ハ三月十七日ヨリ仝廿二日迄日々午前第八時ヨリ午后第三時迄ノ内福岡歩兵第廿四聯隊ヘ出頭シ入札心得書及契約書案等本營ノ上仝廿四日午前第十時限リ其入札書ヲ歩兵第廿四聯隊軍吏ノ許ニ差出ス可シ但仝時開札ス
右契約取結ハ第六師團監督部長片山中行擔任ス
明治三十年三月八日
第六師團監督部

図23　第六師団の糧米購買広告
（「福岡日日新聞」明治30年３月11日）

報いなければならない。また、商業活動の活発化によって市の繁栄を図ることこそ、軍を誘致した本質でもある。兵営建設にあたって、地元から協力を得なければならなかった臨時建築部としても、無下にできない願いであった。

九月に用命願を出しただけには止まってはいない。十二月には、吉田久留米市長の発起で関係各郡を含めた師団歓迎会が催される。翌年、各部隊が続々と久留米へ入る最中、師団幹部との晩餐会も催される。軍との各種の懇親に余念がない（第八章参照）。早くも、四十一年五月には、師団長以下を招待した市長晩餐会を催し、六月には「市と軍隊との接近又官民接近」を目的とし、毎月五十銭（傍点引用者）を会費として「久留米社交倶楽部」を発起する。これは後に「久留米地方官民有志の懇親会なる互昵仙会《ごじっせん》」として発足している。

このような運動があったことも力を添えたのであろう。第十八師団経理部長としても、「先づ師団の方針としては斯うです、第一に久留米市は師団の設置に就き費用を惜まず歓迎したのですから、市の為めに便宜を計るのは勿論でもあるし、先づ其力に堪ゆる限りを市内に受負はしめ、それから本県、佐賀、長崎及九州各県に及ぼし、遂には京浜地方に及ぼすと云ふ順序にして居るのです、久留米市は市長辺りとも協議して保護の姿になつて居る位ですから（略）」と述べている（「福岡日日新聞」明治四十一年十月二十三日）。師団の各種請負、購買の方針はまず地元優先を明言している。無論、久留米師団に限った話ではないはずだが。いずれにしても久留米地域の「商人」たちは、軍という、これまで地元に存在しなかった桁外れの購買力を持った需要先を得たのである。

また、陸軍御用達となれば、そのことを公にすることで一層の信用を得ることができる。市内の小坂理髪店は

「陸軍御用達を命ぜられたる以来顧客増加し本店にては室内狭隘を告ぐるに依り近々改築益々業務を拡張」するほどになったという（「筑後新聞」明治四十年六月十七日）。

では、どういった人々が御用達を務めたのか。いくつかの資料から拾っただけの範囲だが、表5の名が知られる。また、彼ら御用達商は御用達組合「十八会」を組織している。名の由来は「第十八師団」からに相違あるまい。この会の幹事に飯田安蔵が知られるが、軍用達として日露戦争時から、次のような活動を行っている。

飯田安蔵君（通東町）

（略）時恰も日露の戦端開くるや日頃用達を勤め居たる黒岩商店には忽ち命令あり即ち我十八《ママ》師団より出征歩兵第四十八聯隊後備隊附酒保として戦地に於ける食料其他の消耗品全部を供給すべしとあり、茲に於てか君は主人黒岩氏の命に依り平素銑錬せる手腕を揮ふは此時也とし恰も勇士が戦闘に参加すると同じく最と屑《ママ》く随行し万難を排して戦地に於ける商業的戦闘振りを遺憾なく発揮し最も機敏に多額の需要に応じ能くその任務を完了せる手腕は当時少壮なる君としては軍隊の上下に認められたる功労なりき、而も戦後尚陸軍経理部内の信用頗る厚く遂に黒岩氏没後同家を継ぎて益々家運の発展を見るに至る、現に用達組合十八会の幹事として同業者間に重きを置かる（略）

（『久留米市勢一斑』）

文中、日露戦争時としているが、その当時第十八師団は創設されていない。第十二師団の誤りであるか、あるいは日独戦争時の誤りかの、どちらかであろうが、「少壮」としているので日露戦争時のことであろう。

師団御用達となった者たちの内には、すでに明治三十年の歩兵第四十八聯隊設置時点から用達を務めていた者も少なくはないだろう。

表5の商店は、もちろん久留米市内のすべての御用達を網羅したものではない。建築関係は除くが、文具、石

表5　久留米の御用達商

①『久留米市勢一斑』（大正４年）などに見える御用達商

永池久留米支店	苧扱川町２丁目	和洋紙文具問屋
飯田陸軍御用達商　飯田安蔵	通東町	食料商，用達組合十八会幹事
黒岩陸軍御用達商　黒岩三吉	通東町	米穀野菜類，日露戦争出征歩兵第四十八聯隊後備隊附酒保として戦地における食料其他の消耗品全部を供給，第十八師団より精米・圧搾麦・野菜・漬物・馬糧，大正３年戦役に約１万人の賄方，用達組合十八会幹事
松村合名会社　松村吉太郎	国武町	石炭商
山本精肉店　大牟田山本兄弟商会支店	通町１丁目	陸軍御用達，陸軍官宅御用達，偕行社特約店
西村精肉店　西村新兵衛	花畑	
本村菓子店　本村次兵衛	通町３丁目	
中恒英次	鳥飼	牧場，搾乳，衛戍病院用達
野田関次	東久留米	第十八師団建設工事，百万円の大工事也，高島比志島両将軍の麾下に御用商人軍需品供給
真田利兵衛	通外町	醬油醸造元，師団納品
堺寿三郎	縄手町	日露戦役に挽割麦を第十八師団一手納品，爾来同師団米穀納入の大部分
氷室太助（山田屋）	魚屋町	海産物・乾物・缶詰商，第十八師団納品
江口国造	小頭町４丁目	陸軍御用達軍需品商，蹄鉄機械・装蹄材料・器具手入材料・諸脂油類・被服補修材料・木炭類・陣営具・其外軍用品
吉武商店	通町１丁目	陸軍御用達，和洋雑貨商

②『躍進！久留米を語る』（昭和12年）に見える御用達商

吉川本店	本町７丁目	陸海軍諸官省御用，シート・テント・防水布・野外テント・テント用材料，製造卸
ヤマダ屋製靴鞄店	日吉町新天地角	第十二師団・第六師団偕行社御用
井上食品工場	東町国道筋	陸軍糧秣廠指定工場，第十八師団より精米・圧搾麦・野菜・漬物・肉菜缶詰・乾燥野菜・佃煮・粉末コーヒー汁
野方官一		和洋紙用達
山口善太郎		第十八師団官舎工事

炭、馬具関係、テント類が各一店だけであり、食糧関係に偏在している。資料上の制約があったにしても、これは、あるいは久留米の商店の当時の限界性を示しているのかもしれない。先に引用した経理部の談話の中でも、久留米市優先ではあっても、請負わせるのは「其力に堪ゆる限り」である。また、「久留米はまだどうも頭が世界的でない様ですね」とも、「今少しく進歩した頭で行ってもらいたい」とも注文を付けている。従来通りの、地元の人たちを相手にしたようなやり方ではだめだと言っている。

「福岡日日新聞」（明治四十一年十月二十三日）もまた、次のように言う。

（略）外来者の多数なるは第一に商工界に於ける従来の家族的平和的久留米市を破壊して社交的競争的たらしめたりされば従来看板も要らず広告をもなさずして顧客は店頭に満ちたるも外来者多き今日となりては是等新来の客をも吸収せざる可らず又た競争者をも新に生じたりと云ふ始末なれば看板をも新にすべく広告をも盛にすべき必要に迫り家族的より社交的に平和的より競争的に変化せしむるの実際となり何事も師団本位の観を呈し候（略）

また、『久留米商工史』は俸給所得の増加と比較して次のように述べる。

「これにひきかえ商業所得の伸びが意外に低いのは、地元商人と師団との関係があまり緊密でなく、製品の請負や物品の納入などのうち、大量多額のものは他地方の商人にとられていることに起因している」

商業会議所は早速、明治四十一（一九〇八）年九月に「商店改良会」を設けて、その対応を行うこととした。久留米の事業家は、歩兵第四十八聯隊の時代から、軍への納入、協力を為してきていた。しかし、師団相手となれば、事はそううまくは運ばない。師団相手というチャンスを得たが、そのことはまた、他府県あるいは全国的な商業者との競争という、新たな波の中に身を投じることになったのである。

余談になろうが、兵営の新設時期に詐欺などの事件があった（第三章第一項）が、やはり御用達をめぐっても同様に事件が起きている。

軍人の詐欺取財

元歩兵第十四聯隊附の士官にして当時停職中の陸軍歩兵大尉大西□行と云へるハ昨年九月下旬頃より第六師団の糧食委員なりと詐称して久留米市両替町旅人宿柴田孝太郎方に止宿し篠山町に住む某なるものを手先に使ひ這般新設第四十八聯隊に若干の用達人を要するに付き希望の者は周旋す可しと云触らすや欲に目の無き連中之に惑はされて色々の進物など持ちて其の周旋を頼みに来る者も多き中に荘島町の石井某と云へるは熱心なる希望者にて度々足を運ぶを大西奇貨居く可しと睨らみ其運動費に充つるとて若干の金円を詐取したる事発覚し目下憲兵屯所に於て取調中なるが尚ほ之に付てハ込入つたる事情もあり且つ又其関係者も多しと云ふ

（「福岡日日新聞」明治三十年七月三十日）

このような事件も、氷山の一角なのかもしれない。

(3) 軍需産業

これまでに述べた、久留米地域の軍を対象にした商工業は、師団、あるいは軍人個々人を相手にしたものであった。だが、久留米には別の大きな産業があった。履物、ゴム産業である。つちやたび、しまや足袋、そしてブリヂストン（創業当時から社名の変遷があるので、以下「月星」、「アサヒ」、「ブリヂストン」と記する）の、いわゆる「ゴム三社」である。ブリヂストンはアサヒのタイヤ部門から独立した会社である。

月星・アサヒとも座敷足袋を製造する会社であったが、発展の契機はゴム底の地下足袋の開発によるものである。両社とも大正十二（一九二三）年には地下足袋を発売しており、当初は、農業、鉱山労働に多く使われるものであった。しかし、昭和の戦時体制が進むにつれ、軍用品としての使用が増えていき、軍需工場の指定を受けることとなる。一地域の「軍御用達」ではなく、軍全体を対象とする産業となったのである。

この状況を二つの資料から引用する。

まず、月星の場合である。

当社は将来のあたらしいはきものとして、ゴム底地下タビ研究を大正9年（1920）から始めていた。（略）大正11年（1922）、たび工場の一隅にゴム工場を建て、（略）翌12年（1923）1月から販売したのである。（略）

昭和12年（1937）9月、当社は軍需指定工場となり、翌13年には陸軍管理工場に指定され、軍用地下タビ、軍用被服類の生産にも当たることとなった。（略）

（『月星ゴム90年史』）

次にアサヒの場合である

（略）大正一二年（一九二三）一月から販売を開始した。これが「アサヒ地下足袋」の誕生である。（略）

（略）大正一二年（一九二三）一五〇万足、一三年には四〇〇万足を売った。

図24　つちや足袋合名会社　久留米工場ノ全景

（『筑後名鑑 久留米市之巻』大正11年）

図25　日本足袋株式会社　洗町工場全景

（『筑後名鑑　久留米市之巻』大正11年）

大正一三年（一九二四）さらに倍増計画中、五月に工場一、〇〇〇坪（三、三〇六平方メートル）が火災にかかったので、ただちに鉄筋コンクリート建とする計画を立て、年々順をおって三階建、四階建、五階建、六階建の四工場二万坪（六六、一一〇平方メートル）を建設した。これが現在の日本ゴム久留米工場で、（略）

生産開始五年目の昭和二年（一九二七）には一、〇〇〇万足、一〇年目の昭和七年（一九三二）には一、五〇〇万足、昭和一〇年（一九三五）二、〇〇〇万足を突破してもなお供給不足（略）。最後に日産一〇万足、年産三、〇〇〇万足の計画中支那事変にあい、統制経済のため生産制限を受けて挫折した。（略）

太平洋戦争がはじまって軍需工場に指定され、私は生産責任者を命じられ、工場は軍需監督官の指揮下におかれた。

○久留米工場

久留米工場は地下足袋と防毒マスクの増産に多忙をきわめた。

地下足袋の戦時産業に及ぼす影響は切実なもので、農民、鉱山労働者にとっては何よりもその補充が第一である、と叫ばれていた。そのため産業戦士用としては年三、〇〇〇万足は是非確保せねばならぬ絶対必需品であった。

また地下足袋は戦争にも不可欠の軍需品であった。鉄条網の電流千ボルトにも耐え得るから、市街戦などに絶対必要で、またぬかるみの多い戦場においては、活動が敏速で、疲労が少ないため兵士たちは地下足袋を履いて戦った。それでみんな背嚢に二足あて背負って出征した。（略）

（石橋正二郎『私の歩み』）

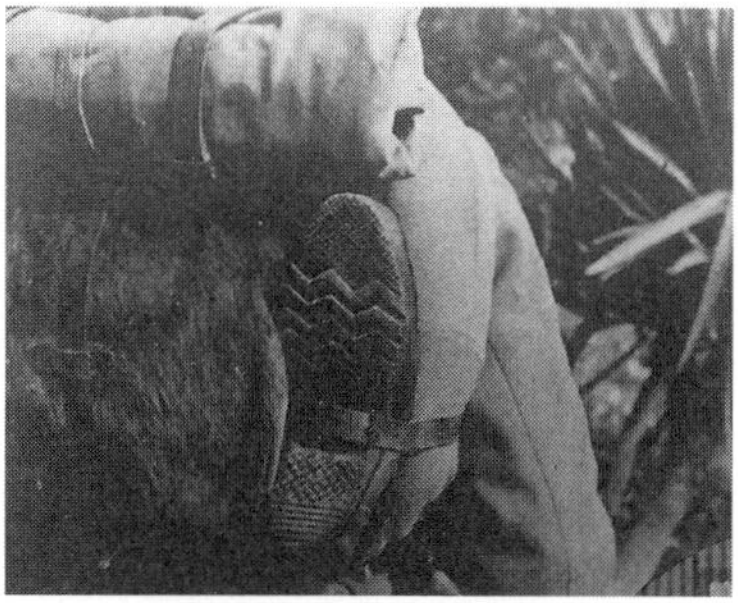

図26　背嚢の地下足袋
（『上海事変写真画報 皇軍武威の足跡』昭和７年）

月星、アサヒの両社は、座敷足袋の製造販売から興った会社だが、大正時代に足袋にゴム底を貼った地下足袋を開発した。これを基礎にして履物、ゴム産業へと発展していった。タイヤメーカーであるブリヂストンもアサヒからの発展である。これが戦争の拡大とともに軍需産業となっていったのである。

地下足袋の生産だけではない。軍靴、飛行機用・戦車用パッキング、高圧ホース、軍用被服など各種の製品を生産した。また、工場も増設されていった。戦争が激しくなった時点では、久留米は「軍都」というより「軍需産業都市」というべき状態だったと言えよう。

⑷　食肉の需要

軍の用語に「給養」という言葉があるが、人や馬に衣食を供給することである。この需要を賄うために、地域の「御用達」があるのだが、食肉の生産、供給の発達も、軍の存在によると言えよう。軍隊の需要によって食肉の生産が急速に増加した。市内における近代的な食肉の生産は明治三十七（一九〇四）年、地域の政治・経済界に活躍した内藤半次郎（弟は久留米初代市長内藤新吾）によって私営の屠場が設けられたことによる。

この屠場は四十二年に国分町営（国分の町制施行は大正十一年であるが、引用の『久留米市誌 中編』には「町」とある）となり、のち国分町の久留米市との合併によって市営となった（『久留米市誌 中編』）。明治三十六年発行の『福岡県三井郡国分村是』には、「屠畜場　一所」、「屠牛職　三人」の記載がある。屠場の内一カ所は内藤による屠場を指すはずだが、あと一カ所については不明である。

食肉の生産と消費の状況を見れば次の通りである。

まず、生産である。

久留米屠畜場に於て年々屠殺する数量は牛馬豚を合せて三千頭乃至三千四五百頭に上り、概算一日十頭に垂んとせり。過去三箇年の統計を示せば

年別	牛	豚	馬	計
明治四十四年	一、九四〇頭	二七九頭	一、二三二頭	三、四五一
大正元年	一、六五九	三三二	一、〇七三	三、〇六四
同二年	九八一	五〇一	八六九	三、〔ママ〕三五一〔※〕

〔※二、三五一の誤りか〕

備考　大正二年中六箇月間の陸軍納入は大牟田より供給したるを以て頭数に減少を来せり

以上の屠殺頭数中馬肉を除き、牛豚肉の大部は十八師団の需品に属し、市街一般の需要力は僅かに其一小部分に過ぎざるなり則ち左表の如し。

（『久留米市勢一斑』）

右引用の末尾に「左表の如し」と記された内容を表6にまとめる。

統計に示された時期は、すでに第十八師団が設置されて以降であるので、それ以前との比較ができない。だが、引用中の表の備考に示された通り、食肉の多くは陸軍に納入するためであった。消費の数値を見れば、さらに明らかである。牛肉は陸軍が六〇％（大正二年には民需と逆転しているが）、豚肉は九九・五％が陸軍である。表6には入れなかったが、馬肉は一千頭前後の生産があるものの軍への納入はされていない。

表6　食肉の消費状況

明治44年	牛 1940頭（陸軍6分，市内3分，郡部1分） 豚　279頭（陸軍99.5分，市内0.5分）
大正元年	牛 1659頭（陸軍6分，市内3分，郡部1分） 豚　332頭（陸軍99.5分，市内0.5分）
大正2年	牛　981頭（陸軍3分，市内6分，郡部1分） 豚　501頭（陸軍99.5分，市内0.5分）

（『久留米市勢一斑』〔大正4年〕の表を改変作成）

（5）零細な「御用」

これまで見てきたように、兵営の設置によって、各種の商店、工場が軍の御用達となって利益を得た。その多くは地域の有力な商店などであり、地域の「名鑑」などに名を残している。だが、それには名を連ねない人々も、多く軍と関係を持った。軍は、不要となった各種物品を払下げた。その最も日常的な物の二つに対して「御用」を務めた人たちがいた。これもまた、軍にとって必要欠くべからざるものであった。

一つは残飯であり、付近の人にも恩恵を与えた。

営所の出けはなは、営所の炊事てんも大まんげ〔大雑把〕なこつらしかった風で、ほーんに残飯の出けよったげな、手もつけん釜に入ったなりの残飯てんが。そげんとは商人が買い受けて、（略）村ん者に売りょったたい。（略）

その次ぐらいの残飯は、よーと洗うて、莚てんにひろげて干し上げて、おこし、の地ば造って、おこしや始めた人のあって、ほんにもうけたげな、（略）おこしにもならん残飯な、こり又肥前から来た人が、飼料にして、養豚始めて、こりも、もうけ出さっしゃったたい。

（『初手物語』）

手を付けないままの「残飯」も出たそうで、これを「上残飯」と言うそうである（『軍隊を誘致せよ』）。

次に、人糞尿と馬糞がある。

特科連隊の馬糞収集

昭和10年（1935）ごろの思い出。ショウケや三本鍬、スコップなど馬糞とりの道具を荷車に乗せ、特科隊の裏門で門衛に入営許可証と馬糞とり日割表を見せて隊内に入る。隊内では、敷藁や乾草を差し入れ、兵隊さんが馬小屋を掃除して出した馬糞を引取って荷車に乗せる。自宅に帰って、すぐに堆肥づくりに精を出したものだ。農家にとって、有難い有機肥料の源であった。〔ふれあい国分 42号〕

（『八間屋村から国分自治区へ』）

さて、この残飯と人糞尿・馬糞はどのようにして払下げられていたのだろうか。いずれも入札である。残飯について、俘虜情報局が陸軍省に通牒した中に「俘虜准士官以下自炊ノ為炊事場ニ於テ生スル残物ハ月額拾壱円弐拾銭ヲ以テ契約シ払下ヲナシ来レリ然ルニ客月三十一日ニテ契約期間満了ノ為大正六年度分ヲ入札ニ附シタル結果一ケ月払下代トシテ参拾円五拾銭ヲ以テ落札シ契約ヲ為シタリ」（『陸軍省大日記』欧受大日記）とある。一挙に倍以上の額での落札である。残物であっても結構な利益が生じたということになる。俘虜収容所の例ではあるが、兵営からの残飯類に準拠したはずである。

「下肥」と「馬糞」も左掲のように払下げ広告があり、入札による払下げだった。

しかし、久留米収容所で描写されたように、汲み取りを行ったのは農民である。また、前記のように兵営のある国分の人が思い出として馬糞取りの様子を書き残してもいる。物が物である。付近の者しか払下げを受けられないだろう。付近の農家が、馬糞の払下げを受け、そのお礼として馬の飼料と敷藁を置いて行っていたのである。兵営の人糞尿の場合も同様のシステムであったに違いない。肥料としての糞尿の重要性は、明治三十年代に造られた『村是』の類には、「生産」と「消費」の項に明記されているほどである。農家にとっては昔から貴重な肥料であった。「生産」が多量である兵営は、農家にとって重要な場所となった。

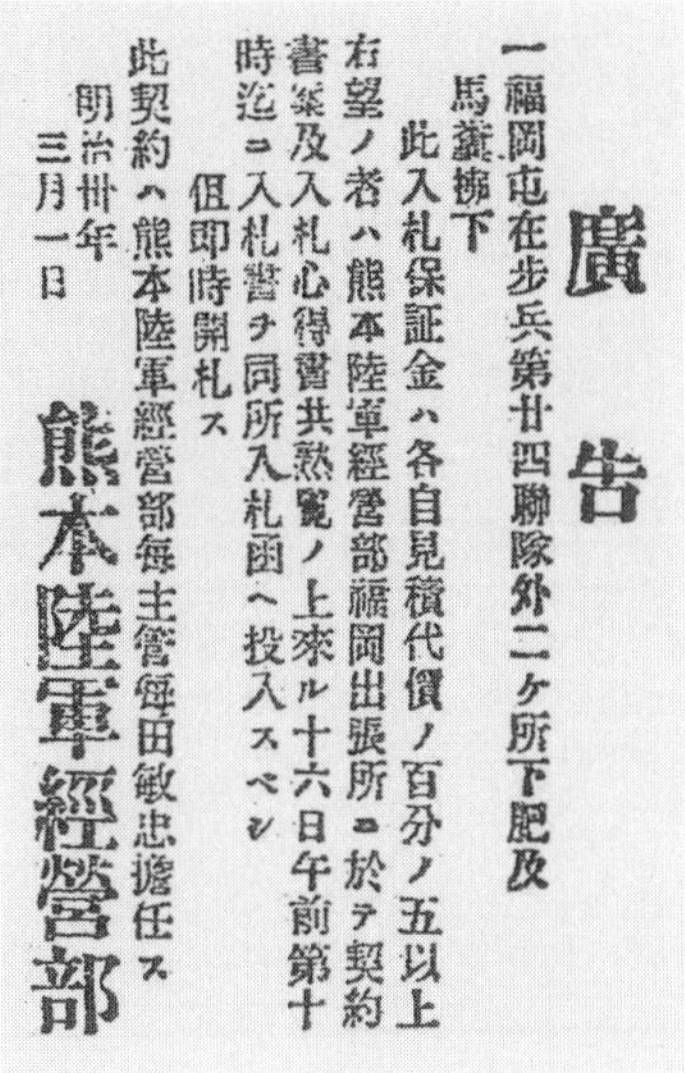

廣告

一福岡屯在歩兵第廿四聯隊外二ヶ所下肥及
　馬糞拂下
　此入札保証金ハ各自見積代價ノ百分ノ五以上
右望ノ者ハ熊本陸軍經營部福岡出張所ニ於テ契約
書案及入札心得書共熟覧ノ上來ル十六日午前第十
時迄ニ入札書ヲ同所入札函ヘ投入スベシ
　但即時開札ス
此契約ハ熊本陸軍經營部毎主管毎田敏忠擔任ス
　明治卅年
　三月一日　　熊本陸軍經營部

図27　熊本陸軍経営部による下肥及び馬糞の払下げ広告
（「福岡日日新聞」明治30年３月２日）

図28　国分村ドイツ兵俘虜収容所での下肥汲取
ドイツ兵たちの収容所であったからこそ残された記録である（写真：久留米市教育委員会蔵）

ところで、引用した広告に記された通り入札には保証金が必要である。では、付近の農民が個々に保証金を用意して、入札に参加したのだろうか。ありえない。先の馬糞収集の引用文にも「日割表を見せて隊内に入」ったとある。複数の農家が日を決めて割り振っていたことになる。では、入札はどのようにしてなされたのだろうか。「農会」を介したのである。次に、そのことを示す資料を引用する。

地方農会等ヨリ干草購買取扱方ノ件
　高級副官ヨリ内地各師団参謀長へ通牒案
地方農会ト干草購入契約等ヲ為ス場合ニ関シ別紙ノ通農商務次官ヨリ申越候ニ付可然御取扱相成度
　農商第六〇号
軍用干草ノ件ニ関シ別紙ノ通リ地方長へ通牒致候処農会ハ固ヨリ営利ノ事業ヲ為サス唯タ所属農民ノ福利ヲ進ムル目的ヲ以テ従事スル義ニシテ其会長トシテハ殆ント全ク地方長官郡長村長等之レニ当リ居候次第ニ候ヘハ軍務当局ニ於テハ一般商人ノ場合ト異ナリ勉メテ懇切ニ御取扱ヲ得候様貴省ヨリ特ニ御配慮相成度為念此如申達候也
　明治四十年五月十三日

（『陸軍省大日記』壱大日記）

農商務次官　和田彦次郎　印

陸軍次官　石木《〔ママ〕》新六　殿

軍用干草供給に就て

軍用干草供給に関しては過日地方官会議に於て陸相より指示する所あり特に第一師団の如きは郡農会の干草供給に関し大に望を属し打合をなしたる次第なるが右は農会が営利事業と為すを得ざるは勿論営利の範囲外に於て誠実に干草供給の任に当ることは直接に会員の利益を増進するのみならず延て共同の精神を養ひ販売組合等の発達を促し有力なる動機ともなるべきに就軍務当局者より交渉の場合は農会をして可成其希望に応せしむることに計ふべき旨主務省より本県知事に通牒あり

（「福岡日日新聞」明治四十年五月十九日）

軍用干草、軍馬用の飼葉、敷藁を農会を通して農民から購入するのである。前に引用した「地方農会等ヨリ干草購買取扱方ノ件」に添附の農商務次官から各県知事宛て通牒には、「（略）農会カ営利事業ヲ為スヲ得サルハ勿論ニ候ヘドモ営利ノ範囲外ニ於テ誠実ニ干草供給ノ任ニ当ルコトハ直接ニ会員ノ利益ヲ増進スルノミナラス延テ共同ノ精神ヲ養ヒ販買組合等ノ発達ヲ促カス有力ナル動機（略）」であると述べる。干草は農家でないと生産できない。糞尿の消費も然りである。この引用から推測すれば、農会が入札のなにがしかに、しかし、大きく関わったのだろうと考える。それを受けて、先の国分村の事例のように付近の農家が、馬糞、あるいは人糞尿を集めたのだと考える。「敷藁や乾草を差し入れ」は、干草供給もあったが故の、気持ちの上での追加的な差し入れなのだろう。

（6）国分村の発展

歩兵第四十八聯隊の所在地は国分村の中でも、いわゆる東国分である大字国分に置かれた。その後、明治四十（一九〇七）年の第十八師団設置に際しても、師団司令部をはじめ、工兵隊を除く各特科隊も国分村の内に置かれることとなった。このことによって村の様相は大きな変貌を遂げることとなった。

『久留米市史　第3巻』には、「第十八師団の設置により、国分村は著しくその様相を変えた。従来純然たる農村であった同村は、師団諸部隊の敷地として、広い耕作面積を割かれ、その農業生産力は大幅に低下した。しかし、兵営建設や商業などのため、外部より各種の業者が移住し、また、勤務の関係から多数の軍人やその家族が転入してきた。このため、同村の戸数・人口が急増し、職業も、商業もしくは半商半農という形態が目立つようになった（略）」と記している。

国分村の戸数・人口の変化は表7の通りである。

では、この「発展」の具体的な姿はどうであったのだろうか。

国分村の変貌を実感される場所は歩兵第四十八聯隊前の商店街の形成であったに違いない。他の各部隊の営門前も多少の商店街の形成は見られるが、明治四十年以降歩兵第五十六聯隊も置かれることによって（行政区分上は高良内村に属する）、この国分の地は、まさしく兵営の「門前町」の様相を呈した。

「大字国分ニハ歩兵第四十八聯隊ノ兵営及旅団司令部衛戍病院等アリ各種ノ商家及旅館ハ兵営前ニ軒ヲ並ヘ人馬ノ往来兵士ノ通行繁忙ヲ極メ依リテ以テ生計ヲ営ムモノ多シ（略）」、明治三十六年編纂の『国分村是』は誇らしげに記している。「兵営前」とは無論、歩兵第四十八聯隊設置に際して開かれた、久留米市内と兵営とを結ぶ県道沿いで、この道路と共に現東国分の地が発展したのである。次もまた『村是』からであるが、近隣の他村に比べ商店などの種類・数共に抜きん出ている。例を挙げれば、菓子商二十八戸、煙草商二十戸、貸屋二十四戸、座貸二十七戸、臨時座貸八十七戸、旅人宿九戸、下宿業十四戸、木賃宿五戸、料理屋四戸、煮売屋十六戸、鮨屋一戸、写真師一戸である。総てが兵営設置に伴う現象ではなく、久留米市街に隣接したことによる、以前からの傾向も当

表7　国分村の戸数・人口の変化

年	戸数（戸）	人口（人）	資　料
明治29年	1,084	5,578	『福岡県三井郡国分村是』より
35年	1,471	6,946	
43年	1,979	10,389	『久留米市史 第3巻』より

然考えねばならないであろうが、大きくは兵営設置の影響によると考えられよう。

後に出店したのであろうが、『電話番号簿　久留米　大牟田　若津　柳河』（昭和十三年）には「田中軍人デパート」が載り、「田中繁蔵　国分歩兵四八前　時計　軍需品　兵書」とある。

久留米の和菓子商、本村商店も国分に支店を出しているし、佐賀の著名な和菓子店も支店を構えたと聞く。写真館は入退営、あるいは出征前など、多くの兵士たちが記念撮影を行ったはずだ。さらに退営時には、名前の入った盃、いわゆる「軍人盃」などの記念土産などを買い求めたことであろう。国分村の戸数・人口の増加は、もちろん軍人、家族の入り込みがあるが、また、兵営前の町の形成によるものも含まれよう。

兵営前の旅館もまた、入営前の宿泊、入営した子供への親、親戚などが面会のために利用する。軍人もまた、宿泊や宴会で利用した。戦前国分町で親が「明治館」という旅館を営んでいた方が、「私は戦争が激しくなったおかげで大学に行けた」と仰っていた。明治三十九（一九〇六）年八月十五日付の、久留米で発行されていた「開国新聞」（後、「筑後新聞」）には、「国分営所前旅館案内」と銘打っての広告が載るが、角屋・吉田屋・米本屋・丸一旅館・まる屋・松島屋・新店藤見屋・本家藤見屋・朝日屋・新玉屋・森田屋などの旅館が名を連ねている。また、国分の有力者、真藤家も「善真館」という旅館を建て、人に経営させていたという。

また、大戦末期に兵庫にあった陸軍の通信学校に入った方に、旅館にまつわる話を聞いたことがある。ご両親が面会に来たことがあるが、やっとの思いで往きの切符だけが購入できた。面会はかなわないまま、帰りの切符がどうしても手に入らない。途方に暮れながらも、せっかく持ってきた牡丹餅も仕方がないので世話になった旅館に貰ってもらうことにした。すると、旅館の御主人が、すぐに帰りの切符を手配したという。どのような手段があったのかは知る由もない。〝地獄の沙汰も〟と言ってしまえばそれまでだが、兵営前の旅館とは、兵隊であれその面会者にであれ、何かと世話を焼いてくれる存在であった。

しかし一方、「営所御用商ノ如キハ多クハ久留米市ヨリ占領セラレアルカ如キハ遺憾ニ堪ヘサルナリ」（『国分村是』）と嘆いてもいる。つまり、国分村の繁栄、特に商業の活況は、将兵個別を相手にする範囲というものであったと言える。

陸軍解体と共に、往時を偲ぶことができなくなっている。だが、昭和二十七（一九五二）年に再び警察予備隊、後自衛隊の駐屯地の町となった国分町にその痕跡を探ることができる。昭和三十年代の住宅地図を見れば、写真館二店、旅館二店がある。

一方、村に住む人たちにとって、この発展がどのような変化をもたらし、どのように受け止めていたのだろうか。ここでも『初手物語』に頼る。

○役場と学校

お父っつあんの村長の頃の村役場は、（略）のちの師団長官舎になって、終戦後に市長公舎になっとったとこたい。（略）師団の出来る前に、足形堤（どーめき堤）の西側に、二階建の役場ん出けて、三井郡一のよか役場ち云うて、お父っつぁんも村のもんも威張りよった。（略）小学校が三つ寄って、役場の横に立ったつもその頃じゃった。（略）

○菓子

明治三十年代に入って営所が出来たりで、段々開けて来てお菓子も色々出るごつなった。（略）その営所の出けたこつで国分は、お菓子製造てん、パン屋てん養豚業てんが始まったたい。（略）

明治の終りじゃっつろか、大正になってからじゃっつろか、通町の、あの松屋から、営所の前通りの山王さんのすぐ北側に、パンてん、アンパン、堅パン、てんば造る工場ば建てて、営所納めが始まったたい。そげなもんな、まあだ珍らしかったけん、上郡〔浮羽郡方面のこと〕に行く時ゃようお土産に持って行きよったが、ほー営所納めのアンパンげなち云うて、珍らしがりょんなさった。後にゃもちっと営門に近かとこの北側さん移転してござったが大正十年すぎた頃迄でやんだたい。

（『初手物語』）

軍相手の菓子製造が村でも行われた様子が語られている。「松屋」とは和菓子製造業であった本村治平衛のことで、この時点から早くも軍御用達となっていることが分かる。引用文中の「工場」は、大正十三年に「本村製菓合名会社国分工場」、生産額八万円と記されている（『久留米市編入当時の国分町 全』）ものであろう。真藤家は富裕な家庭であったのでパン・アンパン・堅パンなどを味わうことができたのである。

2　道路整備と都市の形成

軍の誘致に伴う久留米市の発展を言う場合、都市の変容を見なければならない。軍の施設整備と相俟って、各種の都市インフラが整備されていった。また、久留米市の市街地も膨張していった。このようなことは、いままで、この時期の事象としては論じられていたが、各々個別に記されることが多かったと思う。本項では軍の誘致というフィルターを通して考察してみることとする。

久留米市の都市形成の第一に挙げなければならないのは、道路の整備である。『久留米市史 第3巻』には「軍隊の設置及び商工業の発達は、道路の新設や整備を促進した」と指摘されている。ただ、続いて「その状況は、（略）地図によってほぼ推察することができるであろう」と述べるにとどめ、明治三十年製版と明治四十年修正測図の陸地測量部の地図を掲げ、道路の新設と兵営との関係を示すまでである。また、交通網の発達について論じてはいるが、ここでも道路の整備に関してはあまり述べていない。『久留米市誌』についても同様である。道路についての記述は意外に少ない。しかし、都市の発展、形成を考えるとき、道路の問題は重要であると思う。鉄道は別にしても、交通の発達は道路の整備あってこそである。また、新しい市街地の形成についても同様である。

この項では、このような視点に立って、兵営の設置と関連付けながら、久留米市及び近郊の道路の整備を軸にして、久留米市街の新たな形成を述べていく。

久留米地域の近代的道路としては、市の東端を福岡市から熊本方面へと繋がる現国道3号線が明治十七（一八八四）年に開通していた。近代的な道路の嚆矢である。これ以外は、ほとんど江戸時代以来の道路が、そのままの状態であった。

この国道についてであるが、『建設省九州地方建設局50年史』（一九九八年）に、九州を中心とした国道事情が記されている。該当する時期について次に引用する。

明治の文明開化期をむかえ、馬車などの車輪交通が急速に普及してきたが、明治政府は鉄道政策に力点を置き、陸上交通における道路の地位は相対的に低下していった。

明治4年、道路改造命令が出て、東京の主要道路の歩道と車道を区分し、明治6年の「河港道路修築規則」により、道路の種類および等級を定め、費用負担や工事の執行方法を確立した。

明治9年太政官通達で国道、県道および里道の制を定め、明治18年には国道の幅員を7間（12.7m）以上とした。この年国道表が告示され、九州内には国道7路線が誕生した。

（略）大正8年には道路法が公布され、道路を国道、府県道、郡道（大正11年廃止）、市道、町村道の5種に分け、道路は国の造営物とする建前をとった。この時の国道は、「東京市より神宮、府県庁所在地、師団司令部所在地、鎮守府所在地又は枢要な開港に達する路線」および「主として軍事の目的を有する路線」とされた。

つまり国道は、本来軍事的な意味合いを強く持っていたと言える。『久留米市史 第6巻』の年表では、橋銘から、この国道の開通を明治十七（一八八四）年とする。この橋銘があるのは、八女市を経て熊本県へと向かう山中にある、旧国道に架かる橋だという（小川喬義「久留米市諏訪野町〝今昔〟」）。であれば、この開通の翌年に国道表の告示がなされたということなのであろうか。後述の鉄道と共に、この国道が、軍誘致時には物流の動脈として存在していた。とはいえ、平素は「国道は通っとるばってん人通りも少」ない状態だったという（『初手物語』）。軍にとって、各兵営、練兵場を繋ぐ、幅員のある道路は必須のものであった。車列が通り、行違いができなくてはならない。また、兵員、物資の輸送のため、市街地や鉄道にも繋がっていなければならない。軍を誘致した久留米市は、福岡県、隣接の郡と共に新規の道路の整備を行うことが喫緊の課題となる。

(1) 兵営と道路

軍にとって必要不可欠の道路であるが、まず兵営に通ずる道路が整備されなければならない。明治三十年の歩兵第四十八聯隊設置時と、明治四十年の第十八師団設置時とに分けて、その実態を見てみることにする。

歩兵四十八聯隊設置時

この時期の道路整備は、市内日吉町、小頭町から国分兵営、営門前に通ずる道路の新設である。

歩兵第四十八聯隊設置に直接に関連した道路として、次の二本の道路の新設が計画されていた（次頁の引用①）。

一、日吉町から、西野中源九郎稲荷前を通り国分兵営に至る。そこから高良内村の西端を通り、御井町に抜ける。御井町では江戸時代以来の薩摩街道に繋げる。

二、宮ノ陣から筑後川を渡り、合川村十三部、正源寺前を通り国分兵営前に出る。そこから八女郡清楽に至る。清楽から三井郡境までは既に新設道路がある。

一の企画が日吉町と国分兵営を繋ぐ道路のことである（源九郎稲荷は現在、諏訪野町の諏訪神社境内にあり、この道路との位置関係がよく摑めないが）。また、この新設道路は県道として建設がなされている（引用②）。しかし、この道路は実現していない。軍にとって必要な道路というより、軍と絡めながら、地元として開削したかったというものであろうか。

兵営設置に先立つ明治二十九（一八九六）年の県議会では、この道路の幅員を三間とするか四間とするかの議論があり、三間半に落ち着いている（引用③）。この県議会でも議論があった道路は、先に述べた久留米市内日吉町から国分兵営に至る道路のことであろう。この時点で道路拡張が議論され、実施に向かっている最中であり、五月に「改設工事に着手」とある（引用④）。今一つ、この道路の土木工事請負広告は、明治三十年四月十八日付であり、入札締め切りは四月二十七日である（引用②）。五月の工事着手といっても、早い時期とは言えない。兵営の建設はこの年の九月には請負者が決定している。兵営建築工事中には、とても聯隊営門に通ずる道は間に合っていなかった。つまり、建築資材などもその北側の旧来からの「僅かに畦路の大なるものに過ぎ」ない狭い道を通って行かねばならなかった。

この、兵営工事と関連道路開設との前後関係は、後の第十八師団設置の際にも変化が無い。今でこそ、土木・建設工事を行う際には、事前に工事用の道路を整備しておく。だが、兵営工事には、それがなされていなかったのである。

①　新設道路の計画

久留米聯隊の設置に付き当市より国分兵営に至る間新道路を設けざる可らざることハ已に一般の認むる所なるが本戸、富岡の両技手も大に新設の必要を感じ過日来其測量に着手し既に測量丈ハ略ほ終了し居る由なるが今其計画の概要を聞くに当市二方より道路を開くこととし一方ハ日吉町日吉神社の処より西野中源九郎稲荷の処を経て国分兵営に達せしめ尚此線を延長して三井郡高良内村に至り中央より分岐して府中〔御井町〕に出でしめ一方は小頭町より兵営までの新道を開き目下工事中なる新設県道に合せしめ又一方は三井郡宮の陣村より十三部を乗切り正源寺の前を経て兵営の前に出て八女郡清落〔清楽〕に達せしむる筈なるが清落より三井郡境に至る迄は既に新道路の設けあるも三井郡に於て未だ延長の運びに至らず郡境までにて其儘中止しあれば自然は之と連絡を取るの計画なり尚ほ宮の陣より清落に達する分の内兵営前新設県道より分岐して国分清水を経て野中村高良川橋に至る凡五百間の道路は已に精密なる測量も出来居れハ田植等済みし上ハ早速工事に着手することとなり居れり、右の内最も急を要するは日吉町より兵営に出つる道路なるも地所売買等苦情起り日数を要するに至らば或は兵営より宮の陣までの間を先にするやも知れずと

（「福岡日日新聞」明治三十年七月二日）

② 土木工事受負広告

三井郡国分村地内

一　県道新設工事　一ヶ所　此入札保証金壱百円

右工事受負ニ付望ノ者ハ久留米市櫛原町筑后川治水工事々務所ニ就キ設計書仕様書等諸事承合尚実地熟覧ノ上来ル四月廿七日正午十二時入札保証金相添同所ニ入札スヘシ　但同日午后一時開札ス

明治卅年四月十八日

福岡県

（「福岡日日新聞」明治三十年四月二十一日）

③〔県会〕十九番小野氏も亦審査委員として報告を為す、讠《そ》は土木費原案に久留米旅団地に通ずる道幅三間とあるを四間に改めんとの議なり審査委員は之を可として更に議場に提出すべしと報じぬ（略）

第三目道路開設費（久留米旅団地に通ずる新道）十九番小野氏より道幅を四間とし費額を千四百九十七円十八銭二厘増加する由の修正あり廿三番望月氏より道幅を三間半とし費額を四百四拾九円九十六銭二厘増加する由の修正あり（是は参事会の意見也）採決に及び十九番説多数にて可決したり（略）

（「福岡日日新聞」明治二十九年十二月十七日）

④　道路改設

国道より左折して兵営に至る道は僅かに畔路の大なるものに過ぎず且つ折曲多ければ到底軍用に適せざるを以て目下日々数百人の人夫を使役し国道より兵営に至る間一直線の大道を両端より改設工事に着手せり

（「福岡日日新聞」明治三十年五月二十八日）

第十八師団設置時

明治四十（一九〇七）年の第十八師団誘致は、先の歩兵一個聯隊などの設置と比べれば大規模な変革を促す。木村第十八師団長は着任に際して次のように述べている。

（略）各部隊が来れば第一に必要は道路である此程酒席にて久留米市長にも話して置いた又三井郡長は参謀長に面会して話した事もあるので随分心配して居たらう

道路が一筋や二筋では砲車を曳けば砲車は重量があるので道路は直に破壊する道路の計画を聞くと四通八達と云ふ工合に定めてある市の繁栄の為めにも善いであらう聞けば小頭町より営所に行く線路も二線路が競争して居ると云ふが郡長では之を後廻しにして特科隊中央に通ずる道路を先に造る筈と云ふ孰れとも早く開鑿するがよい

（「福岡日日新聞」明治四十一年一月二十五日）

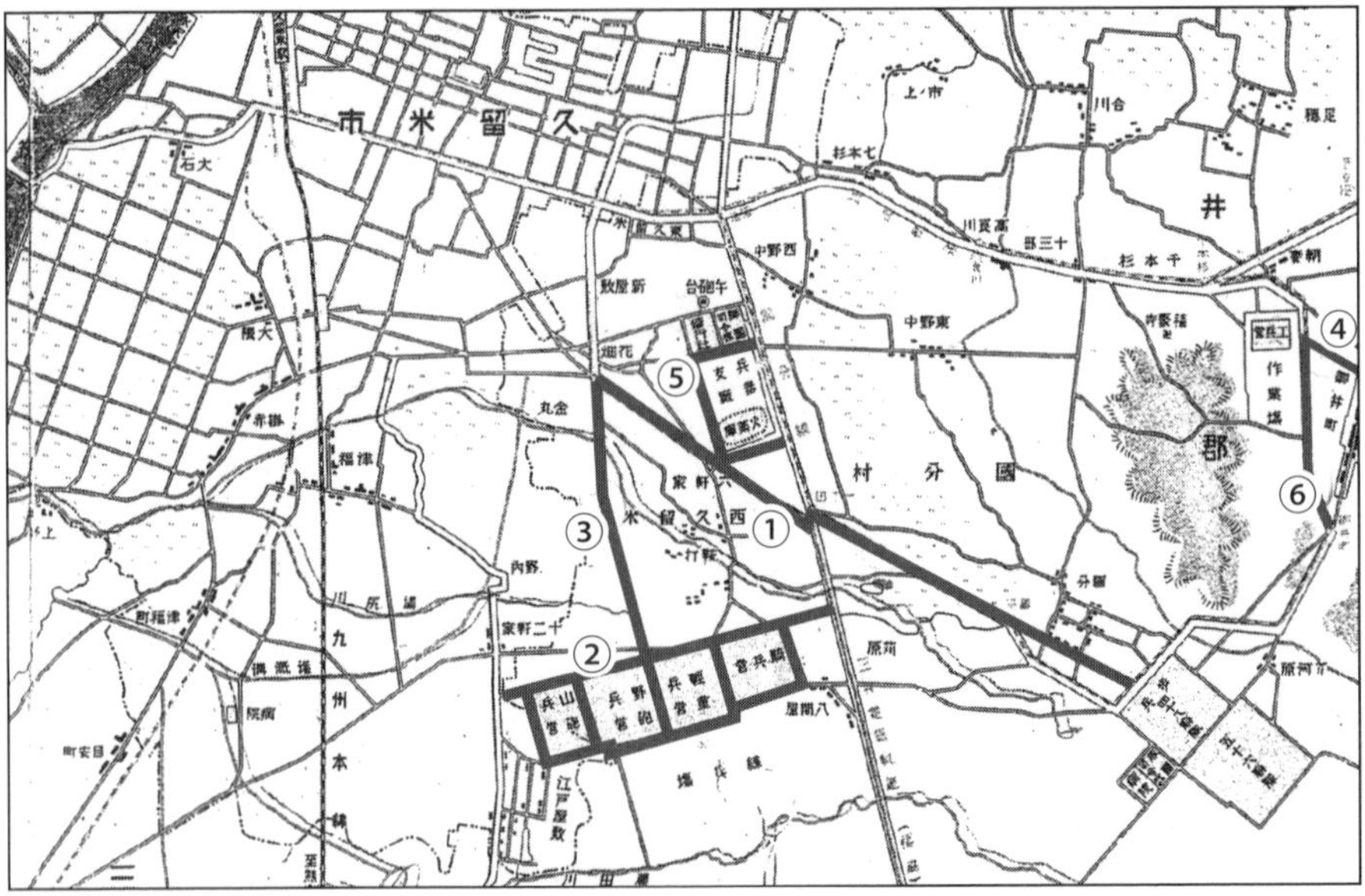

図29　兵営を繋ぐ諸道路

「久留米市街図」（駸々堂旅行案内部，大正７年）中の「久留米附近図」（一部拡大）に，本文中に示した丸数字を付し，当該道路を太く示した（⑦は図30参照）

道路の整備はより大きな課題となったのである。久留米と付近の町村の道路事情は一気に変わった。兵営に通ずる、また、各兵営を繋ぐ道路の整備が行われたのはもちろんであるが、これと連動して久留米市街地内の道路の整備もまた俎上に上ったのである。

直接兵営に関した道路で、次の新聞記事及び地図で確認できる、新設、あるいは拡幅されたであろう道路は概ね次の通りである。

① 既存の歩兵第四十八聯隊営門から国道までの道路を、さらに直線的に久留米市花畑まで
② 国道から西へ騎兵・輜重・砲兵営前を通り柳川往還まで
③ 市内花畑から輜重・砲兵営の前まで
④ 御井町工兵隊営門前から御井町中心部まで
⑤ 師団司令部や各兵営周囲の道路
⑥ 工兵隊前から国分の方へ向かい旧薩摩街道まで
⑦ 歩兵第五十六聯隊から国道まで

「福岡日日新聞」にも、この幾つかの道路新設の様子を報じている。

明治四十一年
二月一一日　兵営附近道路は本年度内開通の筈
特科隊―小頭町―通町
小頭町―四八聯隊
小頭町―おこん川町七丁目
二月二一日　久留米附近の道路建築資材運搬の為破損
道路開鑿着手　通町五丁目―花畑―輜重隊と野砲隊の中央

軍による道路整備

軍による直接の整備も行われていた。師団として各部隊、練兵場などを繋ぐ道路は早急に整備する必要があった。これを行わなければ、旧道は「狭隘」であり、「迂回」を余儀なくされるのである。『陸軍省大日記』に四つの道路開削の記事がある。

① 明治四十二年六月九日
臨時陸軍建築部本部長　男爵　石本新六 印
陸軍大臣　子爵　寺内正毅　殿
歩兵第四十八、五十六聯隊ヨリ久留米練兵場ニ至ル道路開設工事ノ件
歩兵第四十八　五十六聯隊ヨリ久留米練兵場ニ至ルニハ仝隊ヨリ国分村西南端ニ通スル新設道路ヲ経テ郡道ニ拠ルノ外無之此郡道タルヤ頗ル迂回スルノミナラス道路幅狭隘ニシテ軍隊通行上不便不尠候間国分村西南端ニ至ル道路ヨリ分岐シテ別冊設計書図面ノ通リ道路開設致度経費仕訳書相添ヘ此段相伺候也

追テ、本文所要ノ敷地ハ買収ノ目的ヲ以テ各所有主ヨリ承諾書ヲ得、(略)　(『陸軍省大日記』参大日記)

②明治四十二年八月十四日
臨時陸軍建築部本部長　男爵　石本新六 印
陸軍大臣　子爵　寺内正毅　殿
久留米乗馬隊周囲道路拡張工事実施ノ義ニ付伺
久留米乗馬隊周囲道路ハ其幅下水溝ヲ含ミ壱間半乃至弐間ニ有之候処該幅ニテハ砲車ノ行違ヒ出来サルノミナラズ該道路ハ練兵場ニ直通致居候ニ付或ル種ノ演習ニ際シ練兵場幷ニ道路ヲ有利ニ使用セントスル場合ニ際シ不便不尠候ニ付別冊設計図面ノ通リ実施致度経費仕訳書相添此段相伺候也
(同前)

③明治四十一年三月卅一日
臨時陸軍建築部本部長　男爵　石本新六 印
陸軍大臣　子爵　寺内正毅　殿
久留米歩兵第五十六聯隊ヨリ国分村西北端ニ通スル道路開設ノ義ニ付伺
新設久留米歩兵第五十六聯隊ヨリ国分村西北端ニ通スル道路開設ノ必要有之候ニ付別冊設計図面ノ通新設実施致度経費仕訳書相添此段相伺候也
(同前)

④明治四十年十二月廿六日
臨時陸軍建築部本部長　男爵　石本新六 印
陸軍大臣　子爵　寺内正毅　殿

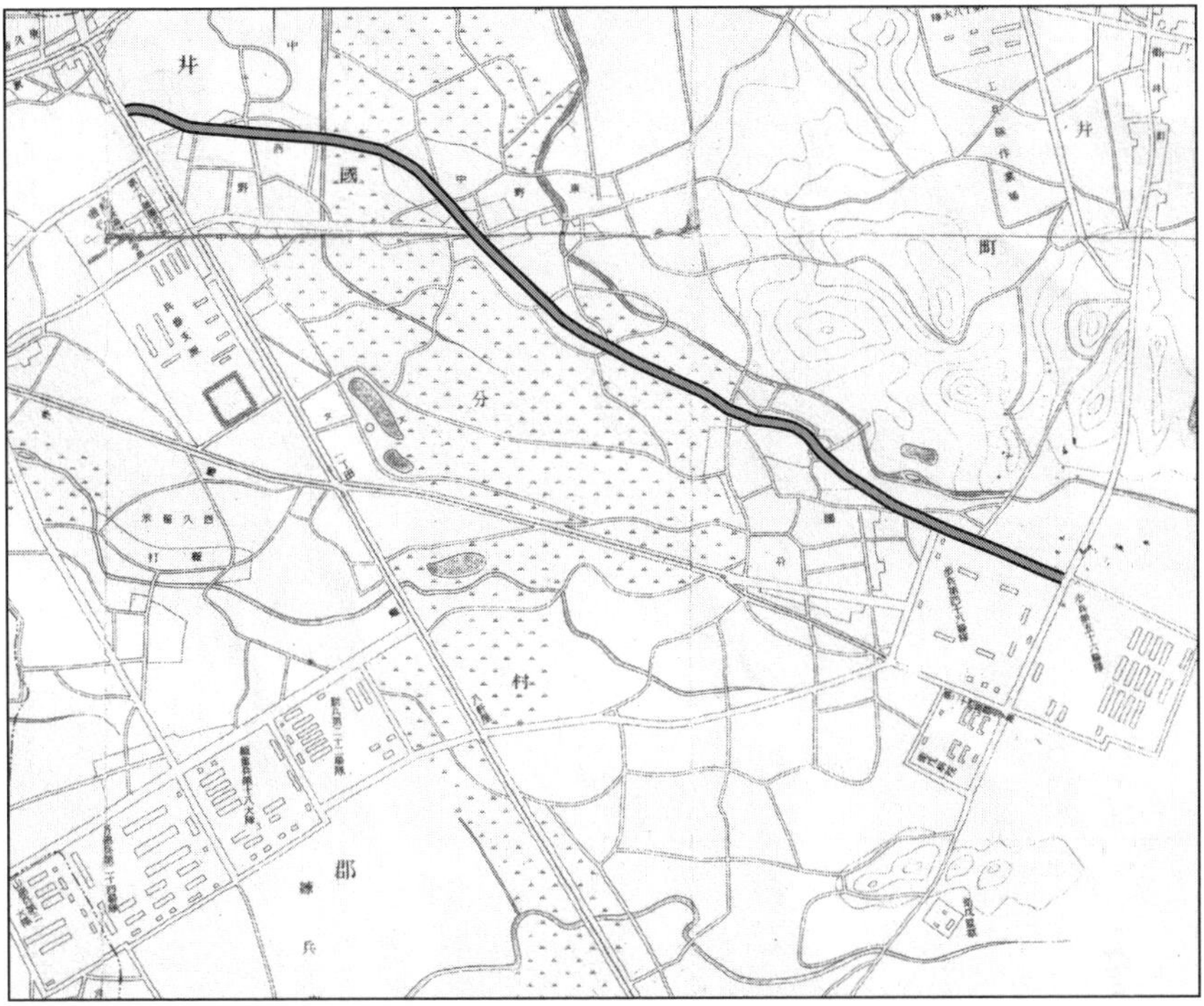

図30　歩兵第五十六聯隊より国分村西北端に通じる道路
「久留米市及付近測図」（一部拡大）に当該道路を黒く示した

久留米工兵第十八大隊前道路敷地買収
ノ件
久留米工兵第十八大隊前道路新設敷地トシテ福岡県三井郡御井町地内ニ於テ別紙調書ノ通リ民有地買収致度候間御許可相成度目録図書相添へ此段相伺候也
追テ本文民有地買収ノ義ニ付テハ地主承諾済ニ候間申添候也

①は歩兵第四十八聯隊兵営の西南の角から西へ、国道を渡り特科隊東南角へ通ずる道路のようである。②の乗馬隊（騎兵隊のことであろう）道路は兵営周囲道路の拡幅である。

③は新設された歩兵第五十六聯隊の北西角から、第四十八聯隊北側に沿って野中へ、さらに国道へと通じる道路である。前項の⑦にあたる（図30）。

また、④の御井町の工兵他兵営正門から東へ、御井町中心部の旧薩摩街道に至る道路は工兵隊によって造られている。工兵隊兵営から、筑後川河畔に設けられた渡河訓練場へ行き来する道路が必要だったに違いない。渡河訓練場へは多くの資材・機材の運搬が必要である。この道路が無ければ、城下町から延びる旧豊後街道を利用するしかない。この道は御井町付近ではやっと二間程の幅員しかなく、大谷川に沿っている。車列の行違いはもとより、軍隊の通行は極めて困難であった。さらに、川に架けられた橋は、昭和三十年代の頃まで平たい自然石二枚であった。軍は旧道の拡幅よりも、営門前からの直線的な新道開削を選択した。『工兵第十八連隊史』にも以下のように記している。

明治四十一年

工兵第十八大隊創立「十月十七日」

福岡県三井郡御井町朝妻に、前年起工の新隊舎が竣工して、部隊は同地に移駐して創立となった。

営門から御井町に至る道路の建設や作業場の整備工事に当たるほか（略）

県議会でも、この御井町の道路の件が取り上げられている。県は、道路建設については郡に対して補助金を交付するのであるが、郡で建設費が否決されたらどうするのかと問い、速やかに県道に改めるように求めている（「福岡日日新聞」明治四十年七月五日）。

これからすれば、軍によって整備された道路は、敷地を軍が買収したものと、御井町の例のように県道として予定された（あるいはさせた）道路を軍が整備した場合との二つがあるように見える。いずれにしても整備後、県に移管されたのであろうか。

ただし、④に示す道路が、正しく前述の道路であるかは、今少し判然としない。「工兵第十八大隊前」から国分の歩兵営方面への道路も、あるいは、ごく短い距離だが、久留米方面から御井町への道路から工兵隊北門への道路もある。いずれもこの時期の開設であろう。この資料に言う道路が、どれか一つを指すものか、すべてに該当するのか、考慮の余地がある。また、工兵隊兵営と作業場の間を、野中を経て花畑へ通ずる道路も、師団設置後、工兵隊と司令部などとの連絡を容易にするために開削されたものであろう。

今一つ例示するが、この道路も何処を指すのか判然としない。

久留米諸隊ヨリ藤山射撃場ニ至ル新設道路買収ノ件

明治四十二年八月二十日

臨時陸軍建築部本部長　男爵　石本新六 印

陸軍大臣　子爵　寺内正毅　殿

久留米諸隊ヨリ藤山射撃場ニ至ル新設道路買収ノ義ニ付伺

久留米諸隊ヨリ藤山射撃場ニ至ル新設道路用地トシテ福岡県三井郡上津荒木村外一村地内ニ於テ別紙調査ノ通リ村民有地買収致度候間御許可相成度目録図書相添此段相伺候也

（『陸軍省大日記』参大日記）

(2) 市街地の道路整備

一方、この軍の誘致に前後して、久留米市街地でも道路の整備が行われている。これについても、例えば、明治四十四(一九一一)年の特別大演習実施に際して久留米停車場前の道路整備があったことなど、いくつかの例を除いては、これまで軍との関係を論ずることは希薄であった。しかし、新聞記事などを読めば、道路の新設、改修の計画にあたって、軍の利便性を考慮したというものが散見する。久留米市街地の道路整備が、軍の誘致を契機として進捗したのである。軍の誘致に際しての道路整備が、これまで兵営へ通ずる道路にのみ目を向けられがちであったが、久留米市の都市形成を考える時、この市街地内の道路の整備もまた重要であると指摘できる。このことを念頭に置き、ここでも明治三十年の歩兵第四十八聯隊設置、四十年の第十八師団設置、これら二つの時期のそれぞれの実際を記述していく。

歩兵第四十八聯隊設置時

この時期、①久留米停車場から水天宮への道路整備、②幹線道路である通町筋の拡幅、③明治通りの開設、があっている。

① 久留米停車場付近

九州鉄道（後の国有鉄道）は明治二十二（一八八九）年に開通し、二十三年に久留米停車場が設置されて人・物の輸送拠点となった。水天宮は停車場に近く、特に五月の大祭を中心に参詣が多く久留米の観光地であった。

道路開設

久留米瀬の下町水天宮新築工事も略ぼ竣工したるとて（略）停車場より適当なる順路なきため頗る困難を感じ居りしが這般瀬の下町有志者遺憾に思ひ鉄道会社と示談の上停車場より縄手往還へ一直線に道路を開通する事となり工事中なるが既に大半出来上りたり開通の暁には頗る便利なる可し

（「福岡日日新聞」明治三十年七月八日）

② 通町筋は久留米から日田へ通ずる、江戸時代からの幹線道路であったし、多くの商店が連なる久留米の中心地であった。

この年〔明治三十四年〕（略）通町筋道路幅員拡張工事成る。

（『続久留米市誌 下巻』年表）

③ 最も重要であるのは、現在の久留米市街地のメインストリートである「明治通り」が開設されたことである。

この道路は、日田・佐賀を繋ぐ道路で県道として整備された。現在、甘木方面への国道322号が整備されるなどしているが、戦後長くは、市内六ツ門以東は国道210号、西は国道264号として日田から筑後川豆津橋を通り佐賀へと通じた道路である。吉井方面から現国道3号線までは、明治三十五（一九〇二）年に改修されて（『吉井町誌　第三巻』）おり、三十六年には筑後軌道が敷設されている。国道から豆津までは明治三十八年の敷設である。

本年〔明治三十八年〕市内東久留米国道より日吉町、庄島町を経て佐賀県に通ずる県道新に開鑿せられて南部の幹線道路と為り、街衢の面目一新せり。十二月に至り縄手町を起点とし、東方に向って此道路に馬車鉄道敷設せらる。

（略）当時此新道路を「馬鉄通り」と称し、電動力に変更後は「電車通り」と称するに至れり。

（『久留米市誌　上編』）

引用のように、この道路の開削に合わせて筑後軌道も市内へと延伸。久留米市にとっては、九州鉄道久留米停車場（現JR久留米駅）とを軌道に依って繋ぐ道路ともなった。「街衢の面目一新」することになるのである。国道から、九州鉄道久留米停車場の区間が新たに開削されることによって、軌道も延長される。久留米のメインストリートは通町から、この電車通りへと交替していくことになる。

なお、明治通りと称されるようになったのは、昭和七（一九三二）年になってからである。

久留米市の主要道路たる旧電車通りでは昭和の今日いま更「旧電車通り」でもあるまいといふので、（略）いよいよ「明治通り」と改称して（略）

（「九州日報」昭和七年十一月十九日）

第十八師団設置時

明治三十年の歩兵第四十八聯隊設置時と同じく、県・市郡による整備が行われている。師団所在地となった久留米市にとって、道路の整備はますます重要、且つ緊急を要する課題となった。まず明治四十（一九〇七）年六月、久留米市は、参事会、市議会でこの道路問題を協議し、道路調査委員による該当箇所の調査を行い、同時に県に対して打合せ、陳情を行っている。軍への献納のための土地買収と同時期のことである。

これを受けた福岡県では、土木補助費を予算計上した。この予算に付き県議会では、特例を以て補助を増額することは「法を蹂躙する所為」との意見もある中で、積極的な対応をすべきと、以下の意見が出ている。

臨時福岡県会

（略）兵営設置につき佐賀県岡山県の如きは敷地一切県費を以て支出したるに本県にては郡の支出に任じ県は補助するに過ぎず而して今回提案の外工兵隊に通ずる道路は郡会の決議に待つあるが如きも若し郡会にて否決せば如何幸にして郡会の可決を得ば可なるも出来の上は是等をも速に県道に改められんことを望む（略）土木補助費を久留米師団新設地の道路に与へらるゝに就ては本員の殊に感ずる所あり即ち本員は十二師団の所在地に在り昼夜道路の事に就きて考ふるに同地は四間幅の県道にして電柱も樹てるに歩騎工諸兵の往来織るが如く非常に混雑するを見て他師団所在地常に注意を払へるが彼の十一師団の在る善通寺に於ては十間幅の縦幹線直通し（略）

（「福岡日日新聞」明治四十年七月五日）

県道として、広い幅員の道路を整備せよとの意見である。恵利久留米市助役は同じ月には、市参事会に兵営市街地連絡道路開削の件を県庁に陳情したと報告した（「福岡日日新聞」明治四十年六月二十日）。

このような動きの中、久留米市は、明治四十年十二月にまとめられた『福岡県久留米市是』によれば、次の道路整備を行おうとした（丸数字は引用者注）。

（略）刻下急務ト認ムル重ナル設備ヲ左ニ列記セン

①一　南薫町迂曲角ヨリ寺町ノ北部〔徳雲寺横〕ヲ経テ櫛原町四丁目ニ通ズル道路ヲ開鑿スル事
②一　通町九丁目北隈十丁目行当リヨリ寺町蛍川ヲ経テ櫛原町壱丁目ニ通ズル道路ヲ開鑿スル事
③一　通町四丁目ヨリ櫛原町一丁目二丁目三丁目ノ袋丁ヲ経テ五丁目ニ通ズル道路ヲ開鑿スル事
④一　櫛原町三丁目秋葉神社横ヨリ篠山町弐丁目素盞嗚神社前通リニ通スル道路ヲ開鑿スル事
⑤一　櫛原町壱丁目ヨリ篠山町ヲ経テ両替町警察署前ニ通スル道路ヲ開鑿スル事
⑥一　通町八丁目寺町行当リヨリ三井郡国分村東久留米ヲ経テ大分県ヨリ佐賀県ニ達スル県道ニ通スル道路ヲ開鑿スル事
⑦一　通町七丁目ヨリ日吉町四丁目新廓ノ東通リヲ経テ前同断ノ道路ヲ開鑿スル事
⑧一　通町九丁目南ニ行当リ屈曲ノ所ヨリ前同断ノ県道ニ通スル迄道路ノ改良ヲナス事
⑨一　通町八丁目行当リヨリ通東町国道第拾壱号線ニ通スル道路ヲ開鑿スル事
⑩一　日吉町通称有馬丁県道ヨリ小頭町壱丁目ニ通スル道路ヲ開鑿スル事
⑪一　小頭町壱丁目ヨリ原古賀《はらんこが》町遊廓ニ通スル道路ヲ開鑿スル事
⑫一　小頭町参四丁目界ヨリ原古賀町ヲ経テ裏町ニ通スル道路ヲ開鑿スル事
⑬一　荘島町西竪丁ヲ改良シテ三潴郡鳥飼村大字白山下道ニ通スル道路ヲ開鑿スル事
⑭一　縄手町屈曲ノケ所今町行当ヨリ停車場県道ニ通ズル道路ヲ開鑿スル事
⑮一　新町三丁目行当リヨリ日吉町弐丁目ニ通ズル屈曲ノケ所ヲ改良スル事
⑯一　両替町ヨリ篠山町女学校前ニ通ズル学校道路ノ屈曲ヲ改良スル事

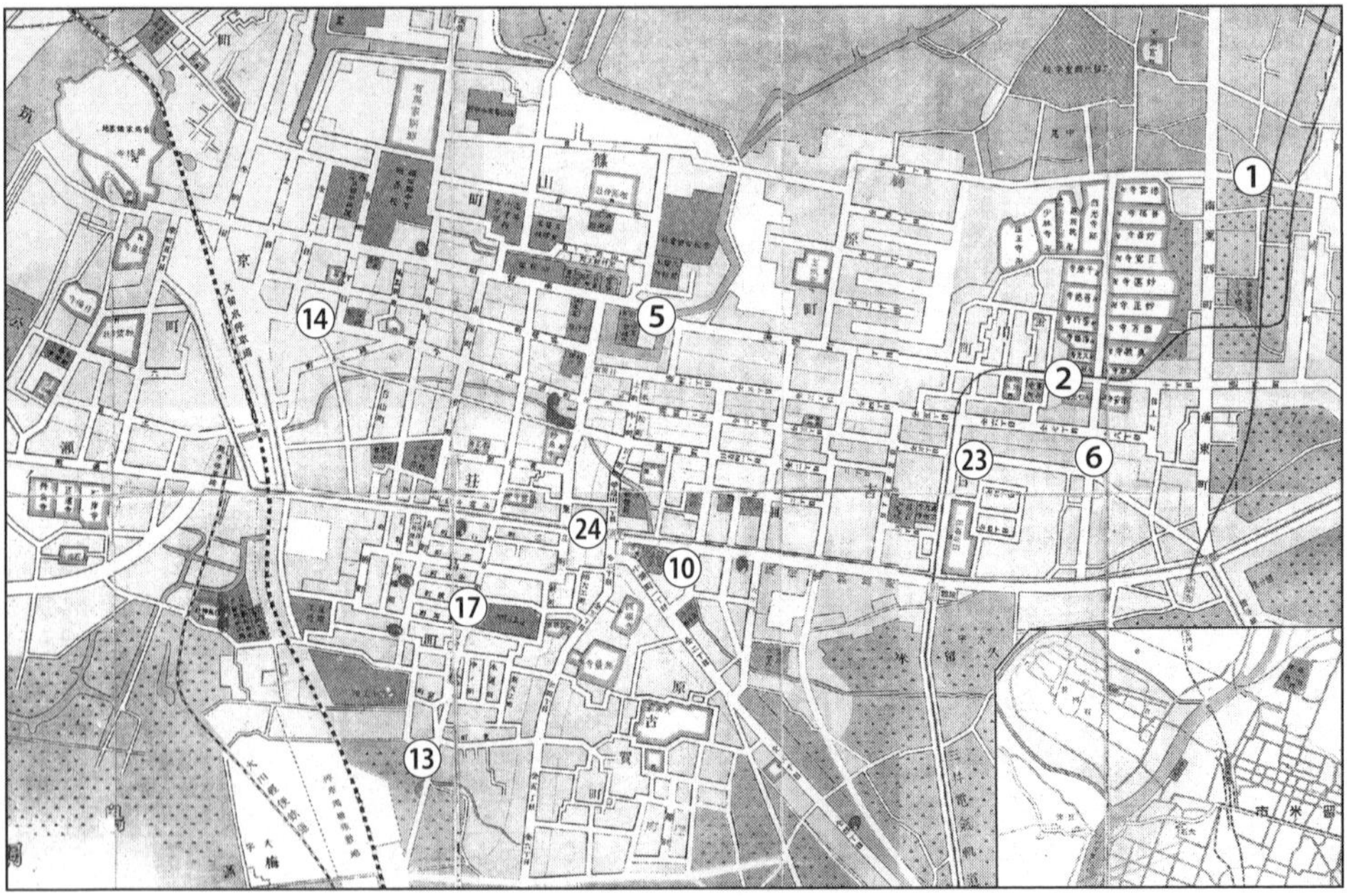

図31　実現した新設道路

「久留米市街図」(駸々堂旅行案内部，大正７年。一部拡大）に，本文中の丸数字（当該区域内のもの）を付した

⑰ 一 荘島町中竪丁ヲ改良シテ葛堺町ヨリ中ノ丁ニ開通シ同丁ヲ改良シ裏町ニ通ズル道路ヲ開鑿スル事

⑱ 一 原古賀町無量寺裏ヲ経テ苧扱川町四丁目ニ通ズル道路ヲ改良開鑿スル事

⑲ 一 苧扱川《〔おこんがわ〕》町参丁目ヨリ荘島町葛堺町ニ開通シ同丁ヲ改良シ三潴郡鳥飼村大石ニ通ズル道路ヲ開鑿スル事

⑳ 一 瀬ノ下町字通町行当リヨリ上浜ニ通ズル道路ヲ開鑿スル事

㉑ 一 通町七丁目ヲ貫通シテ蛍川町東小路ヲ改良シテ寺町正〔少〕林寺西横ニ通ズル道路ヲ開鑿スル事

㉒ 一 寺町遍照院前ヨリ櫛原町三丁目ニ通ズル道路ヲ開鑿スル事

㉓ 一 新町三丁目行当リヨリ日吉町三丁目ニ貫通シ同町新道ヲ改良シテ順光寺横ヲ経テ通町八丁目寺町行当リニ新設スル道路迄開鑿スル事

㉔ 一 苧扱川町壱丁目筋県道ヲ大分県ヨリ佐賀県ニ通ズル県道迄東測〔側〕ニ沿ヒ幅員ノ拡張ヲナス事

一 近接郡村ト協議ヲ遂ゲ新設陸軍第十八師団各

部隊及ヒ接続村落ニ連絡スル道路ノ改良開鑿ヲナス事

この数、市内では二十四カ所に及ぶ。まさに道路整備を軸とした市街地の大変革計画といえよう。この項は「将来之部」中の「八　交通機関ノ整備」であるが、その冒頭に「運輸交通ノ便否ハ商工業ノ盛衰消長ニ関ス故ニ本市ノ如ク商工業ヲ以テ成立セル市街ニ於テハ之カ便否ハ尤モ関係ヲ及ボス所尠ナカラズ然ルニ目下市内ノ道路ハ旧藩時代ヨリ其儘ノモノ多ク時世ノ変遷ト共ニ更正改良ヲ要スルモノ尠ナカラサルノミナラズ国県道路ノ改良開鑿ニ伴フ設備モ亦タ必要トスルモノアリ（略）」と説く。整備は、「旧藩時代ヨリ其儘」であった道路の紆余曲折を矯めること、さらに、国、県道路との接続などにより市街地内の道路事情を改善すること、そして「新設陸軍第十八師団各部隊及ヒ接続村落ニ連絡スル道路ノ改良開鑿」を目標としていた。

改めて整理すれば、①旧城下町の名残により不便となった道路事情の改善、②新設された大分・佐賀間の県道（現明治通り）、および国道11号（現3号）へ通ずる道路の整備による利便性の向上、③市街地と軍施設への連絡の確保、である。

これを以て久留米市の商工業発展を促すのである。

列挙された内容を見ても、旧来の城下町の姿を脱するほどの意欲的な計画である。第十八師団の誘致は、久留米市の市街地を大きく変貌させる要因となったのである。

さらに、この計画は「福岡日日新聞」にも翌年一月十九日に報道されている。さらに二月十一日には、「兵営附近の道路」の見出しで記事となるが、①特科隊より小頭町を経て通町、②小頭町から第四十八聯隊まで、③小頭町から師団司令部まで、④小頭町から苧扱川町七丁目まで、この四路線が本年度内に開通予定と報じている。整備計画の中では、やはり兵営に通ずる路線の完成が優先されている。同じく「福岡日日新聞」二月二十一日付で、「兵営に通ずる道路は入営前に於て開通する筈なりしも（略）通町五丁目より花畑に出て同所より八間屋輜重隊と野砲隊の中央に通ずる線」は樹木伐採に着手と報じている。

市街地の道路の整備はその後も続けられていくのだろうが、促進の契機となったのは、明治四十四（一九一一）年に久留米地域を中心に行われた陸軍特別大演習であった。軍の便宜を図るため、それ以上に天皇を迎えるために、道路の整備が行われた。この折の整備は、以下の四路線である。

① 久留米停車場から両替町、通町を通り同八丁目から国道へ

② 国道から筑後川へ十五丁

③ 国道より南方特科隊練兵場へ十一・二丁

④ 国道より東方工兵隊作業場へ二十丁

（「福岡日日新聞」明治四十四年九月二十三日による）

さらに、久留米市の懸案であった久留米停車場から東へ、今町方面への道路整備もこの時であった。

①の場合は八丁目からは一度北へ鉤の手に曲がり、再度東へ折れるという、江戸時代からの道路を直線化して国道へと繋ぐものであり、第十八師団設置時点から計画されていたものである。④は師団司令部前から直線的に工兵隊兵営と作業場の間を通り、工兵隊営門前から国分の歩兵連隊への道に繋ぐものである。「悉く新設」であると記されている。しかし、①・③については確かに新設なのであるが、②・④については、この時期の新設とは思えない。特に②の場合は、国道は既に開通していたのであるから。また、④については、陸地測量部「明治四十四年第一回修正測図」には見えない。地図作成とのタイムラグなのであろうか。今少し考究の余地がある。

この道路整備は「御道筋たるを免れざる」ため、つまり大演習中に天皇の通行が濃厚に予想されたからであった。停車場から東へはもちろん、行在所への道筋。さらに東、通町から国道へは、筑後川を挟んでの最後の戦闘の統監のための小森野御野立所への道路。練兵場は演習終了後の観兵式、工兵隊作業場は宴会場への道筋である。このため、①は市が設計したものを県が引き取って開削する（「福岡日日新聞」明治四十四年九月一日）など、県が深く関与した。

いずれにしても、この明治四十四年の時期の道路整備は特別大演習の実施と、それに伴う明治天皇を迎えるための事業であった。この時期の久留米市内の都市整備の有り様は第八章、特別大演習の項で詳述する。

道路整備と財政

道路整備には多額の予算が必要となる。県議会での質問にあるように、福岡県での道路整備は補助金方式であった。軍の要望に応えるため、佐賀県などは直接県費をもって道路を整備した。福岡県でもこれにならい積極的な道路整備が必要だと問うている。

「佐賀新聞」にも、道路整備に関する記事があるが、財源が課題だと報じている。

兵営と道路改修

愈々兵営設置の暁きには佐賀市より三本松の方に通する現在の三間道路は甚た狭きに失するを以て陸軍省に於ても之れが取り拡けの希望を有し亦該道路に沿ふて家屋を建築せんと希望し居る人民も其改修工事の決定せんことを期待し居る次第なるが仮りに現在の道路を改修して六間道路とするときは土地の買収費及工事費を合して一万円余の経費を要し県庁に於ても差当り其財源なく目下考案中なりと

（「佐賀新聞」明治四十年六月十九日）

福岡県では、補助金方式ではあるものの、三井郡の「里道更正費」を、師団のために「特例」として十分の七に割増の措置を講じている（「福岡日日新聞」明治四十年十一月十四日）。三井郡の歳出決算・予算、町村土木補助金の項を見てみると、明治三十八年度一六七八万七一九三円（決算）、三十九年度三六〇一万二二四二円（決算）、四十年度七六四七万三〇〇〇円（予算）と、歳出が急激に伸びている。この表の備考に「三十九年度以降増加セルハ災害土木費及里道開鑿費アルニヨル」と記している（『三井郡勢一斑』）。師団誘致に伴う道路整備費の増加であろう。四十年の県会での論議以前からすでに道路関係費は大幅に増加している。

さらに、当時の道路整備は受益者負担の下に行われていた。随分と後年の例ではあるが、昭和五（一九三〇）年、久留米市は「道路工事費受益者負担規定」を設けている（『久留米市誌 中編』）。これ以前から、道路の新設・整備については受益者、つまり計画道路に面した家の負担が前提となっていた。

「今までの道路開鑿はすべて沿線負担でやっていた。拠出金が集まってから市が若干の補助をしていたという具合であった」。『福岡県史 通史編近代 産業経済(二)』は「福岡日日新聞」を引用しこう述べている。これでは、市民の熱意、協力がなければ、道路の整備はなかなか進まなかったことであろう。久留米市内の例であるが、「市当局者は勿論関係各町に於ては自ら進んで其計画に取り掛り小頭町は両側人家の軒先を切りて道路の幅員を広めんとし苧扱川町に於ても亦両軒先を切」らねばならなかった。

このような協力があれば良いのだが、事はそう良いことだけでは済まない。道路用地買収に際して、価格への不満を持つ者も出てくるのは当然である。通町八丁目から国道への直線化は明治四十四年の特別大演習実施直前になって、やっと解決している（「福岡日日新聞」明治四十四年九月二日）。

さらに、久留米停車場前の道路開鑿はもつれにもつれた。最終的に有馬家家令有馬秀雄の仲介によって解決するのだが、この間の事情は次のように記されている。

久留米京町停車場より今町に達する道路開鑿は、明治四十四年陸軍特別大演習直前即ち同年十月の交なりき。初市会決定の線路に対し関係町に於て異議百出用地買収意の如くならず、為めに事業認定申請の為め書記小本哲を上京せしめ、内閣の認定を得已むを得ず収用法に拠り決行する外なきに至れり。市に於ては如何にもして予定の時期までに開通せしむる方針なりしも、此等非常の困難なる事情発生し、殆んど其目的を達する能はざる場合に遭遇せし際、伯爵有馬家より旧領地の縁故を以て特別の取扱あり、尠しく北方に線路を変更し尚ほ同家より変更線路と在来の道路との間に介在する土地を買収し、家屋を移転せしめ幅員拡張ありたる為め、幸に解決を告け予定の通り大演習前に開通を見るに到れり。

（『久留米市誌　中編』）

この停車場通りは、京町二丁目側の死活問題として買収を拒絶、「寺原県知事、原内務大臣に向って請願書を提出して飽くまで抗争」が行われた果ての有馬家の調停なのであった。通町道路についても土地買収価格で所有者との折り合いをつけるため、不足金を八カ町の協議費と寄附金でまかなうこととし、さらにその不足を市費で補わなければならなかった（「福岡日日新聞」明治四十四年九月二日）。

しかし、いかに「受益者」の負担を以てしても、久留米市にとって道路整備は重くのしかかることとなる。

久留米市にては道路委員の意見を聞き市参事会に於て拾弐条の道路を撰び改良開鑿の設計に着手し結了に至りしが其金額は七万円を超へ之に附帯する費用を加ふる時は八万円に近かるべしと云へり（略）

（「福岡日日新聞」明治四十一年四月十四日）

このような道路整備費に対し、明治四十二年度の久留米市予算は一八万二三二七円である（「福岡日日新聞」明治四十一年三月七日）。無論、新聞報道の八万円に上る道路整備費が単年度のものではないはずだが、久留米市にとって巨額の負担であったことには間違いない。この項の冒頭に述べたように、軍は各部隊や練兵場を繋ぐ道路を、その必要に応じ整備した。また、久留米市も、市街地と兵営とを連絡する道路を整備し、あるいは市街地の道路を改良した。県の道路整備補助も、師団のために「特例」をもって補助割合を増やした。しかし、道路は「受益者」である市民の負担とともに整備されていったことになる。

旧道が役割を終える

新しい道路が整備される一方、藩政期以来の旧道が兵営敷地となり、迂回・付け替えが行われることもあった。主な例は次の通りであるが、この時期に整備された道路に替わっていき、やがて幹線道路としての役目を終えていくこととなる。

坊津街道　小倉～薩摩坊の津を結ぶ街道であった。御井町から南進し上津を経て羽犬塚へ通じていた。歩兵第四十八聯隊北側に突当ることとなり、敷地東側へ迂回。

府　中　道　柳川から大善寺を経て御井町で坊津街道に交わる。十二軒屋で特科隊前の通りへ付け替え。

山中街道　久留米城下から星野を経て豊後へ通じる。騎兵隊北東の角で敷地沿いに付け替え。

日田街道　久留米城下から御井町府中宿を通り日田へ。工兵隊営門前から東に、御井町中心部への道が新設。大谷川沿いの該当区間は廃れる（廃止時期不明）。

3　諸都市施設の整備

これまで久留米地域の道路の整備状況を見てきた。道路の整備と相俟って軌道が整備され、市民の交通の利便性を高めることとなった。また、この時期には電話など新しい諸施設も整備されていく。これも、それぞれが無関係に設置されていくのではない。兵営の設置を契機として、さらに言えば軍の存在を原動力として、新設、拡充されていったと言える。久留米は近代的都市へと変貌していったのである。

（1）交通網の拡充

軌　道

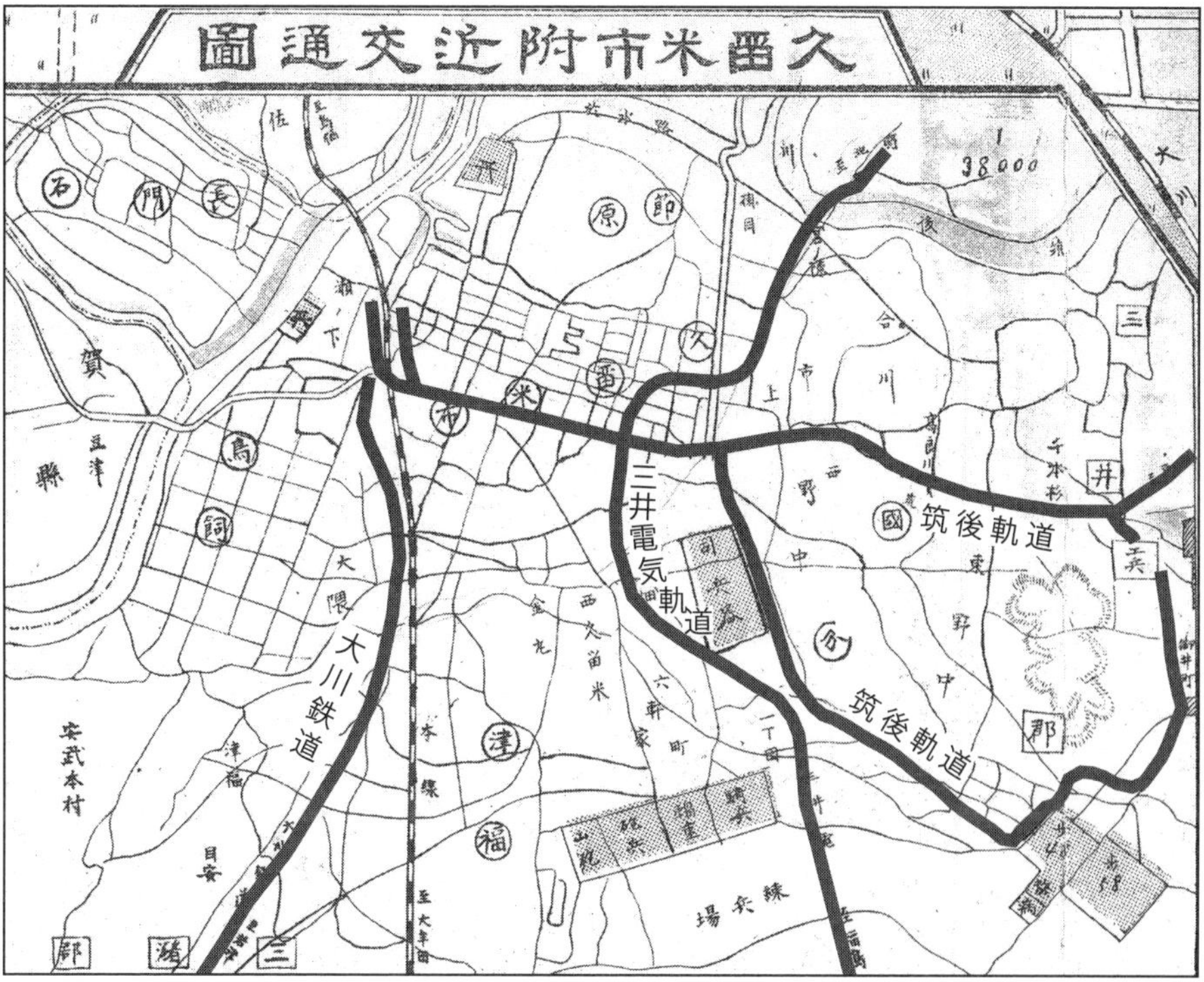

図32　久留米市域の軌道

「久留米市幷ニ附近地図」（久留米市篠山町帝国交通社，大正13年）中の「久留米市附近交通図」に，整備された軌道を太線で示し，名称を付した

この時期、久留米にも軌道が登場する。明治三十六（一九〇三）年十月、筑後馬車鉄道（後筑後軌道）が吉井—田主丸間で運行を開始した。その後、善導寺、上久留米（国道）と順次鉄路を延ばし、三十八年には縄手まで、翌年には九州鉄道久留米停車場に達し、久留米市街線ができることとなった。さらに四十二年には国道から一丁田、国分を通り、御井町から千本杉に出て本線と結ぶ支線が開通する。師団司令部、歩兵聯隊、工兵隊を念頭に置いたことは明らかであり、次のように述べられている。

> 筑後軌道株式会社
> （略）第十八師団の設置あり、故に国分村と久留米市との交通機関を一新せんが為め東久留米国道停留場より、国分村国分停留場に至る一哩五十一鎖余の支線を設け、明治四十二年三月一日開通し、（略）猶又大正二年五月二十四日、

国分支線を延長して、三井郡合川村千本杉停留場の幹線に接続し東久留米国道停留場と相俟って循環線を画し、以て運輸上の系統を利便ならしむ。（略）

（『久留米市勢一斑』）

この軌道の敷設こそ、道路が整備されていなければならない。前述のように、吉井方面から久留米へは、現在の国道210号、322号にあたる県道が明治三十五年に通じた。現国道から久留米停車場までの「明治通り」は明治三十八年である。筑後軌道の国分循環線は、まさしく兵営とを繋ぐ道路の整備がなされたことによる。

この筑後軌道は市民の足として親しまれていたが、昭和三（一九二八）年、国鉄久大西線の開通を機に廃止され、バスの時代となっていく。

また、明治四十年には、久留米の人によって、通町筋から小頭町を通り兵営前に至る自動車営業が出願されていたのに続き、九州鉄道停車場から明治通りを抜け御井町・山川村を経て吉井町に至る区間の二十人乗りの自動車営業が追加出願されたという（「福岡日日新聞」明治四十年六月四日）。

鉄　道

久留米市では、すでに明治二十二（一八八九）年には九州初めての鉄道である九州鉄道（現ＪＲ鹿児島本線）が開通していた。この年には筑後川北岸の千歳川停車場までであったが、翌年には筑後川架橋が成り、京町の久留米停車場まで乗り入れる。明治二十八年には熊本県松橋まで、さらに八代まで延伸する。これまで、物流の多くを筑後川に頼っていたこの地域にとって、軍誘致前に新たな動脈ができていたことになる。

道路事情が貧弱であった当時にあっては、軍にとって衛戍地に鉄道が敷設されていることが重要であった。戦時・平時を問わず、大量の兵員・物資の移動・輸送を必要としたからである。第十八師団設置に際して、鉄道の存在力が発揮される。師団の各部隊は兵営完成前に編成が始まっており、各地に分散していた。兵営完成を機に、各部隊は鉄道を利用して久留米へ移転して来る。この様子のいくつかを「福岡日日新聞」から拾えば、次のようである。

久留米師団兵輸送

新設久留米第十八師団開始に付来る十七日午前十時十分発軍用列車にて熊本より、十八日午前小倉及門司（第一師団騎兵）より十九、二十両日門司（第一師団騎兵）より各師団教練中の軍隊を久留米に向け輸送し又第一師団騎兵大尉青山玄氏は二十四名余の下士卒を従え両三日中門司着の上同地に向ひ下総国津田沼地方より三百八十二頭の軍馬を、門司発十七日午後五時半列車にて百十一頭、十八日同列車にて百十二頭、午前六時四十分及十時三十七分列車にて八十一頭、十九日午前五時半列車にて七十八頭を夫々久留米に向け輸送する筈なり

（「福岡日日新聞」明治四十一年二月十二日）

野砲隊の入米

久留米第十八師団野砲第廿四聯隊第一、第二二ヶ中隊は聯隊長矢嶋中佐之を率ひ昨十七日午後二時四十九分久留米着の列車にて熊本より久留米に着せり将校二十一人、下士卒二百五十九人、乗馬三頭にて下車の後通町筋に宿泊したるが同町五丁目国武絣店を以て連隊本部としたり尚同隊は本日を以て十二軒屋の新築兵営に入る筈（略）昨日野砲隊を迎へ本日以後数日に渉りて山砲隊、工兵隊、騎兵隊を迎へ輜重隊は兵舎工事の都合にて一ヶ月の後に於て之を迎ふべく（略）

（「福岡日日新聞」明治四十一年二月十八日）

第十八師団の各部隊は、明治四十一（一九〇八）年二月以降、次々と列車で久留米へ入ってきた。一部にしか記載されないが、概ね軍用列車を仕立てたのだろう。軍馬も列車であった。大砲などの兵器や諸物資についても同

列車番號	軍151	軍153	軍155	軍157	軍159	軍161	軍163	軍167	軍169	軍171	軍175	軍179	軍181	軍183	軍185	軍187	軍189	軍191
荒木 發	11 30	1 00	2 12	3 05	4 14	5 18	6 40	8 36	10 20	10 34	12 50	3 10	3 40	5 17	6 26	8 00	8 40	10 20
久留米	11 42 11 44	1 12 1 15	2 24 2 25	3 17 3 26	4 26 4 30	5 30 5 10	6 52 6 51	8 48 9 00	10 32 10 34	10 46 10 55	1 02 1 11	3 22 3 26	3 52 3 54	5 29 5 30	6 38 9 40	8 12 8 14	8 52 9 00	10 32 10 40
鳥栖	12 00 12 33	1 31 2 10	2 42 2 50	3 42 4 00	4 46 5 10	5 56 6 13	7 10 7 35	9 16 10 25	10 50 11 45	11 11 12 26	1 27 2 00	3 42 4 30	4 10 5 13	5 46 6 00	6 56 7 38	8 30 8 55	9 16 10 15	10 56 11 15
佐賀	1 31 1 33	3 11 3 15	3 48 3 52	5 24 5 28	6 08 6 20	7 10 7 18	8 33 8 42	11 22 11 26	12 43 12 48	1 24 1 36	3 27 3 36	5 28 5 32	6 14 6 30	7 18 7 36	8 35 8 52	9 53 10 05	11 23 11 31	12 13 12 18
武雄	2 44 2 48	4 30 4 45	5 03 5 32	6 30 6 43	7 30 7 45	8 34 8 38	9 52 10 05	12 38 12 53	2 14 2 53	3 22 3 26	4 49 5 09	7 03 7 16	7 49 7 53	9 12 9 24	10 31 10 52	11 10 11 55	12 43 12 47	1 31 1 36
早岐	4 38 4 49	6 03 6 35	7 11 7 40	8 22 8 45	9 08 9 25	9 55 10 30	11 22 11 45	2 31 2 50	4 07 4 20	4 50 5 40	6 26 7 10	8 32 8 57	9 13 9 36	10 42 10 53	12 37 12 50	1 22 1 34	2 22 2 45	3 12 3 27
大村	6 35 6 56	8 11 8 27	9 26 9 28	10 11 10 30	10 51 11 02	12 06 12 28	1 24 2 20	4 46 5 56	6 03 6 27	7 20 7 29	9 09 9 31	10 24 11 04	11 09 11 34	12 21 12 54	2 22 2 26	2 50 3 28	4 11 4 30	4 51 5 55
諫早	7 26 8 00	8 57 9 00	9 58 10 28	11 00 11 04	11 32 11 40	12 58 1 23	2 50 3 11	6 26 6 45	6 57 7 20	7 59 8 20	10 01 10 16	11 33 11 37	12 04 12 30	1 24 1 40	2 56 3 09	3 58 4 11	5 00 5 50	6 25 6 40
大草	8 41 9 05	9 41 9 42	11 00 11 02	11 37 11 52	12 26 12 50	1 54 1 50	3 42 3 43	7 10 7 21	7 53 7 54	8 52 9 21	10 18 10 50	12 08 12 09	1 01 1 08	2 11 2 12	3 43 3 44	4 43 4 45	6 25 7 09	7 19 8 07
長崎 着	10 07	10 44	12 22	12 58	1 54	3 02	4 44	8 25	8 56	10 23	11 52	1 13	2 18	3 14	4 48	5 47	8 13	9 09

長崎線

備考
一、發着時刻ヲ示ス分ノ數字ノ下方ニ横線ヲ附セルモノハ午後六時ヨリ翌日午前五時五十九分ニ至ルマテノ夜間ノ時刻ヲ示ス
二、各停車場（大草ヲ除ク）ニハ湯茶飲馬水ヲ準備シアルモノトス

図33　特別軍用列車発着時刻表
（『陸軍省大日記』欧受大日記〔アジア歴史資料センター／原本所蔵：防衛省防衛研究所〕より）

様に鉄道輸送であったことだろう。

それ以上に、軍の出征ともなれば、さらに鉄道による輸送が大規模となる。大正三（一九一四）年、第一次大戦に伴う中国青島への久留米第十八師団の出征にあたっては、「内地鉄道戦時運行」が実施され、特別軍用列車が仕立てられている。久留米からは、後述の荒木駅を出発し、昼夜を問わず運行されている。途中、各停車場では「湯茶飲馬水」が準備されており、十時間半ほどをかけて長崎へ達する（『陸軍省大日記』欧受大日記）。実際に青島へ出征した騎兵中尉の記録がある。

〔大正三年〕八月二十五日。今日は久留米を去る日である。

午前二時第一中隊の半部を先頭として六回に分かれて逐次長崎に向ふ。

（略）

荒木停車場に向ふ。

停車場は久留米の市街を南へ距ること一里の処に在るので、沿道は家影疎らな農村ばかりである。而も村民は老若男女の差別なく、雨を突き風を冒し、挙つて出て見送ってくれた。

（略）

停車場に着くと、其処には遠近の小学校生徒が見送りの為に集つて居た。

（略）

午後三時発の列車で出発しようとするのは、聯隊本部と第二中隊の二小隊と歩兵第四十八聯隊機関銃隊の駄馬とで、人馬各々百十余、車両十余。（略）（『蹄響』）

軍隊の輸送以外の一般の鉄道利用については、乗降客、取扱い荷物の増加が既に指摘されている。その増加の有り様を『久留米市勢一斑』から抜粋引用し、歩兵第四十八聯隊設置前後、第十八師団設置後を比較すれば、表8の通りとなる。

明治二十六年度と四十三年度を対比すれば、旅客で二・八倍、小荷物で一二・七倍、貨物で四・五倍の増加となり、貨物類の増加が顕著である。また、同書には大正元年度・二年度・三年度の到着貨物表を掲げているが、備考に「石炭の逐年増加は二年度に於ては師団各部隊炊事場蒸気機完備せると其他市内つちや足袋黒岩鉄工場精米所などの燃料（略）」によるものと記している。

また、明治四十年には師団設置に伴い、「建築資材の木材・竹材・煉瓦・石材などが輸入され」着荷が増大している（『久留米市史　第3巻』）。なお、九州鉄道は明治三十九（一九〇六）年の鉄道国有法により、明治四十年七月一日に全線を政府に引渡し、国有鉄道となっている。さらに、駅の拡充も促した。久留米停車場は明治四十四（一九一一）年の陸軍大演習に際して拡張された。

久留米駅

本建物は、明治四十四年十月改築したるものにて、以前の建築は開通当時のものにて規模狭小にして、旅客貨物の集散に多大の不便ありしのみならず、九州有数の商工業地に

表8　久留米の軍隊以外の一般の鉄道利用

年　度	旅客人員（人）	小荷物数量（斤）	貨物数量（頓）
明治26年	163,599	19,045	11,924
34年	307,839	68,828	23,945
43年	465,520	241,920	53,582

（『久留米市勢一斑』〔大正４年〕より改変作成）

して、師団各部隊の屯営地たる久留米の停車場としては、甚だ貧弱の嫌ありしを以て屢々改築を企てしが機到らず、空しく二十余年を経たるが、明治四十四年九州に於ける特別大演習が当市を中心として挙行せらるゝに方り、全部改築に決し更に其区域を拡張して殆ど往時の二倍となし其総工費三十五万円を要したりといふ。これと同時に駅前道路の改修行はれこゝに始て久留米の大玄関としての要素を具備するに至れり。

（『久留米市誌　中編』）

「福岡日日新聞（明治四十四年十月十九日）」もまた、「（略）以前に見た旧式な狭隘な久留米停車場は今や大いに拡張された新式な構内の設備建築と変って、跨線橋の残った工事が急がれつゝある（略）」と報じている。駅は一新したのである。

図34　九州鉄道久留米停車場

南方面からの撮影で，客待ちの人力車が並ぶ
（『筑後名鑑　久留米市之巻』大正11年）

ところで、久留米駅は「屢々改築を企てしが機到らず、空しく二十余年を経たる」とある。私鉄九州鉄道時代、明治三十八（一九〇五）年には、同社は久留米駅改築を逓信省に申請し、陸軍省もこれに同意までしている（『陸軍省大日記』壱大日記）。だが、この時期実現はしなかった。日露戦争を経て、軍としても輸送量の増大と、その重要性から、国内の私鉄国有化を強く主張していた。この明治三十八年の久留米駅拡張が実現しなかったのは、翌年の鉄道国有化を控えた時期だったからであろうか。結果、久留米駅は陸軍特別大演習に際して改築されることとなった。

荒木駅もまた新設されることとなった。

白口停車場の内定説

九鉄久留米、羽犬塚両駅間の距離遠きが上に其間に於ける貨物は東に八女郡広川筋あり西は三潴北半部就中城島の貨物ありて別に一停車場の必要ある事は一般の疾くより認めたる所なるが其位置は之を下広川の一条に擬し或は荒木村の荒木と云ひ其噂とり〲なりしが或る確なる筋より聞く所に依れば鉄道庁にては荒木村地内白口と内定し不日之を発表して設置に着手すべしとなり白口の地は第十八師団特科隊より直線の道路を開通する時は久留米停車場に至るの半距離位に過ぎず自然同停車場を以て軍隊昇降の停車場となし久留米停車場の拡張は後廻しとなるやも計られざるべしと

（「福岡日日新聞」明治四十一年七月二日）

荒木駅の開業は明治四十三（一九一〇）年である。記事には師団特科隊の利用の利便性が述べられている。実際に先の引用のように、青島へ出征の際に騎兵隊などが荒木駅を利用している。また、この折、「鉄道輸送ニ関スル停車場設備補足工事」が行われている。工事予算表を見れば、八日間の工事であるが、「土工」、「軌道」、「乗降場」の区分があり、おそらく多数の兵員、器材輸送に対応するため簡易的な設備拡張が行われたのであろう（『陸軍省大日記』欧受大日記）。戦争が激しくなると、軍の出動を秘匿する上でも利用されていたという。後のことであるが、昭和九（一九三四）年に全通した久大本線の南久留米駅も同じように軍の利用が考慮されていたという。

(2) 通信

我が国の近代的な郵便、電信制度の確立の中で、久留米には明治五（一八七二）年に、郵便局の前身である郵便取扱所が設けられる。電信線が久留米に入るのは明治八（一八七五）年のことで、この年に久留米電信分局が開設された。この二つは、明治二十（一八八七）年、官制の公布によって合併し久留米郵便電信局となる。通信は軍事上重要であることは言うまでもない。明治九年の熊本神風連の乱、翌年の西南戦争の際には、この電信が活躍

する。

郵便局の設置

軍は兵営設置にあたって、兵営付近に郵便局の設置を求めた。

送甲第一七九九号ヲ以テ陸軍常備団隊設置ノ各部所在地ニ郵便電信局開設方等之件御照会之趣了承右ハ可成御来意ニ応スヘキ見込ヲ以テ計画可致此段及御回答候也

明治三十年七月六日

逓信大臣　子爵　野村靖 印

陸軍大臣　子爵　髙島鞆之助　殿

（『陸軍省大日記』壱大日記）

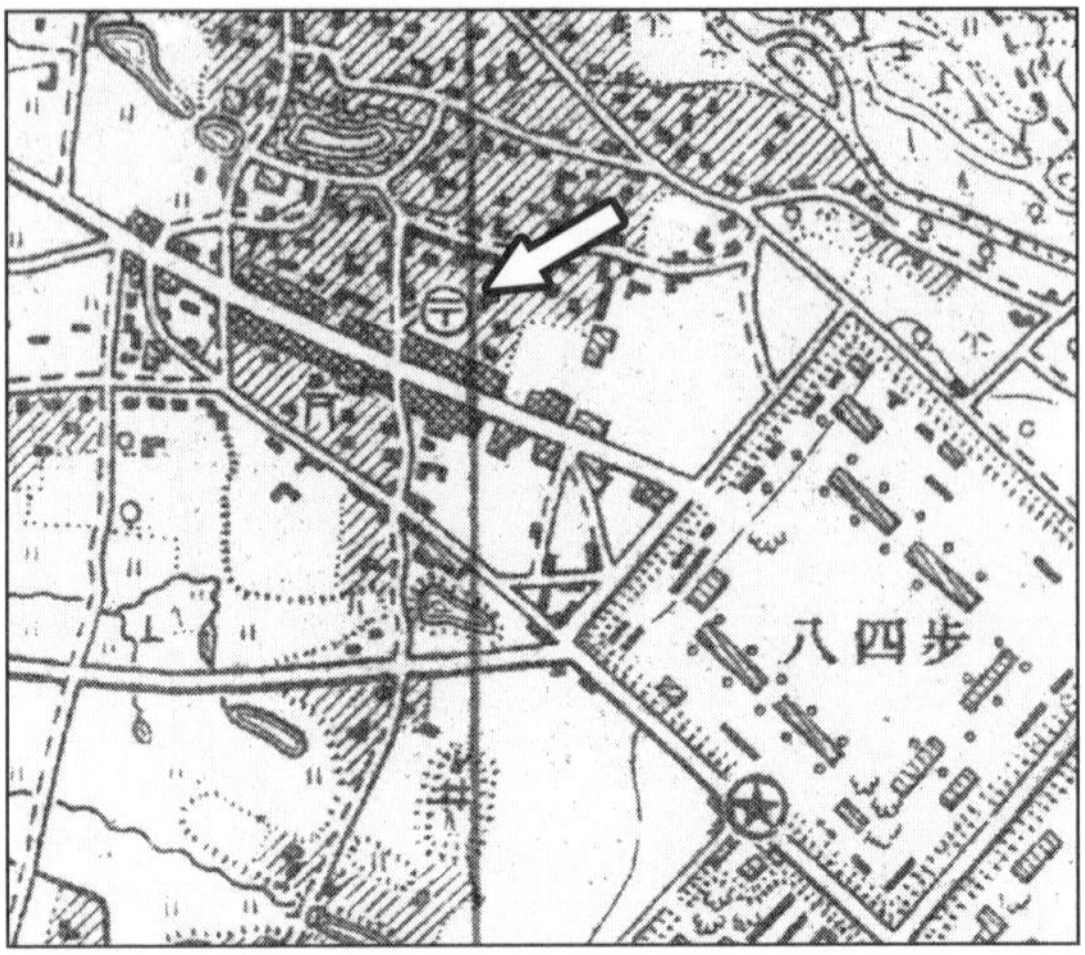

図35　国分郵便局

現在も同じ場所に在る（矢印で示した）
（「久留米附近演習用図」陸地測量部，昭和６年）

兵営近辺の郵便局を見てみよう。国分郵便局は明治三十一（一八九八）年二月、花畑郵便局が明治四十一（一九〇八）年に創立する（『久留米市編入当時の国分町　全』）。前者は歩兵四十八聯隊営門前の商店街、後者は、特科隊と国分兵営との分岐にある。諏訪野町郵便局は師団司令部の真向かい（「久留米市諏訪野町〝今昔〟」中挿図（『久留米郷土研究会誌　第30号』に引用））にあり、昭和三十七年の住宅地図には、特科隊前の通りに「鞍内郵便局」が見える。この両者の設置時期は不明であるが、前掲の引用資料に見るように、陸軍省からの要請の一環であると考慮できよう。なお、御井町郵便局は、工兵隊設置以前、明治六（一八七三）年に郵便取扱所として開設され、明治四十三（一九一〇）年には電信事務取り扱いを始めている（『御井町合併記念誌附郷土誌』）。ただし、兵営設置にあたって、陸軍が開設を求めたのは官設の二等局である。

ところで、福岡県では明治十九（一八八六）年に警察署と分署派出所とその管轄を定めた（『福岡県警察史 明治大正編』）。これによれば、明治十九年九月一日福岡県告示第一号により、久留米警察署には、松崎分署と山川派出所・草野派出所が置かれている。「国分巡査駐在所」は明治三十四（一九〇一）年（『久留米市編入当時の国分町 全』）、「御井町警察官派出所」は明治三十年の設置であり、第四十八聯隊関連記事として扱われている。

三井郡御井町に久留米警察署派出所を設くることとし建築中なりしが略ぼ落成せしを以て来る八月一日より移転する由

（「福岡日日新聞」明治三十年七月二十一日）

御井町では現在、西鉄御井町バス停に隣接し交番があるが、それ以前は御井町を南北に通ずる道路に面して駐在所があった。だが、昭和三十年代の住宅地図を見れば、元工兵隊の営門から僅かに東の場所に見える。国分は現在、旧四十八聯隊営門前の商店街の一画にある。『ふるさとの川――高良川・筒川・池町川・金丸川ほか』には「昭和19～20年頃の記憶（思い出すまま!! H9・10・15）作成：上野茂喜」という挿図がある。これには諏訪野町郵便局の北側の道をわずかに東へ入った所に、「巡査派出所」と「消防署」が描かれている。いずれも、設置後の移動も考えられるので、兵営設置当時からの関係は確たるものとは言えないものがあるが、設置された時期と場所からすれば、警察官派出所も兵営の設置と連動していたと推測する。

電話の開設

『久留米市史 第3巻』に拠れば、「久留米で、電話交換業務が開始された明治四十（一九〇七）年ごろの加入者数は一八九にすぎなかった」とある。今一つ、久留米市の電話架設の経緯は『久留米商工史』に「八年がかりの電話架設」の項を設けて詳述している。略記すれば次のようになる。

明治三十六年、久留米郵便局内に市外通話の「電話所」が開設された。呼び出し電話方式によるものである。明治三十三年には商工会議所が、「久留米市は（略）旅団司令部も設置せられたる今日なるを以て商業上なり軍事上なり、電話架設の必要あるに依り、至急架設あり度旨逓信、農商務、大蔵の三大臣に建議する事」を議案可決した。

当時の電話架設方法は、主要都市を対象に政府負担で架設する「普通電話」と、加入者による負担の「特設電話」の方式とがあったが、「久留米市は都市の大きさからいって、ちょうど両者のボーダー・ラインにあったため」架設が遅れていたという。その後、特設電話か普通電話のどちらを選択するのかも含め運動が展開された。結局、明治三十九（一九〇六）年に架設数不足分の設備費を官へ寄附することによって、普通電話として架設されることとなった。八年を費やしたというのである。

この間、商業会議所建議にも「旅団司令部をも設置せられたる今日なるを以て商業上なり軍事上なり電話架設の必要ある」という文言があり、軍の衛戍地であることを当局に意識させようとしている。

次の資料がある。

久留米市ニ特設電話開始ノ件

管下久留米屯在ノ歩兵第二十四旅団留守部隊ハ物資ノ唯一供給地タル久留米ヲ距ル里余ニ遠隔シアルニ拘ラス該市ニハ未タ電話ノ架設無之為メニ従来不便尠少ナラサリシ処昨年時局ノ発展以来益々之カ痛痒ヲ感シ殊ニ俘虜収容所ノ設置ニ随ヒ一層其感ヲ増大ナラシメ候折柄今回該市ニハ自費ヲ以テ特設電話架設ノ儀逓信大臣ヘ請願候由該電話ニシテ完成ノ暁ニ至レハ久留米部隊ハ勿論当部ニ於テモ頗ル有益ノ事ト信シ居候然ルニ逓信省ニ於テハ特殊ノ理由アルニアラサレハ出願ノ順序ヲ以テ之ヲ許可スルノ方針ニ有之候由ニテ目下熊本

郵便局管内ノミニテモ現ニ出願中ノモノ数件有之徒ニ之カ順次ヲ相俟ツトキハ時局上空シク好期ヲ逸スルノ虞有之候為メ今回留守歩兵第二十四旅団長ヨリ別紙ヲ添ヘ出願ノ次第モ有之該市ノ如キハ所謂時局上特殊ノ理由有之モノト被存候ヘハ逓信大臣ヘ急速架設許可ノ儀御交渉有之様致度別紙相添ヘ此段具申候也

明治三十八年八月十日

留守第六師団長　岡村静彦 印

（『陸軍省大日記』肆大日記）

今般拙者共外百四拾参名別紙之通リ自費ヲ以テ特設電話開始方逓信大臣ヘ請願仕候処貴旅団ニ於テハ平時ニ在リテモ物品需給其ノ他用務御処弁上久留米市民トノ通話御必要ナルノミナラス特ニ目下戦時ニ在リテハ軍事上及ヒ収容俘虜ニ関スル用務上久留米市内ハ勿論熊本第六師団及福岡県庁等トノ通話緊急御必要ノ事ト奉恐察候ニ就テハ何卒御賛同ヲ表セラレ陸軍省ヨリ逓信省ヘ御交渉ノ上右請願至急許可相成様其ノ筋ヘ御上申相成度此段奉願候也

明治三十八年八月十一日

久留米市特設電話加入者百四拾参名総代

久留米商業会議所

会頭　三谷有信 印

仝

久留米市長代理

助役　恵利千次郎 印

留守第廿四旅団長　陸軍大佐　湯池弘　殿

特設電話架設ノ義ニ付御許可願

当久留米市ハ人口三万五千戸数五千余ヲ有スル筑後第一ノ都会ニシテ（略）

明治三十八年八月　日

久留米市特設電話加入者百六十　名

総代　久留米商業会議所会頭　三谷有信

久留米市長代理　　助役　恵利千次郎

逓信大臣　大浦兼武　殿

（同前）

この資料を読めば、要は久留米市は、長年の悲願であった電話の開設を、軍の力を借りて行おうとしたのである。日付の前後はあるが、①久留米市は早急に電話開設を望み、国分に在る第二十四旅団に賛同を求めた。旅団を管轄する熊本第六師団にも協力を求めた。②軍としても必要であったために、陸軍からも逓信省へ電話架設の交渉を行った。③当然、久留米商業会議所、久留米市の連名で、久留米市の人口、産業の概要を述べ、軍への物資供給の円滑化と時局柄を添えて逓信大臣への請願を行っている。以上が筋書きである。話は少しそれるが、旅団、師団も頭に「留守」が付いている。まだ日露戦争中であるので、兵営地に残るのはそれぞれ補充などの後方事務を行う部隊のことである。

資料中「時局」、「戦時」、また当時久留米に設けられたロシア兵の「収容俘虜」の文言をちりばめ、「特殊」の事情を訴えている。「八年がかりの電話架設」は軍とタッグを組むことによって成就したのである。これもまた、軍の恩恵であろう。ただし、実際に電話が開通したのは、「時局」も「戦時」も「収容俘虜」も解消した後であった。

(3) 電灯の設置

電灯の普及は一般の市民生活にとっても比重が大きい。

久留米市内に電灯が灯ったのは(発電機によるものは別として)、明治四十(一九〇七)年七月七日である。これもまた、第十八師団設置と軌を一にしている。久留米市では明治三十年に、久留米電灯株式会社の設立計画があったが頓挫。新たに明治三十七(一九〇四)年に会社設立の許可申請がなされ翌年に開業した。電力は日田水力電気株式会社から供給を受けたのであった。ところが、久留米電灯会社設立後半年にして、電力の供給不足が危ぶまれるようになり、久留米地域に電力供給の先願をしていた佐賀の広滝水力電気株式会社と提携することとなった。このため、広滝水電は梅満・白山・津福・国分方面に供給し、その他地域と師団関係は日田水電の供給を受けることとなった。

三電灯の連合給灯

久留米第十八師団舎内点灯の為め同師団は久留米電灯株式会社に対し其供給を指定せんとするや佐賀の広滝水力電気株式会社は価を廉にして其需要に応ぜん事を申込み日田水力電気株式会社又来りて師団に対し広電よりも尚一層価を廉にして供給の事を申込み師団の点灯に対し広電日電は暗に競争の気味を顕はし又両電は久電を動かして各其電力を供給せんとしたり(略)師団点灯は当分六百灯にして完成後は千四百灯に増灯する見込み(略)

(「福岡日日新聞」明治四十一年二月九日)

第十八師団の点灯

久留米十八師団全部の点灯は日田水電に於て請負を為したるが如く記せしが同点灯は久留米電灯会社にて之

を請負ひ其電力を日電より供給するの契約にて師団電灯取付けに就ては師団より若干の費用補助し随て電灯料を引下ぐる筈（略）

（「福岡日日新聞」明治四十一年二月十三日）

佐賀広滝水力電気株式会社は久留米電灯の電力を供給し且営所附近の電灯を経営する

（同前）

日田水電、広滝水電両社にとって、師団という大口の消費者を抱えた、久留米という消費地の争奪であった。

図36　御井町に設けられた久留米市水道浄水場
撮影時期不詳
（『目で見る久留米の歴史』昭和54年）

(4) 水道の敷設

久留米市による水道の敷設はずっと遅れ、完成は昭和五（一九三〇）年を待たなければならない。久留米市は用水のすべてを井戸水に依っており、『久留米市誌 中編』には「衛生、防火並に市の発展上、上水道設備の完成を熱望」しており、水道敷設は「本市空前の大事業」であったという。

計画は大正十二（一九二三）年に「水道調査課」を置くことに始まり、完成までに七年の歳月を要している。当初計画では、給水区域・人口は「本市全部と三井郡御井町（浄水場が設けられ、工兵隊兵営が置かれていた）の一部及陸軍諸部隊とす。而して其設計人口は十万人」であった。しかし、実際に「在久師団各部隊へ分水給水を開始」したのは、昭和十（一九三五）年十二月であった（『続久留米市誌 上巻』）。この昭和十年の軍施設への久留米市水道の給水にあたっては、軍用水道を、久留米市が無償貸与を受け接続することで実現している。

久留米市の水道敷設までの間、軍は国分の湧水に頼ることとした。まず、明治三十（一八九七）年の歩兵第四十

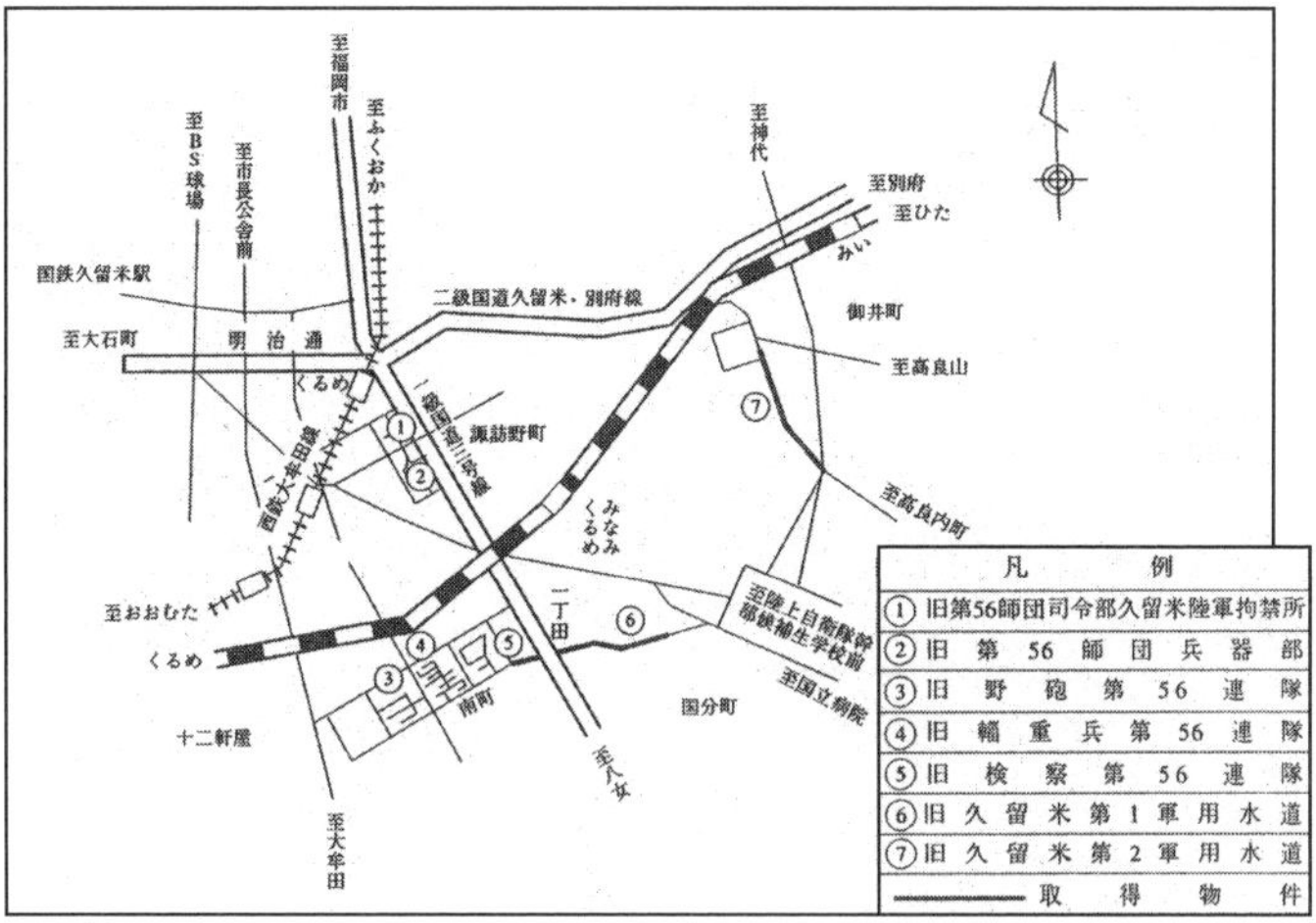

図37　軍用水道水源施設（『久留米市史 第11巻』平成8年）

八聯隊は国分に設置されたので、湧水利用にはさしたる問題は無かったのであるが、第十八師団設置に際しては、国分の湧水から特科隊などへ軍用水道を敷設しなければならなかった。特科隊用地は水質が不良であったためである。明治四十二（一九〇九）年、水源地買収の上、軍用水道を敷設することとなる。さらに翌年にはこの水源地を拡張している。

明治四十二年五月十七日
　臨時陸軍建築部本部長　男爵　石本新六 印
陸軍大臣　子爵　寺内正毅　殿
　久留米軍用水道工事実施ノ義ニ付伺
新設久留米特科隊用水ノ義ハ種々試験ノ結果水質不良ニシテ飲料其他ニ供給難相成就テハ三井郡国分村日渡附近ニ於テ湧水地アリ之ヲ利用シ水源地ト為シ導水スルノ外手段無之（略）
（『陸軍省大日記』参大日記）

この軍用水道は第一軍用水道と第二軍用水道の二つに分かれる。第一軍用水道は、特科隊方面へ供給するものであり、第二軍用水道は御井町の工兵隊へのものであった。この軍用水道は、水源地から第四十八聯隊敷地北側にポンプを設け、高良川南岸の隈山の貯配水施設までポンプアップし、ここから各部隊に供給する仕組みであった。久留米市の水道開設以降は「この軍用水道は非常用として確保され」ていたという（『久留米市史 第11巻』）。また、戦後はこの軍用水道の配水管は久留米市が国から無償取得し、水源地は昭和三十六（一九六一）年、自衛隊が使用することとなった。

では、軍用水道が稼働するまではどうしたのか。井戸に頼っている。工兵第十八大隊では井戸水が枯渇したため、風呂を御井町の銭湯に通うこととなっている。

4　発展とは何だったのか

これまで、軍隊の誘致によって久留米がどのような恩恵を被ってきたか、どのような変化があったのかを見てきた。それは、これまで種々記述されてきたように、「発展」という言葉でくくれるものではあった。ここで、これまでに述べてきた「発展」を、各項目に沿いながら改めてまとめてみる。

1　消費経済の拡大と人口の増加

軍隊が入ることによって、新たな、且つ大量の消費活動が生まれた。地元の「商人」の内には、軍への物品の納入を行う「軍御用達」となるなど商業活動が活発化し、商店も繁栄した。しかし、一方では、軍による経済活動の活発化は他との競争を生み、久留米の事業者はこの競争の中に組み込まれることとなった。軍が入ること、それは外部からの人・物・情報など各種の急速な流入を促す。旧来の久留米という一地域だけで事が済む時代ではなくなったのである。

2　兵営前の都市化。国分町の発展

兵営は久留米市街地ではなく、隣接の国分村や御井町に設置された。このことで兵営付近の状況を変えることになった。特に歩兵営前となった、国分村、東国分の地は一挙に「町」へと変貌をとげた。特科隊の営門前の通りもまた、家屋の新築が行われ、「近き将来に於て新市街を形成するに至らん勢」を生む。これは職業構成の変化をも生む。農業人口が減り、商業従事者が増加する。久留米市にあっても給与所得者と、その所得が増加した。

3　道路の開削、整備

兵営が設置されると、それに前後して道路の整備が行われた。大規模であり、久留米では江戸時代の有馬氏入城後の城下町の建設に次ぐ規模と言って過言ではない。この道路の整備は、①兵営を繋ぐ道路整備、②市街地内の道路整備、この二つに分けられる。

① 兵営を繋ぐ道路

2で述べたように兵営は市街地から離れて設置されたため、市街地と兵営とを繋ぐ道路が必要となった。また、師団設置にあたっては、各兵営や練兵場と連絡する道路も必要となった。いずれも軍の移動のため一定の幅員が求められた。このことによって、この道路は今も地域の骨格的な道路となっている。

② 市街地内の道路

①に合わせて、久留米市街地内の道路が整備されていったのだが、多くは軍の誘致を契機として整備された。分類すれば、まず、「馬鉄通り」後に「明治通り」と改称される道路に代表される、市街地の新たな骨格道路が整備されたこと、次に、狭小、屈曲、行き止まりの多かった、城下町そのままの道路の改良、この二つに分けられる。いくつかの道路整備には軍への連絡の利便性を掲げている。確かに、①で述べた道路への連結のための道路が整備されている。しかし、これも含めて、城下町の旧然たる道路事情の克服という性格でくることができよう。

4　諸施設の設置

明治三十年から四十年にかけての兵営が設置されていった時期、幾つもの近代的な都市インフラが整備される。これもまた、軍、兵営が設置されたことによって、それを契機として、また原動力として整備されたとまとめることができる。これまで、それぞれの都市設備の設置については個々に記述されてはいる。しかし、これもまた、軍の誘致と関連して考え直さねばならない。これはまた、兵営前の郵便局のように軍自らが設置を強く求めたもの、電話開設のように久留米市として懸案であったものが軍が存在することによって設置し得たものとに分けられる。

5　都市の拡大

各兵営前は〝門前町〟と言えるような発展を迎える。国分村が顕著であったが、特科隊付近も同様である。

久留米特科隊前の近状

（略）特科隊の新設前迄は朝妻と云ひ八軒屋と云ひ将十二軒屋と云ひて櫨樹畑と原野の間に点々人家を認むるのみにて婦人小児は昼間さへ通行を難んずる寂寞の地たりしが今や俄然雑踏の巷と変じ隊前の沿道には家屋の新築日々に多く近き将来に於て新市街を形成するに至らん勢あり（略）

（「福岡日日新聞」明治四十一年二月二十三日）

師団司令部前も同様である。「税務署〔師団司令部跡〕の真向いに諏訪神社の鳥居があり、その並びには、小川医院の院長さんの父上、小川宗《たかし》さんの特定郵便局諏訪野町郵便局があり、正面の入口右には多田印刷所、左には福田さんの酒、たばこ屋、中島さん経営の飲食店（松葉屋）、司令部勤めの将校兵士の客でにぎわっていた。

小料理だけではなく、師団関係の将校への貸家も、兵器部衛門の入口の東側や真向いに建った」(「久留米市諏訪野町〝今昔〟」)。

前後の文章内容から昭和十年前後の思い出と推測される。

兵営と久留米市街地は道路で直結されている。兵営前の「新市街」の形成は、そのまま久留米市街の拡大である。市街地の拡大は、さらに市域の拡大へと向かう。

久留米市は、その設立当初から市域の狭小さが課題となっていた。この「軍都」化の時期、この問題の解消、すなわち近隣町村との合併が動きだす。久留米市は明治四十年編纂の『福岡県久留米市是』で、「将来之部」に「市区域ノ拡張」の項を設けて次のように述べている。

殖産興業ヲ振起シ市民ノ富力ヲ増進シ本市ノ繁栄ヲ企図シ又諸種ノ設備ヲナサントスルモ本市ノ如ク区域狭隘ノ市街ニ於テハ之カ設備ヲナスヘキ余地尠ナク為メニ隣接村落ニ幾多ノ工場アリ現ニ市立学校ノ如キモ市外ニ設立シアリ之レ区域狭隘ノ実態ヲ現出シタルモノニシテ将来社会ノ進歩ト共ニ事業発展ノ場合ハ如何ニシテ右等ノ設備ヲナサントスル哉之レ市区域拡張ヲ要スル所以ナリ而シテ隣接村落ニハ市ト櫛歯聯櫓恰モ市内ト同一ノ状態ヲナス所アリ其他将来市街トスヘキ見込ノケ所モ亦タ多々アルヘシ此際宜シク隣村ト合併ノ事ヲ協定シ速ニ市区ノ拡張アラン事ヲ希望ス

また、「筑後新聞」(明治四十年九月八日)では、「其〔各兵営に通ずる道路〕落成と同時に市内とは最も密接の関係を生じ市部、郡部と相離るべからざるに至るべければ此際当市は大規模の拡張を実行し三井郡中四五の町村を同市に編入するを以て得策とすとの意見一致し居るが如く目下当市と三井郡当局者間に於て交渉中なるにや聞けば早晩事実となりて現はるべく其上には人口の多数を激増して市の面目を一新するに至るべし」と報じている。

図38　現在の篠山神社

兼ねてからの課題であった市域の拡大が、兵営道路の設置に伴い現実のものと捉えられるようになったのである。実際、明治三十九（一九〇六）年には「久留米市会の決議を経て、隣村合併の調査を含め市公益事業調査委員会」が設置された（『久留米市史 第3巻』）。この隣接町村との合併と市域の拡大は、大正六（一九一七）年の鳥飼村に始まる。兵営の町となった国分町との合併は大正十三（一九二四）年である。

今一つ、この「発展」は都市のハードな面のみではない。先にも引用したが、当時の「福岡日日新聞」の記事が次のように論じている。

（略）外来者の多数なるは第一に商工会に於ける従来の家族的平和的久留米市を破壊して社交的競争的たらしめたりされば従来看板も要らず広告をもなさずして顧客は店頭に満ちたるも外来者多き今日となりては是等新来の客をも吸収せざる可らず又た競争者をも新に生じたりと云ふ始末なれば看板をも新にすべく広告をも盛にすべき必要に迫り家族的より社交的に平和的より競争的に変化せしむるの実際となり何事も師団本位の観を呈し候（略）

（「福岡日日新聞」明治四十一年十月二十三日）

久留米の人々それぞれが、「軍都」という新たな久留米と向き合っていくことをも内在していたのである。要は、軍の誘致を原動力として、久留米は城下町から新たな近代都市「軍都」への転換をなしたのである。都市の換骨奪胎といえようか。

ただ、久留米市役所は、旧藩の「御使者屋」をそのままに使用していた。武家屋敷も多く残り、通町の町筋は江戸時代以来の商店などが健在でもあった。一時は本丸跡さえ売却されていた久留米城は、明治十（一八七七）年に久留米の人の手によって買い戻され、そこには、「名君」と称された藩主を祭神とした御霊社、後の篠山《ささやま》神社が建立されている。

旧城下町としての誇りと懐古は、久留米城本丸と、そこに鎮座する篠山神社に託されたのである。

第八章　地域の人々と軍隊

1　地域と軍人

戦前の軍隊は地域の人たちにとって身近な存在であった。その要因の大きなものは徴兵制度にある。男子は二十歳になると徴兵検査を受ける。その合格者の内から一定の割合で現役兵として入営する。入営＝兵隊になるということは別にしても、検査で甲種合格すれば一人前と見做されたという。

いざ入営となれば、軍隊が所在する市町村の者は地元の部隊に入ることとなる。陸軍においては聯隊区を設けているので、その聯隊区内の歩兵聯隊に入ることとなる（歩兵第四十八聯隊は久留米聯隊区、第五十六聯隊は高瀬聯隊区。特科隊は別）。入営者を送り出す人々にとっても、見送り、面会などにも居住地に近い方が負担が少なくて済む。このようなことから地元意識が醸成される。師団も番号が付与されてはいるが、その所在地名を取り「久留米師団」などと呼称される。戦時中の新聞をめくれば、〝我が郷土部隊の活躍〟などに類する見出しが躍ることとなる。

また、日常的に兵隊たちを見かけることとなる。将校など営外居住の軍人は市街地などに居住し、通勤する。休日ともなれば慰安を求め兵隊たちの外出がある。さらに、軍の演習は演習場内だけで行われるのではなく、地域の中でも行われる。軍の招魂祭は数々の余興が催され、その見学を含め、地域の人たちの楽しみでもあった。軍旗祭・観兵式なども生徒・児童や地域の人々の見学がある。出征、軍の移動には奉送迎が行われ、高級将校の異動には歓送迎が行われる。人々の日常の中に軍が存在していたのである。

第十八師団の歓迎会で、木村師団長は「師団司令部開設に就き盛大なる歓迎会を催さるゝは感謝の至りに堪へず将校は勿論軍隊一同に対し親密の御交際を乞はんとす」（「福岡日日新聞」明治四十年十二月十五日）と述べている。

無論、誘致した久留米市を始めとした自治体、諸団体も、そう願っていた。

師団司令部も開庁した翌年、明治四十一（一九〇八）年五月、吉田久留米市長は「懇親を結ぶ」ために晩餐会を催した（「福岡日日新聞」明治四十一年五月二日）。

出席者は六十余名、軍関係者は、木村師団長・江口旅団長・千秋建築部長・宇宿参謀長はじめ各部隊長である。地域からは、駅長・郵便局長・新聞記者などと市関係者であった。その後の六月、市長は「市と軍隊との接近又官民接近の」ため「久留米社交倶楽部」を計画している（同前、明治四十一年六月十八日）。

久留米市長の晩餐会

吉田久留米市長は懇親を結ぶ為め再昨日午後五時同市萃香園に於て晩餐会を催ふせり当日案内に応じて出席したるは武官側には木村師団長、江口旅団長、千秋建築部長、宇宿参謀長を初め各部隊長、係長、文官側には折原事務官、田所判事、岩倉検事、村崎郵便局長、森駅長、初め各官衙長其他新聞記者市参事会員等総員六十余銘（略）

（「福岡日日新聞」明治四十一年五月二日）

久留米社交倶楽部発起

久留米市にては市と軍隊との接近又官民接近の為め社交倶楽部の必要を感じ吉田同市長は夙に其議を唱え居たるも（略）近々の内有志者を会し発起の事を謀る筈なり（略）日吉町に適当の家屋あるを借受玉突、大弓、碁、将棋盤の遊戯具其他茶菓の準備を為し又附近料理屋と特約し弁当の仕出を為さしむるに止め（略）会員は二百名位とし毎月五十銭の会費を徴すと

（「福岡日日新聞」明治四十一年六月十八日）

図39　休日を過ごす兵隊たち
（『久留米商工史』昭和49年）

「軍隊一同に対し親密の御交際」とはある。しかし、地元官民問わず、親密な交際を願うのは、社交倶楽部の例を引くまでもなく、師団幹部以下将校たちであった。将軍誘致にあたって、将兵の慰安のための努力も行い（遊郭の設置は別として）、例えば公園の整備を行うようにしている。

御井町公園
仝所にてハ第四十八聯隊将校兵士の為めに風向絶佳なる高良山麓愛宕山の辺をトし公園地を設けんと目下計画中なり
（「福岡日日新聞」明治三十年七月二十一日）

このような公園にしても何にしても、下士官・兵士が営外に出るのは原則休日だけである。将兵の外出は原則軍服であり、休日には町の中は多くの軍服姿の軍人で賑わった。

昨今の久留米市
特科隊入込み後の久留米市中は何となく景気を添えたるは昨紙に報じたるが如く一昨日の日曜の如きは兵士の外出従前に倍し市内は長剣短剣相摩し篠山神社、水天宮等参拝者引きも切らず潮湯集産場写真屋等孰れも兵士の出入多く馬鉄通り興行中の美当一芳は特科隊移転の祝意を表し無料入場申込たれば軍隊にては厚意を喜び一昨日午前には歩兵午後に騎兵を始め特科隊兵士の多数入場して賑ひたり
（「福岡日日新聞」明治四十一年二月二十五日）

やはり、休日の外出先は賑いのある市街地が好まれたに違いない。引用した記事中、「潮湯」とは『久留米案内記』に広告記事がある「進歩館」のことであろう。部分引用すれば、「潮湯　鰻蒲焼　進歩飴　進歩館　今般潮湯ヲ改築シテ美麗ナル結構トナシ無双焼鰻ヲ発明シ当地唯一ノ快楽場」と言う。今の言葉で言えば、〃スーパー銭湯〃みたいなものであろうか。「集産場」とは、明治政府の勧業政策によって作られた商業施設で、後のデパートのようなものである。久留米では、三本松町、苧扱川町など繁華な場所に設けられていた。写真館は、言うまでもなく軍服の晴れ姿での記念撮影である。久留米市内の繁華街での休日は、こういった軍服姿の兵隊が行き交っていた。

また、「馬鉄通り興行中の美当一芳」とは、市内苧扱川町の人であった。当時、日清・日露戦争を題材にした軍談で全国的に人気を博した「美当一調」なる人がいたが、「その異常人気に「義当一調」とか「美当一芳」とか芸名の一字を変えた偽物まで現れる。その中には本物の一調子の人柄にひかれ、あらためて弟子入りした者もいた」(『異風者伝——近代熊本の人物群像』)とある中で、実際に弟子入りした人である。彼もまた、日露戦争時には渡韓もするなど、軍人などへの軍談を演じたという(「筑後新聞」明治四十年八月二十九日)。

久留米市街での休日の過ごし方を述べたが、下士官・兵たちの休日の過ごし方で最も一般的だったのは、帰宅であった。

(略)兵卒などは休日には自宅に帰り、知人の家を訪ね、又は下宿屋に寝転んで暮らすのが何よりの楽しみである(略)

(「福岡日日新聞」明治四十一年十月五日)

徴兵によって入営した兵隊たちは衛戍地に近い聯隊区内からやってくる。営内居住である窮屈さから離れ解放されるのは、やはり郷里の町・村、そして家族のもとに勝るものはなかった。また、近所の座敷を借りて、ひと時の家族との団欒《だんらん》を楽しんでもいる。

宮所ん出来た頃は日曜日が休みで、水曜日が半体〔ママ〕じゃった。村うちの家のお座敷てんば、そん時だけ貸してくれち兵隊さんどんが、あっちこっち借っとった。うちに帰ったごたる積りで、ゆっくりしときたかち云うこつで。

うちにも貸してくれちじゃけん、いっ時ばかり貸しとった。大田黒てろ云う熊本出身の下士官じゃった。時々ゃ家から妹じょち云う元気のよか姉と妹ち云うて来たこつもあった。（略）

（『初手物語』）

困った軍人たち

軍人たちの外出では、確かに娯楽・飲食業は潤うことになり、歓迎すべきものであった。しかし、良いことばかりではない。困った軍人たちも出てくる（当然のことだが）。

国分では、絣を織る娘たちに、兵隊たちが冷やかし以上の挙に出た。

（略）どう云うはずみか兵隊が何べんか来たげな。よその織屋には兵隊どんがよう入り浸っとった模様じゃった。そしてその兵隊がうちの織子に、にくじばししたじゃろたい、織屋ん二階とうちの七畳の二階とは軒先が何尺かしか離れとらじゃったけん、織屋ん二階から七畳ん二階さん織子が飛び移って逃げて来て、下さん行ってしもとったげなりゃ、あと追うて、兵隊も二階さん入って来て、下さん降りて来たところが、ちょうど、紫幸が来とった時で琴てん三味線てん出しとったけん、兵隊が「ほうこげんとん出とる、いっちょ弾いてもらわにゃ」てん云よったりゃ、お祖父っつぁんの出て来て一言「元さん帰れッ」ち大っか声で云いなさったけん兵隊は、こそこそ逃げ出して、そりから後はいっちょん来んごつなったげな。（略）

（『初手物語』）

市民へ迷惑などはかけていないのだが停職となる将校もいた。第四十八聯隊少尉松尾某は、三昼夜料理店に連泊し、出勤後に虚偽の報告をしてごまかそうとした。明治四十四年七月、少尉松尾某は活動写真を見た後、下足場で一般人の足を踏んでしまった。詫びを入れ何事もなかったのだが、「土方」風の男たちに絡まれ三日間監禁されていたが、体面上軍人であることを名乗らなかったと帰営の後報告したのである。だが、実際は監禁を受けたのではなく、料理店に芸妓を呼び三昼夜過ごした上、料理店には堅く口止めをしていたのであった。このことが憲兵の調査で判明し、料理店への負債を返済の上、重謹慎三十日を処せられた後、改悛の状なく停職の処罰を受けた。この少尉は聯隊旗手であった。十一月の特別大演習を間近にひかえた時期の出来事である（『陸軍省大日記』密大日記）。

2 招魂祭

師団では、戦死などの死亡者の招魂祭が例年行われた。

久留米でも、「毎年五月八日師団関係及管下各地方庁聯合して師団練兵場牟田山に於て盛大荘厳に執行（略）」（『久留米市誌 中編』）されるものであった。午前中は最初神式、その後仏式による慰霊祭が執り行われ、軍及び遺族関係者が参拝、焼香を行う。終わって戦技・宴会・余興が行われるのが常であった。

明治四十一（一九〇八）年、第十八師団の第一回招魂祭にあたって、恵利久留米市助役は区長に次のように「懇諭」している。

一　五月　日は第十八師団新設第一回の招魂祭なるに付き本市は大に敬意を表する為め当日及翌日は市内各戸国旗を掲げ幔幕を張り夜間は軒灯を出し且つ街路を清潔にすること
二　招魂祭当日及翌日の二日間は市内一般随意作り物及俄手踊り等を催し大に盛況を添ふること
三　招魂祭には各団体及個人より金品寄附は最も希望するに依り有志の向へ相図り区長に於て金品取纏め来廿五日迄市役所へ送付ありたきこと、但金品三円以上の寄附者は祭典当日案内状を発し待遇を為すこと

（「福岡日日新聞」明治四十一年四月十二日）

初日、午前中の招魂祭は次のように執行される。

（略）祭典に関する設備は軍隊委員に於て遺憾なく設備されしが練兵場内騎兵隊裏に来賓受附所あり来賓は同所に於て紀章を受取り又輜重隊裏手に遺族集合所あり遺族は該所に集合し時間に及んで式に列すべし式は午前九時を以て初め《〔ママ〕》祭壇の前右方を遺族左方を来賓、来賓の後は久留米各学校生徒、遺族の後は郡部各学校生徒正面隊兵にて一般の参拝者は其周囲に於て参拝する定めなり神式は同十時半に終り同十一時より仏式となり十二時に終り夫より遺族に供物を配与し引続き野砲営内にて遺族には神酒折詰の饗応、来賓には立食の宴会あり（略）

（「福岡日日新聞」明治四十一年五月七日）

午後からは余興となるのだが、すでに「（略）町々の装飾曳台等は昨夜までに出来し今朝は早朝より曳き出し祭典の終りを待ちて祭場に練り込む筈なり（略）」（同前）と賑いの準備は整っている。午後一時からは相撲、撃剣、二時から自転車競走、弓術、二時三十分より擬戦、三時三十分より銃槍集合試合、四時より騎芸（同前）が行われている。

当日夕刻から翌日にかけて、賑いは市中へ移る。

（略）練兵場の雑踏は夕刻に至り久留米市に移り道囃子の隊伍は東西南北より入り交りて市中を練り廻り囃子連の赴く所老若蟻集し深更に及ぶまで弦歌の声絶へざりし昨日も亦引続きて賑ひ午前は左迄にもあらざりしが午後より人出多く曳台、道囃子の練り出すものありて前日に譲らざる盛況にて深更に及べり

（「福岡日日新聞」明治四十一年五月九日）

水天宮例祭は引き続き執行中にて一昨日は招魂祭と同時期となりし為め参拝者は非常の多数にて境内広馬場とも頗る雑踏を極め賑かなることなりき

（同前）

年一回の招魂祭で、三日間この日は全市を挙げてお祭気分に湧き立つ。町は軒並みに造花の桜と国旗で飾られ両検番芸者が引く屋台も繰り出して踊りを披露する。

（『久留米回想記　明治〜大正時代――近代久留米の黎明を伝える』）

以上のように、久留米市の招魂祭は五月七日・八日に行われたが、その前の水天宮の大祭と重なるのを避けたものであった。昭和十二年の資料ではあるが、『躍進！久留米を語る』の年中行事の項、五月には、五日〜七日に水天宮春祭、八日に第十二師団招魂祭、八日〜十日に久留米ドンタク、九日に藩祖公入城記念お城祭、とある。この時期、久留米は招魂祭を真ん中にした催しで大いに賑わった。

招魂祭そのものは、亡くなった将兵を祀り、慰霊するものなのであるが、その後の余興は全市を挙げた「祭り」として、市民の大きな楽しみだったのである。

3 演習

徴兵を受けた者は、毎年十二月上旬に指定された部隊に入営する。ここから兵隊としての生活が始まり、訓練を受け兵士に育っていく。訓練は営庭や練兵場、演習場で行われるが、軍の施設外での演習もある。軍では、一年間の教育年度を十二月から翌年の十一月までとしており、その間、各種の演習スケジュールが組まれている。戦前の陸軍の場合、野外演習は衛戍地付近の一般の地域の中でも行われていた。その中で恒例の大規模演習が「秋季機動演習」であり、例年十月頃に行われていた。野外での演習にはこの他にも大小の規模のものがある。騎兵隊は騎乗訓練を行う。工兵隊は渡河訓練を行うが、久留米の場合、筑後川に数カ所の渡河訓練場を設けていた。さらに将校らによる管轄区域での演習旅行なども頻繁に行われていた。

地域の人々にとって軍隊の演習は、いわば日常的に目にするものであり、見物も行なった。地域の中の軍隊を色濃く実感するものであった。しかし一方では、住民には、民泊、飲食物の提供などの慰労等々の負担が出てくる。郡・市町村にも事前の準備などの事務、経費など、多くの負担を強いる。役場は演習に際して、民泊のために「畳数調べ」を行い、宿泊先と人数の割り振りも行わなければならなかった。以下、資料（『陸軍省大日記』密大日記）によって演習の事例を見てみることとする。

大正三（一九一四）年の小倉第十二師団の秋季機動演習の例であるが、この時期、久留米第十八師団は青島に出征中であった。

　　第十二師団機動演習状況ノ件　　　　小倉憲兵隊長報告

一、地方官民ノ歓待状況並ニ失費等ニ関スル感情各演習地人民ハ好意ヲ以テ軍隊ヲ迎ヘ市、町、村役場、在郷軍人会、青年会等相提携シテ軍隊ノ為メニ湯、茶、馬用水ヲ供給シ或ハ予メ設営ニ関スル準備ヲナシ或ハ演習地ニ出張シテ損害賠償員ノ調査ヲ補助スル等軍隊ニ対シ諸般ノ便宜ヲ与ヘタリ夫等歓待ノ為メニ各町、村若ハ青年会ヨリノ費用ハ多キハ約四五十円少キハ約二十円ノ支出ヲナシ其他戸々ニ幾部分ノ失費アリタルモ人民中該支出ニ対シ何等苦情ヲ唱ヘタル者ヲ関知セス

地方官民ノ待遇ハ漸次精神的ニ趨キツ、アルハ喜フヘキ現象ニシテ舎主モ亦応分ノ待遇ヲナシタリ市、町、村ニシテ湯、茶供給等ノ外特ニ物品ヲ寄贈シタル左ノ数件アリタリ

1．筑紫郡大野村ハ沿道ニ蒸芋、豆、梅干ノ類ヲ出シ随意饗応ニ供シタリ
2．福岡市ハ将校以下一人ニ付五銭乃至十五銭宛ヲ各舎主ニ交付シ副食物ヲ増加シタリ
3．筑紫郡吉塚町ハ一人宛二十銭乃至三十銭ノ酒肴ヲ饗応セリ
4．朝倉郡宮野村、大福村、立石村、蜷城村ハ餅及酒若干ヲ宿営軍隊ニ供シタリ
5．粕屋郡多々良村軍人分会ハ「ビール」若干ヲ宿営軍隊ニ供シタリ

二、軍隊耕作物等ニ対スル損害ノ程度及人民ノ意嚮

1．第一種演習間ハ稲ノ収穫終了セサル部分約半数アリシモ可成之ヲ刈リ取ラシムル如ク勧告シタル結果第二種演習開始当時ハ概ネ其収穫ヲ終リ為メニ演習ヨリ生スル損害甚タ尠ク又師団司令部ヨリハ予テ演習予定地方ヲ各関係地方官ニ通知シアリシト且ツ損害賠償委員ハ演習開始ノ前日郡役所及町村役場ニ出張シ吏員ト共ニ損害予防ノ方法及損害賠償価格等ニ付商議シ各地主ニ対シテ損害ヲ予防セシムルト同時ニ一方ニ於テハ損害ニ対シ遅滞ナク賠償委員若クハ憲兵ニ申告セシムル如ク取計ヒタル等ヨリ各地共概ネ適当ナル賠償ヲナシ得タリ然レ共追撃又ハ退却演習等ノ場合ニ際シ損害賠償ノ証明ヲ受クルノ暇ナク為メニ憲兵ニ申立タル者若干アリタリ

2．極メテ少額ノ損害ニ就テハ被害者ノ好意若ハ郡役所、町、村役場等ノ斡旋ニ依リ賠償ヲ請求セサル向モアリタリ

状況以上ノ如クナルヲ以テ何等悪感ヲ抱キタルモノナシ

三、遺留品ノ有無

（略）

四、下士卒金銭使用ノ状況

下士卒ハ演習出発前ニ於テ多少ノ金銭ヲ準備携行シ主トシテ演習間煙草、菓子、日用品、靴修理等ニ費シタル外料理店、飲食店ニ立寄リ乱費スル者少数アリタリ福岡市滞在ノ際ニ於テ遊廓ニ登楼シタル者百九名アリタリ

五、宿舎ニ於ケル規則遵守ノ程度並ニ宿営地軍紀風紀ノ状況

各隊共宿営中ニ一般静粛ニシテ諸規則ヲ遵守シ又ハ宿舎ニ於ケル武器、装具等ノ手入、整頓概ネ確実ナルヲ認ム

然レ共宿営中夜間無断外出シ其他違式ト認ムル者ニ対シ注意、説諭若ハ視察シタル者左ノ如シ

（略）

六、物品購入並ニ商人ト主計トノ関係

第一種演習間ニ於テ各隊ニ供給スル米麦ハ師団経理部ヨリ直送シ副食物其他藁、薪炭等ハ凡テ現地ニ於テ調弁シ第二種演習間ハ所要ノ糧秣ハ師団経理部ヨリ予テ契約シタル各衛戍地ノ用達商人ニ命シ二日市駅ニ送付セシメ全所ヨリ各演習地ニ送致分配シタリ又副食物ノ購入方法ハ第一、二種演習間共町、村役場又ハ在郷軍人会、青年会等ヲ介シテ購入シタル為メ主計ト商人間ニ於テ何等不正行為アリタルヲ関知セス

七、軍隊出発後ニ於ケル損害ノ有無人民一般ノ感情

1．宿営地ノ状況

各宿営地共将校ハ出発前各宿舎ヲ巡視シ各舎主ニ懇切ニ其好意ヲ謝シタルト下士兵卒モ亦静粛ニ起居シ且ツ出発前舎内ノ掃除等ヲ為シ出発シタル為メ之等ノ行動ニ対シ著シク舎主ニ好感情ヲ与ヘタリ

2．露営地ノ状況

露営中ニ於テハ往々畑等ヲ荒シタル者又ハ跡始末ヲ為サヽル者或ハ無断地方人ノ物資ヲ使用シタル者若ハ支払未済ノ儘出発シタル者左ノ事実アリタリ

（略）

八、其他

（略）

長い引用であった。だが、これによって、演習内容は別として、一般地域における演習中、地域の人々との状況が知られる。演習の間は、一般家庭への民泊と露営とが混在する。宿舎にあっても、通行中であっても、地域の人々などによる飲食物の提供が行われる。演習の時期は、もちろん秋の収穫後に予定される。演習の場所となった田畑などに損害が有った場合には賠償が行われる。演習に際しては、場所によっては陣地の構築も行われようし、「追撃」、「退却」の際には田畑の作物を踏み荒らすこともあった。

憲兵は、兵隊たちの行動を逐一調査して報告している。その項目を見れば、兵士たちの規律もさることながら、「地方人民」の軍隊への感情がどのようであったのかに、随分と注意を払い報告している。まだ「大正」という時代でもあったことにもよるのだろうが、軍隊もまた地域の中にある以上、実際に金銭、物品の提供を始め多くの負担を強いる地域の人々には、それなりに気を使わねばならなかった。

ところが、秋季演習に関し、小倉の旅団長は次のように語っている。

（略）演習と云へば地方の人は何か御馳走でもして宿舎する軍隊を待遇せねばならぬ筈の様に考へて居る人もある様ですが之れは間違いで軍隊に於ても甚だ困まる次第であります

例へば第一線に於て実敵の前に相対する場合に於ては露営の篝火を消し僅か導〔道〕明寺〔糒のこと〕位の糧にあり付土でも掘って臥して居るのであるから寝る抔の事は中々出来たものでないが演習でありますからさうはさせずとも宿舎に就かせて居るが夫れが宿舎で御馳走に為り酒まで飲んで居つては困まる訳に為るのであります（略）

（「福岡日日新聞」明治四十一年十月十六日）

先の憲兵による報告を見れば、兵士の規律は概ね良好という報告ではあるが、一方では遊郭へ登楼する者すらいる。それも百人を超す。とても「露営の篝火を消し僅か道明寺」どころではない。

『初手物語』に演習を受け入れた側の口述がある。兵隊たちの宿営の様子が面白い。また長くなるが引用する。

大演習の宿

大演習（明治三十年）んあって、明治天皇の御名代に小松宮んおいでになった時じゃった。村に兵隊の宿ば割ってあったけん、表のお座敷ば貸すごつしとったりゃ、聯隊本部にするけん、まあだ広う貸してくれち云わっしゃるもんじゃけん、奥のお座敷まで貸すごつなって大さわぎで片付けたたい。表の高皇宮のとこまで、聯隊長ば連れて来といて、あんた方ば聯隊本部にしてくれ、ち云うて郡役所からじゃっつろ頼みにござるもんじゃけん、どんこん引き受けんわけにゃ行かじゃったったい。ちょうど奥のお縁先に干柿作って一ぱい下げとったけん、そりばガサガサ七畳の二階さん持ち上げたたい。何せ急いで持ち上げたもんじゃけん、重り

合うたりしたけん後にカビん生えて食べられんごつなったつもあった。（略）

そりにちょうどそんとき、米ば水車に搗きやっとっとの出け上って来とらず、どんこん搗いた米のごーほんなかもんじゃけん、十何年か前ん米の、倉ん下の方から何俵か見つかったつばうちで食べよったけん、仕方なかもんじゃけん聯隊長さんに、こう云う訳じゃけん、今夜一晩こらえとって下さいち云うて出したたい。色ん赤うして、パサパサしてお醤油ばし入れたごたる色しとるもん。聯隊長さん達ゃ「ほーそげん古か米は食べたこつがなか、こーりゃ珍らしかもん食ぶる」ち珍らしがって食べなさった。（略）

そののちも、そげな演習てん、日露、日独戦争の時の兵隊の出征、凱旋てんに、やっぱ兵隊が村に泊るこつんあったたい。いつかは一番に水んよう出るか、ち云う調べのあった。うちの井戸も高皇宮の井戸も、よか水のどんどん出るち云うたりゃ、高皇宮の境内にいくつでん露天に、くどば作って、そこてん、うちのくどてんに大っか釜かけて炊かっしゃるもん。お宮ん井戸と、うちん井戸と二つば使よった。

兵隊さんどんが仕事ちゃ荒かこつが。初めうちの大っかまな板と床ばいくつか出してやっとったが、初めはその床ん上に、まな板のせて其上で芋でん、ごぼうでん、洗うたごつ、洗はんごつして、ゴボゴボ大きう切らっしゃるもん。汚なかてん何てん云うちゃおれんもん。後にゃ、まな板はせからしうなって、床ん上にぢかにコッーンコッン打ちかけ切りしたりで、床は傷だらけじゃん。

新らしか莫蓙ば何枚でん持って来て、拭きもせず、ご飯たいた釜ばその上にガボーッちあけて、大っかおしゃもじで、その炊いた具ば混ぜらっしゃった。出けたまぜご飯な、一番口うちに持って来て、「食べて下さい」ち、やらっしゃるとじゃん。

うちの土間に大っか俵にジャコば入れて持って来て置いてあったが、そりば兵隊さんどんが通るたび、ちょいと摘うで食べて行くもん佐賀の兵隊さんな十六寸（とろくすん）〔隠元豆〕ばかり煮て、そのなかにキビナゴどん入れて、あんまりお野菜ゃなかごたった。

東てん西村てんのにきに泊っとる兵隊さん達が高皇宮の炊事場に食事ば貰い来るもん。入れ物さげて何人前ち云うて。

牛肉の来ると当番達が、バケツ一ぱい入れて、うちん味噌部屋に入れといて、夜さりになって一杯やらっしゃるもん、「料理人手前すかさず」ちゃよう云うてあるち、笑よったこつじゃった。

演習の済んで帰る時、うちの大釜でご飯ば炊きござるもんどんどん。今頃炊いてどうするじゃろかち思とったりゃ、炊いて仕舞うて、「こりゃどげんなっとんして下さい」ち手もつけんで置いて行かっしゃった。仕様んなかけん、近所にふれ廻して、入れ物持って貰い来て貰うたたい。なにせ大まんげなこつじゃった。

（略）

先の憲兵隊の公的な報告と違い、演習時の兵隊たちの炊爨の様子をリアルに、また苦笑気味に語っている。兵隊たちにとって一日の演習が終わった時間は、兵営内とは違った解放された気分を醸す場でもあったのであろう。

4　特別大演習

特別大演習とは、最も大規模な演習であり、次のように執り行われる。

①二個以上（平均三個〜四個）の師団が参加する。

②通常の演習では師団長などが行う統監（演習全体を統裁し結果を講評すること）を、大元帥である天皇自ら行う（ただし、実際には参謀総長が統監の職務を代行した）。

③演習の前後に、天皇による行幸（天皇による各地の施設・機関への視察）が行われる（『地域の中の軍隊　8』軍隊での生活）。

この特別大演習が、明治四十四（一九一一）年に明治天皇最後の統監として久留米を中心とした地域で行われた。参加した師団は、久留米第十八師団、熊本第六師団、小倉第十二師団であった。期間は十一月十一日から十四日の四日間、区域は久留米・筑後市付近を中心に山鹿・南関、北は田代・松崎であった。十三日は筑後川を挟んで南北両軍の〝激突〟があり、拝観者で埋まった。この際に明治天皇が〝統裁〟した場所が小森野御野立所である。翌日は広川・荒木付近での演習があり、午前八時過ぎに終了した。演習明けの十五日は午前中に牟田山の練兵場で観兵式、午後からは工兵隊作業場で宮内省による大宴会が催されて、日程を終了した。明治天皇が久留米に入るのは演習開始前日の十一月十日、還幸は十一月十六日、久留米には七日間の滞在であった。

図40　中学明善校に設けられた大本営

門柱と門扉は県立明善高校に現存する（『明治四十四年特別大演習写真帖』明治44年。久留米市教育委員会蔵）

前述のように、特別大演習は天皇が統監する。演習を迎える地域にとっては、この上ない栄誉であった。各皇族、高位の文武官、外国の武官も迎えることとなる。久留米の場合、明治天皇最後の統監であることが常に記されてきた。しかし、今一つ、受け入れた側からいえば新設第十八師団の完結を記念するようなものであったと捉えねばならない。四十年に設置されたというが、兵営のすべてが整い、部隊のすべてが充足するのは、四十四年を待たねばならない。第十八師団にとってまさしく設置直後の晴れの舞台であった。むろん、久留米市にとっても、「軍都」と成ったことを改めて、また誇らしく実感する場であったに違いない。

この大演習について、『久留米市史　第3巻』では、中学明善校への大本営設置と演習日程などを短く記載する。『久留米市誌』では、中編に「兵事」の項があるのだが、上編の「行幸啓」で取り上げている。こちらは表題の通り、軍の演習内容ではなく、明治天皇の久留米への

行幸と、そのことへの久留米市の対応に重きを置いて記述している。

本書は軍都をテーマとしている。このため『久留米市誌』の記載に似るが、この大演習の実施と、明治天皇の久留米への行幸に、久留米市と市民がどのように対応したのか、また、どのような影響を与えたのかを記述していく。

(1) 対応と負担

天皇を迎えての大演習は、福岡県、久留米市を挙げて対応しなくてはならなかった。確かに演習そのものは軍が行うのではあるが、それを受け入れるのは地元福岡県、市、郡であった。受け入れに向けて県を中心にして多大、かつ細かな準備対応を行わなければならなかった。また、多大の予算も要した。地元に大きな負担を強いたのである。ただ、天皇を迎えるという熱狂を伴ってのことであった。

久留米市の対応

明治四十四年二月十日、参謀本部から久留米市に統監部が置かれるとの連絡があり、福岡県は久留米市長、久留米警察署長を召集し協議した。三月上旬までに宿舎に関する調査報告が求められた。ここに大演習の準備が始まったのである。六月、久留米市は特別大演習庶務規定を制定し、委員を設けた。実行する係と主な所掌内容と業務は次の通りである(『久留米市誌 上編』を参照)。

庶務係：行在所、奉迎送、記念品

統監部を始め関係各方面との連絡調整を行った。奉迎送について大きく気を配らねばならなかった。奉迎送は主として久留米停車場と行在所までの沿道で行われる。各方面の有資格者と学校生徒によって行われる。

衛生係：市内衛生、伝染病、救護所
天皇を迎えるのである、衛生上の保持には特に気をつけねばならなかった。五月からは市内の検疫が行われる。十月までに下水の浚渫が二回行われている。医師会に協力を求め事前の衛生講話、市民の健康診断が行われ、十一月に入ると、天皇が久留米を離れられるまで、通行筋では毎日の実施という。井戸水の検査が行われ、糞尿の汲取り方にも注意が払われた。

土木係：奉迎門建設、道路橋梁修繕、下水溝、市境界・町名標
久留米市は、停車場前と天皇の非常立退先の南薫尋常小学校前に緑門を建設。また、馬鉄通りと国道交差点、苧扱川町にも建設されたという。演習に入る軍人、拝観者に備えて市内に町名標が、また、市郡の境には境界標が設置された。大演習には天皇を迎える。このために都市施設の整備が行われた。久留米市は明治四十年の第十八師団設置に際して各種整備を行ったが、これを受け継いでの整備が行われた。大演習の実施が都市整備の結節点を生じさせる役目を果したと言える。道路の整備は、福岡県の手で行われたのであるが、①国道より北方筑後川沿岸に達する延長十五丁、②国道より南方特科隊練兵場に至る延長十二丁、③国道より東方工兵隊作業場に至る延長約二十丁、この三線が新設された（「福岡日日新聞」明治四十四年九月二十三日）。また、久留米市の懸案となっていた、久留米停車場前から今町へ通じる道路開鑿問題も、有馬家の仲介によって、この折に解決を見た（第七章2項参照）。

接待係：宿舎、馬繋場・厩舎、湯茶・馬用水などに対応した。
大演習実施に当たって、軍が最初に求めたのは、冒頭述べたように宿舎の準備であった。皇族、高位の文武官、貴族・衆議院、外国武官などの宿舎が必要であった。奉迎送のために近隣の各学校生徒を始めとする宿泊がある。もちろん、一般の演習拝観者が押し寄せる。例えば、外国武官宿舎は久留米商業学校を充てるなどの対応を行った。旅館の利用は当然であるが、一般民家・寺院なども宿舎とな

る。久留米市は、「全市ノ家屋ヲ調査シ、宿舎ニ適スルモノ六百三十五戸ヲ選定シ、之ヲ特・甲・乙・丙・丁ノ五等ニ区別シ家屋番号・供用家屋畳数・番地・職業・家号・電話番号・電灯数等ヲ取調台帳ヲ作成」した。さらに、「参謀本部出張員ト共ニ宿舎調書ヲ基礎トシ、間取・庭園・浴室・便所・室内装飾ニ至ルマテ詳細ナル調査ヲ遂ケ、宿泊者ヲ決定シ、之ヲ印刷ニ附シ、各宿舎主及関係諸官衙演習関係者等ニ配布」しなければならなかった。身分、肩書に相応した宿舎としなければならなかったし、受入側も宿泊先を承知しておかなければならなかった。ちなみに、乃木大将は水天宮神官真木長時宅が割り振られている。

福岡県の対応

演習区域は筑後地域を中心に、一部佐賀県にまで及んだ。この規模、内容では、久留米市のみで対応できるようなものではない。福岡県が関係市郡を指導し、また、直接に対応しなければならないことが多くあった。大本営が置かれ、天皇が滞在するのは久留米市である。このため、県は久留米市に出張所を設けた。篠山尋常小学校に内務部、久留米高等小学校には警務部が置かれた。荘島町の女子高等小学校（現在は中央町に当る）も出張所と予定された。久留米停車場にも出張所を設けている。県知事、高等官は篠山町の有馬家別邸を宿舎として、十一月三、四日頃には久留米に入ったという。「(略) 五六日ころに至れば少数の雇員を留守として殆ど全部久留米に出張し其より大演習終了後迄は福岡県庁久留米に移転せると同様の観を呈すべし」（「福岡日日新聞」明治四十四年十月十五日）と言うほどであり、内実は大演習期間中、久留米市への県庁移転と言うべきものであった。県庁に「残留せる県属雇員に対しては留守心得」を制定している。

では、県が行った業務はどのようなものであったのだろうか。久留米市と共に現地での業務を行うことはもちろんのことであろうが、独自に対応しなくてはならない重要なことがあった。演習関連施設の建築である。九月二十日、県の内務部長と技師が上京し内務省と協議しているが、「本県の工事は全部確定せざるも行在所工事、御講評所工事、御野立所工事、御厩、其他の工事、大宴会場工事、外国武官宿舎工事、観兵式木柵工事等」（「福岡日日新聞」明治四十四年九月二十一日）であった。当然、内務省だけではなく、参謀本部、宮内省とも協議し指導を受ける必要があった。行在所は大本営となった中学明善校内に置かれたが、工事はまず用地の買収から始まり、使用する資材の吟味から重要であり、気が抜けないものであった。行在所が成った後は、ここにも出張所を設け、出入りの管理、郵便・電信の送達などを行わなければならなかった。「（略）校舎は同二十六年二月改築したのであるが、最初六月中旬、日野西侍従、栗原宮内書記官来県、同校本館東側隅を以て御座所に充てらるゝことに内定せられたので、先づ第一歩として、敷地拡張をなし、百九十五坪四合六勺を、地上物件移転料と共に金六千三十六円六十八銭で買収し直ちに之れが盛土地均しに着手し、八月十五日竣工した（略）」（『明治天皇と久留米　御臨幸二十周年記念』）

図41　岡山御野立所
（『明治四十四年特別大演習写真帖』明治44年。久留米市教育委員会蔵）

天皇が現地で演習を統裁するための御野立所《おのだちしょ》の工事はやっかいである。その場所は事前に予定はされており、新聞にも報道はされている。しかし演習の進行具合は、その性格上秘密とされていたため、その最終的な建設は、参謀本部の発表・指示を受けて前夜に行わなければならない。現八女市、岡山の御野立所の場合を見てみよう。

御野立所の急設備

昨日の岡山御野立所は予て設計準備したるものとは言へ愈御野立所の申出ありたるは十日夜の事なれば宮内省木匠寮江中技手並に吉田五月女福岡県技師は工夫十六名を率ゐて夜中岡山に急行し夜の十時より着

手したるが同地は他の御野立所とは異り御昼餐を召さるゝ故主殿寮、大膳寮の設備を要したると再三参謀本部より視察したる結果と地方民の熱誠なる歓迎の結果天満宮を他に移して併合し公園風の設備をなしたるより視察当時とは全く地形を異にしたれば場所の手入れを要し其の為め係り参謀は統監列車に先ちて御座所の位置を更に撰定し非常なる好位置と称賛したり而して工事は地盤が岩質なる故困難を感じ御着輦の一時間前に漸く落成したり（略）

（「福岡日日新聞」明治四十四年十一月十二日）

前夜十時から夜を徹しての工事を行い、やっとの思いで何とか間に合わせることができている。すでに予定はされていたので、事前に下拵えはできていた。当日技師たちは、工夫《こうふ》、資材を揃えて、気をもみながら連絡を待っていたことであろう。

さらに県は警察を所管する。管内の警察を総動員して警備を行った。当時の福岡県の警察官一二〇〇名程の内、約千名が久留米の警備に動員され、佐賀県からも四十名の、また熊本県からも応援を得たという。行幸の際の道筋には五間ごとに警官が配置され、演習初日の十一月十一日は、行在所付近の配置は六十名位であったという。「警官全市に充つ」状況であった。もちろん市内消防組は、行在所、御立退所、演習統監への道筋などに、夜警も含めて警戒に動員されている。

心得と注意の山

前に述べたように、大演習と天皇の受け入れにあたって、真に大掛かりな準備が必要であった。このために県・市の職員を始め、警察、消防などの諸機関の動員が行われた。これを円滑に動かしていくためには、マニュアルが必要となる。もちろん、それ以上に必要であったのは、多数の公的な奉迎送者、一般の拝観者への対処、また受け入れる宿舎、商店への留意であった。これにもまた各種の「心得」・「注意」の類が発せられることとなった。「各旅館委員注意」は皇族旅館及び供奉旅館委員の注意すべきこと。「地方長官への注意」は宮内省が出した県知事への行動指針である。福岡県は「奉送迎者注意事項」、「特別大演習拝観人心得」、「御道筋汽車沿道・停車場・御野立所ニ於ケル拝観人其ノ他心得」、「其ノ他心得」を告示した。「高齢者への注意」は奉迎送に際して、特に高齢者への注意。「宿舎主の心得」は軍人への対応、衛生への留意など、県訓令。「警備係員心得」。「赤十字社員の服装」は観兵式拝観に際しての、社員、愛国婦人会員への注意事項、等々である。

さらに久留米市長は、市民に対し「警告を与」えた。

来ル十一月ヲ期シ特別大演習御挙行ニ付、当市ニ集ル旅客昨今漸ク多キヲ加ヘ来リ候、就テハ市内ノ商工業者ハ宜シク顧客ニ対シ叮嚀親切ヲ旨トシ、一切ノ売品ニ粗製濫造ノ物ヲ用フル様ノ事無之ハ勿論、万一目前ノ小利ニ迷ヒ不当ノ利ヲ貪ルガ如キコトアリテハ、我市民ノ信用ヲ落シ、前途ノ商工業ニ長ク不幸ヲ蒙ルニ至ルベシト存候、曩ニ明治十年西南戦争ノ際ニ一二奸商ノ為メニ久留米絣ノ名ヲ傷ケタル例モアルコトナレバ、今回ハ特ニ注意シテ再ビ此ノ如キコト無キ様致度次第ニ候右ハ元ヨリ申迄モナキコトナレドモ、今ハ極メテ重要ノ時期ト被存候ニ付、為念御注意迄如此候也。

明治四十四年十月

久留米市役所

(『久留米市誌　上編』)

戦争と演習の違いはあっても、遠来の人々が久留米に集まる。まして今回は「拝観」とはいえ、多くの一般の人たちにとっては観光同然である。これを当て込んだ土産、際物が出てくる。西南戦争の際に、帰還する軍人、軍夫に粗悪な絣を売りつけ、信用を落としてしまった。その轍を踏まないように特段の注意を促す必要があった。

表9　特別大演習に際して活用された学校

使用学校名	用　途
中学明善校	大本営
久留米高等女学校	統監部
久留米商業学校	外国武官宿舎
南薫尋常小学校	非常時御立退所・御中食所
篠山尋常小学校	県出張所　内務部
久留米高等小学校	同　警務部
女子高等小学校	同
私立久留米幼稚園	──
荒木尋常高等小学校（三潴郡）	御講評所

鉄道、郵便

鉄道、郵便も対応に追われた。天皇は御召列車で久留米に入る。また、統監場所にも列車で移動することがある。鉄道当局は事前に衛生上の通達を出し、「大清潔」方法を行った。安全対策では、行幸前日に保線主任が区域内を「陸行調査」し、当日は「数丁毎に工夫」を配置することとした。演習が始まると、拝観者など多数の人出に対応しなければならない。久留米駅には、事務員九十三人、駅員機関係など一四四名を集めたという。団体列車も毎日三～九列車を運転して、やっと学生、在郷軍人会に便宜を計った。

郵便局もまた、演習参加部隊宛ての郵便物は演習地に届ける措置を取った。繁忙を極めたのは電報であった。通常五百通ほどだが、演習前にはすでに千二、三百通に増加し、さらに二～三倍になることが予測されたため、通常の五名に四名の増員では追い付かず、熊本管理局からも十二名の来援があったという。

また、大演習に際して、この年十一月一日、吉井郵便局が特設電話交換事務取扱を始め、同日、羽犬塚郵便局でも電話交換業務が始められている。

学　校

久留米市内の学校施設と生徒たちは、演習のために活用された。使用された学校は表9の通りである。

市内の中学校、高等女学校、小学校の生徒・児童は四日間の内、分担して天皇の御道筋での奉迎送に動員され、「整列セシムル人員」は延べ二万四二四九人を数えた。さらに十一日、十四日の両日は「久留米市内及三井・三潴両郡中久留米市に接近セル学校職員男生徒ニシテ尋常小学校三学年以上」で、五穀神社に集合の上、六時から二時間の提灯行列を行い、奉迎の歌を歌っている。軍隊だけでなく、天皇、皇族も迎えるのである。

(2) 久留米市の状況

久留米市内「ペンキ塗り立て」

これまで、大演習実施にあたって様々な準備、対応が行われてきたことを述べた。では、久留米市街、市民の様子はどうだったのであろうか。一言で表すならば、「ペンキ塗り立て」の久留米市が出現していたと言えよう。

久留米商業学校は、外国武官宿舎への改修を行うとともに外観はオリーブ色となった。統監部となった久留米高等女学校もペンキ塗り替え。師団司令部は庭園を改造するとともに壁板の塗り替え。また、人力車には、久留米署がゴム輪を奨励した。当初は「仲間の嫉視を避け」使用を見合わせた(「福岡日日新聞」明治四十四年九月四日)というが、十月には管内四一四両の内、一四三両がゴム輪になったという(同前、明治四十四年十月十三日)。明善校は鼠色に塗り替え、煉瓦塀を新装した。久留米絣の祖井上伝碑は碑文を新たにし鉄柵のペンキを塗り直した。久留米市役所、警察署は内外の修理模様替えを行った。篠山城跡は西海忠士碑前まで漆喰で固められ、樹木が植え込まれた。店前の改築を行う商家もあれば、主な旅館は拡張、化粧工事を行った。

道路事情も同様である。停車場から行在所までには「風趣」を添えるために桜三五〇本が移植された。「御道筋」となる道路は排水溝が整備され「路面被覆」工事が行われ、砂利が撒かれた。演習を目前に控えた十一月九日には、久留米停車場前広場で牛に曳かせたローラーで小砂利の地均しを行う光景が見られ、新聞は「砥のごとき大道」と伝えた。

奉迎門が市内各所に設けられた。久留米市は停車場前、南薫尋常小学校前に建設した。また、苧扱川三丁目、馬鉄通りと国道交差点など市内各所に「緑門」が設置された。

もちろん、市内は拝観者で賑わった。学校などの団体は整然と行動したのであろうが、一般の拝観者（見物客）が群集した。すでに、演習が始まる前、綺羅星の如くに多くの将官が来久する。久留米停車場では「（略）列車の着駅毎に下車する者の過半は参謀肩章勲章燦然たる陸軍将校のことゝて夫れを見んと集り来るもの少なからず一昨日奥参謀総長着駅の際の如き見物の群集人山を築きたり（略）」（「福岡日日新聞」明治四十四年十一月九日）という光景を作りだした。「奥参謀総長」とは奥保鞏《やすかた》のことだが、日露戦争では第二軍司令官を務めた。日露戦争勝利の余韻に加え、小倉出身であったことで、多くの見物人となったのであろう。市内の商店では早くから記念絵葉書、演習地図、国旗、提灯などを販売している。時計店では「大演習に欠く可からざる必要品」として双眼鏡、懐中電灯を並べた。市内は「際物」であふれていた。

演習が始まると雑踏はいや増す。十一月十三日の筑後川を挟んでの演習日には、深夜にもかかわらず、久留米駅のホームは身動きできないほどとなった。飲食店は満席、「辻饂飩屋」もあちこちに店を出した。市内の映画館、劇場は「無料宿泊」を謳い見物客を誘引した。演習開始の時間が迫ると、小森野付近は拝観の学校生徒、児童が整列している。「七重八重の人垣をゆった其人垣を以て囲まれた国道には漸次警官憲兵の往来頻繁となった、夫れと同時に放水路方面には機関銃声砲声等が交々起って戦闘は開始された、すると夫れ始まったと弥次連は其方に掛出す（略）」（「福岡日日新聞」明治四十四年十一月十四日）という有様であった。

このような、大演習を迎えた久留米市の状況を、新聞は「盆と正月」と評した。だが、そのような一般的な比喩では済まない。熱狂・騒然、聖・俗が入り混じった状態を醸していたように想像する。この中で、久留米の一般の人は明治天皇と演習をどう見たのか。ここでも『初手物語』の真藤ミチヨの口述がある。

そののちの大演習の時（明治四十四年）恒ゃもう先に見に連れられて行っとった。あたしゃうちにおったばってんドンドン云うもんじゃけん、また女たちと飛び出して行ったたい。すぐ近かとこでドンドン音んす

表10　久留米市の予算と特別大演習費

（単位：円）

	市費歳入	歳出経常部	歳出臨時部	歳出計
明治42年度	144,795,867	88,295,218	51,473,138	139,768,356
43年度	165,458,136	124,301,261	34,839,869	159,141,130
44年度	227,609,221	133,756,328	61,673,231	195,429,559
特別大演習費		7,646,452	18,584,063	26,230,515
前年より増（特別大演習費を除く）	62,151,085	9,455,067	26,833,362	36,288,429

（「久留米市歳入出累年決算総額表」『久留米市誌　中編』〔昭和８年〕より作成）

るもんじゃけん、行ったところが高良台んにきで遠うしてきつかった。漸うワーち突貫するとこは見えたばってん。

明治天皇（明治四十四年）は馬車じゃった。こう少し猫背んごつしてほーんによかおぢいさんち云うふうにしとんなさった。お髯ん長うして……。天皇は行在所お泊り、皇太子は市の上お泊りじゃった。皇太子は宮ノ陣の将軍梅にお出でになったけん、そのあとば見てくうじゃんの、ち云うて友達連中つんのうて行ったたい。（略）

こうしてみると、久留米にとっての明治は、藩難事件の謹慎で始まったが、最後は特別大演習の総出で終わった、と言えよう。

かかった費用

大演習の受け入れは福岡県と久留米市の総がかりであった。では、その費用はどうだったのであろうか。明治四十二（一九〇九）年からの久留米市の歳入・歳出の経過を見てみる（表10）。

当然のことだが、明治四十四年度は大幅な増加である。歳入の内には県からの補助がある。福岡県は、久留米駅前拡張に八千円、池町川改修九三四円、駅前通り開鑿四一八八円の補助金を充てることにしている。歳出の経常部と臨時部に特別大演習費を加えた歳出総額は二億二一六六万七四四円。前年度に比べて六二五一万八八九四四円の増、伸び率は一三九%である。経常部歳出は前年度に比べ一〇八%とあまり変わらないが、臨時歳出は一七七%の伸びとなっている。歳入の増と臨時的支出の増加は大演習がらみ以外には考えられない。

いずれにしても、地域にとっては特別大演習〝特需〟である。だが、準備は四十四年六月から始まり、五カ月程の間である。道路開削や諸改修の工事などはあったのだが、染み渡るような経済効果があったのではなく、ごく一部が恩恵を得たのみではないだろうか。それよりも、確かに天皇を迎えるというこの上ない栄誉と高揚があったにしても、各種動員などによる市民への負担は大きいものがあった。

5 奉仕

戦前、国民は軍や戦争遂行などに対して様々な奉仕を行った。軍都では軍都ならではの奉仕が行われる。3項で述べたように平時にあっても、演習に際しての民泊や飲食物の提供、慰労が行われた。ここでは戦時に際しての奉仕活動について述べる。本書に取り扱った時代は概ね大正時代までである。この間、久留米の衛戍地から出征した軍は、勝ち戦の歓喜の中に凱旋した。対外戦争に限れば、日露戦争に第二十四旅団、歩兵第四十八聯隊が出征し、第一次世界大戦に伴う「日独戦争」に第十八師団が出征した。

歩兵第四十八聯隊にとって、日露戦争は、台湾守備は別として、初めての聯隊挙げての出征であり、久留米市にとっても初めてのことであった。この際、「久留米市尚武会」が活動を行っている。この事績を次のように区分けして、その内容をまとめている(『久留米市誌 中編』)。

① 救護に関する事項

出征軍人家族の救護

②犒軍〔軍をねぎらう〕に関する事項
出征に際し、清酒などの贈呈、慰問状送付
凱旋奉迎
傷病兵への茶菓提供
③祝捷会に関する事項
旅順、奉天戦、日本海海戦の戦勝に際し祝勝会開催
④弔祭慰藉に関する事項
市内戦病死者の追弔法会開催
久留米衛戍病院等への慰問、物品寄贈、「遊芸人」による慰藉

この尚武会とは「尚武の気象を涵養し軍隊優待の目的を以て起りたる団体」であり、「明治三十八年県の準則に拠り」久留米市でも組織された、公的な団体である。軍に対しての、このような対応は、どこでも同様に行われているのだが、「軍都」ではより大規模に行われたことになる。

『洗町小誌』には、市井の様子が描かれている。

明治卅七八年日露戦争の時は既に四十八連隊が国分村に設置して有ったから、久留米よりも出征する、熊本兵も通過すると云風で、見送も余程頻繁で有た。（略）

是役国民一般概して夫々報公の義務を尽し、神官・僧侶は各其宗により祈禱をなすのみならず、僧侶の如きは一団を結で報国会なる者を組織して軍人遺族の給養を計り、婦人団に於ても全力を注いで給養・慰問等に、祀官安元滋足氏も七日間〔洗町の〕日吉神社に祈禱をせられた。幸にも洗町は勿論、日吉神社氏子中には

一人の戦病死者を出さなかった。神護亦不思議か、祀官鼻高き事万大。観音講連中の婆様達も亦戦地に慰問袋を贈られた。是時学校生も皆贈った。

凱旋の時は市の事業として、日吉神社の公孫樹と梅林寺御霊廟の松樹との上に大国旗を翻へし、停車場前には凱旋門（丸竹ヲ集メテ造レリ）が出来た。其他御用商人とかで京町中学校の前（御用商人）と両替町お伝碑の近傍とに、一はペンキ塗、一は杉皮拵の（婦人会）凱旋門が出来た。又当町の子供は特に川岸に造花を樹て歓迎の意を表した。（略）

図42　日独戦争時の歩兵第五十六聯隊の凱旋

旧国鉄荒木駅前（絵葉書。久留米市教育委員会蔵）

学校では「日独戦争」時の慰問文にも対応した。「学校〔久留米高等女学校〕では慰問袋を送る計画が始まり四、五人一組となって思い思いのささやかな品を晒しの袋に入れて戦地に送った。兵隊さんからは直ぐに礼状が届いた。同級生の父親が出征している人には組から感謝文を送る事になりその代表に選ばれたが、巻紙に筆で書かされたのには閉口した。書損じの紙が長々と部屋を塞いだ」（『久留米回想記　明治〜大正時代——近代久留米の黎明を伝える』）

学校の生徒たちは、何につけ動員の対象であった。

6　教育と治安

繰り返し述べたことであるが、地域の繁栄を願って人々は軍隊を誘致した。しかし、経済的な繁栄以外にも求めていたものがある。風紀や治安である。明治四十（一九〇七）年十二月十四日に催された、第十八師団の歓迎会において、寺原長輝福岡県知事は次のように述べている。「(略)軍隊の其地方に設置せらるゝや其地方の教育及風紀の上に影響するものなり愈々増設の暁には必ずや風紀、教育に多大の関係あるべし此方面に対しては閣下の指導を受け以て万事を施設せんと欲す」(「福岡日日新聞」明治四十年十二月十五日)

一方、木村師団長も、歓迎会の一週間後に行われた師団司令部開庁式で、「(略)地方諸君に一言す軍隊を以て一種特別の者と為すは誤れり軍隊は国民学校として国民を教育するの処にして小学校と異ることなし有恒は熱心従事して教育の事に努めんと欲す」(同前、明治四十年十二月二十二日)と述べた。

後述するが、第十八師団廃止時に、その存続を求めた陳情書の中にも同様の文言がある。当地方の青年団、学童などが規律厳粛、質実剛健であるのは、軍隊の指導によるものと述べている。

平時において軍隊とは、国民、中でも青年男子の教育の場として考えられていた。現役兵として地域の軍隊に入営した数カ年間は、訓練・鍛錬の場として意識されていた。徴兵による甲種合格も、満期退営することも、一人前の大人になったと認められることであった。そして、模範となる軍人が地域にいることは、その地域の風紀上も歓迎されるべきことであったと言えよう。とはいえ、一方では遊郭が設けられていたのであるが。

一方、平時にあって、軍隊は地域に対して治安維持を行う機関でもあった。大正七(一九一八)年に発生した「米騒動」の鎮圧に軍隊が出動したことはよく知られている。「米騒動」ではないのだが、佐賀県下で歩兵第五十五聯隊が出動し、発砲する事件が起こっている。

「米騒動と五十五連隊出動の発砲騒ぎ」と題して、この状況を記した次の一文がある。

(略)このように各市町村当局の暴動防止策にもかかわらず、東松浦郡北波多村芳谷炭鉱で、同年八月二十三日、坑夫約五百人がストライキを辞さない態度で待遇改善を要求した。これが岩屋炭鉱にも飛び火、岩屋炭鉱の坑夫約五百五十人は暴徒化し、事務所にダイナマイトを投げたり、鉱主の家などを打ちこわすという事件が発生する。岩屋炭鉱の暴動化はその隣の相知炭鉱、杵島炭鉱にも波及した。佐賀県知事は炭鉱の暴動化鎮圧に、同年八月十三日、寺内内閣が各知事に発した『必要ならば軍隊を自由に出動させるべし』という秘密電報にもとづき、佐賀歩兵第五十五連隊の出動を要請する。軍隊は暴動化を鎮圧するため実弾を発射し、炭鉱夫の暴動を防止した。実弾発射で三人が倒され、暴動に組みした二百五十人が捕われ、九十六人が有罪になった。

（『佐賀県経済百年史』）

寺内内閣の「秘密電報」を取り上げているが、この電報の内容は衛戍地の警備をも規定する衛戍勤務令に基づくものである。これによれば衛戍司令官は、治安維持のため兵力を用いることができるのである。

衛戍勤務例

第二章　衛戍司令官ノ職務

第七　衛戍司令官ハ災害又ハ非常ノ際ニ方リ兵力ヲ用ヰムトスルトキ若ハ用ヰタルトキハ之ヲ陸軍大臣ニ報告スベシ（略）

元来軍人である寺内首相は、この条例によって暴動の鎮圧、治安維持を図ったのである。幸いに久留米地域では「騒動」は起こらなかった。だが、筑豊の炭鉱でも佐賀同様の暴動が起こり、小倉第十二師団が歩兵隊を派遣し発砲、鎮圧している。第五章で述べたように工兵隊の災害出動が行われ、地域の人々の命を救ったことも事実である。だが日常的には意識されない、今一つの軍隊本来の姿が発揮されたということなのであろう。

第九章　発展の陰で

軍隊を誘致したこと、それを果たして〝発展〟だけでくくって良かったのだろうか。

これまで軍都久留米を語る際には、国分村と久留米市の発展を追うことに偏重していたと思う。『久留米市史』にあっても第3巻近代編、第6章の中で、「三、国分村の変貌と久留米市の発展」の項を設け、第十八師団誘致後の状況を論述している。国分村は「広い耕作面積を割かれ、その農業生産力は大幅に低下した」と、誘致によるマイナス面を一行記載はする。だが、それに続けて「しかし、兵営建設や商業などのため、外部より各種の業者が移住し、また、勤務の関係から多数の軍人やその家族が転入してきた。このため、同村の戸数・人口が急増し、職業も、商業もしくは半商半農という形態が目立つようになった」と記述している。農業生産力の低下は軍の誘致による村の商業発展によって相殺され、国分村と隣接する合川村との人口の変化、国分村の職業別戸数の変化を挙げて、それ以上に発展したと論述する。もちろん、次には「久留米市の発展」が同様に記述される。

しかしである、何事にも陽があれば陰がある。発展という言葉が持ち合わせる雰囲気は、物事を是とし、善とし、あるいは人々の幸福をも含んでいるかのように思える。だが、現在でも発展あるいは開発の陰に、隠れた負の部分を見ることはやさしいことである。この章では、〝軍隊の誘致＝地域の発展〟に伴った、負担と困苦、そういった負の部分を探っていくことにする。

1　第十八師団廃止と久留米

大正十四（一九二五）年、突如第十八師団が廃止されることになった。これに対して久留米市は、当然に師団存置を求めて運動を行った。その中で、軍の誘致にあたって久留米市が負担した数々が如実に語られる。「衛戍」とは「陸軍軍隊ノ永久一地ニ駐屯」することを言う（衛戍条例）。軍隊によってその地の繁栄を期待すれば、条例のように、永久の繁栄が約束されたと思えたに違いない。だが、久留米にとってその期待は、もろくも潰え去るかに思えた。大正軍縮である。

第一次世界大戦後、世界的に平和を希求する動きが生まれ、国際連盟が成立した。この潮流の中で軍備が縮小されていったのである。我が国では三回にわたって軍備縮小がなされた。陸軍に限って述べるが、第一回目は大正十一（一九二二）年、山梨半造陸相の下で各歩兵聯隊から三個中隊を減らし、五個師団分にあたる兵員などを削減するものであった。二回目は翌十二年、同じく山梨陸相の下での軍備縮小であったが、小規模なものであった。三回目が大正十四年、宇垣一成陸相によるもので、大規模であり「宇垣軍縮」と通称された。大正十二年の関東大震災後の財政難の中で実施されたという背景もあるが、第十三（高田）、十五（豊橋）、十七（岡山）、そして久留米の第十八師団が廃止されることとなったのである。

（1）師団存置運動

この第十八師団の廃止は久留米市にとって、まさに寝耳に水の驚きであった。軍備縮小については、「福岡日日新聞」には大正十三年八月五日に記事となるが、翌六日には突如、十八師団廃止が報道されたのである。船越久留米市長がこのことを知ったのは、八月五日、上京途上の汽車の中での新聞報道であった（「福岡日日新聞」大正十三年八月七日）。上京の目的は、①久大西線工事の速成、②筑後川改修工事の速成、③砲兵工廠誘致運動、この三件であったのだが、俄に第十八師団の存続が久留米市の重大な課題として付け加わることとなった。この課題の内、砲兵工廠（造兵廠）の誘致とは、関東大震災で被災した東京造兵廠の移転誘致のことである。この時点で大牟田市も誘致を検討していたのだが、最終的には、後に小倉へ設置されることとなる。第十八師団廃止にあたっては、周知のように代替として、第十二師団の小倉から久留米への移駐で決着することとなる。しかし、久留米にとって、この第十二師団を迎えるまでには苦難の運動が続くこととなった。

話を師団廃止に戻す。船越市長は帰久後の八月九日、勧業理事会を秘密会議で開催するが、「何も彼も要領を得ず／運動委員宙に迷う」（「福岡日日新聞」大正十三年八月十日）状態であった。軍備縮小の問題は、大正十三年八月にはほぼ連日新聞紙面を賑わせている。この一連の記事では、軍縮の方針と共に、廃止される師団の数は何個師団なのか、何処の師団が廃止されるのかが主要な内容になっている。そしてまた、廃止確実とされた第十八師団所在地、久留米市の師団存置運動の様子が報道されていく。

久留米市長上京中の八月六日付「福岡日日新聞」には、「廃止の運命に数えらるゝ五ヶ師団」の見出しの下「仄聞するに内地十九師団中第十三（高田）第十四（宇都宮）第十五（豊橋）第十七（岡山）第十八（久留米）の五個師団（略）」の記事が踊る。廃止対象とされたのは、いずれも日露戦争後の増設師団である。九州の場合、熊本に第六師団、小倉に第十二師団が配置されているので、久留米が対象となったのであろう。ちなみに第十六師団は京都である。師団存続運動を行うにも、暗中模索の状態であった。

この経過を「福岡日日新聞」の報道から見てみる。

八月十日　勧業理事会開催、何も彼も要領を得ず。軍当局は師団廃止については研究であり、どの師団を廃止するかまでは進んでいない。
十二日　軍制改革大綱ほぼ決定、四個師団廃止。
十三日　久留米師団廃止されても大村聯隊は残る。久留米は恐慌を来す。
　　　　久留米の四大問題運動委員、要領を得たか得ぬか謎の裡に帰る。
十四日　久留米の四大問題未だ熱がある。師団廃止は未確定と市長は語る。

十五日　久留米は運動継続。
十八日　久留米師団を朝鮮へ移転、師団長は否定。
二十六日　久留米市は四重要問題への運動費として、市交際費に六五〇〇円の追加予算を市会へ提出。
二十八日　廃止師団は久留米・岡山・豊橋・高田に決定。

久留米市にとっては、まさに情報錯綜。存続運動もどのように進めてよいか、判断もつきかねたであろう。この状態の中、日付不明だが、師団存続の陳情書が取りまとめられる。

師団廃止ニ対スル関係市町村長ノ陳情書

謹テ書ヲ陸軍大臣宇垣中将閣下ニ捧ク
近頃新聞紙ノ伝フル所ニ依レハ閣下軍制ノ改革ヲ計画シ数個師団ノ廃止ヲ企図セラレ而シテ第十八師団ハ其廃止ノ一ニ数ヘラレアリト当地方民之ヲ聞キ驚愕其極ニ達ス新聞紙ノ所報ハ信偽固ヨリ知ルニ由ナシト雖モ万一ニモ事実トシテ之レカ実現ヲ見ルカ如キコトアラバ真ニ寒心スベキ悪影響アルヲ確認シ敢テ事情ヲ開陳シテ閣下ノ御賢慮ヲ煩サント欲ス
抑、第十八師団ノ創設セラル、ヤ我地方民ハ直ニ其敷地十六万七千坪ヲ献納セリ之レ明治四十年ノ事ニテ当時ニアリテハ其負担蓋シ容易ニアラザリシナリ而モ之ヲ微々タル一小久留米市民及附近ノ町村民ガ膏血ヲ絞テ奮テ其負担ニ応シ師団ノ設置ヲ容易ナラシメタル所以ノモノハ実ニ君国ニ対スル奉公心ノ発露ニ外ナラス爾後当地方ノ施設経営ハ師団ヲ中心トシテ其利便ヲ図リ又以テ地方発展ノ基礎トナスヘク全ク旧来ノ計画ニ一大改革ヲ加ヘ二十年来着々之ヲ実現シテ今日ニ及ヘリ例ヘバ累年ノ重荷ヲ辞セズシテ各兵営ニ通スル数条ノ幹線道路ヲ開鑿シ之ニ市街ヲ延長シテ師団ノ便益ヲ図リタルカ如キ或ハ巨資ヲ投シテ多数ノ家屋ヲ建築シ以テ将校ノ住宅ニ充テタルカ如キ或ハ娯楽ノ機関ヲ建設シテ兵士ノ慰安ヲ助クルカ如キ或ハ農工従来ノ作品ヲ変更シテ師団ノ需要ヲ便ナラシメシガ如キ其外都市ノ計画生業ノ選択等師団ヲ対象トシテ決定シタルモノ頗ル多シ然ルニ一面師団ノ費サルル所ノ費額亦多ク年経費四百八十九万円ニ上リ其内当地方ニ消費セラル、額約三百十七万円ヲ下ラサルヘク之地方民ノ恩被スル所ニシテ之カ為メニ地方ハ益々膨張発展セリ斯ノ如ク両々相倚リ今ヤ師団ト地方トハ密着シテ離ルヘカラサル関係ヲナシ若シ強テ之ヲ割カハ地方ハ直ニ枯渇ヲ免レ能ハザル状態トナルベシ

以上ハ主トシテ物的方面ノ概況ナリ若シ夫レ心的方面ニ在リテハ更ニ其関係ノ大ナルモノアリ即チ当地方ハ現下幸ニ士気旺盛ニシテ思想亦穏健ナリ之レ師団ノ感化ニ負フ所多シトス例ヘハ当地方ノ青年団ガ順調ニ発展シ元気充実規律厳粛ナル所以ノモノハ主トシテ軍隊ノ指導範示ニ基クヲ認ム又当地方ノ学生カ特ニ質実剛健ノ気習ヲ有スルモ亦軍隊ノ指導誘掖ニヨル所多シ其他小学校児童或ハ婦人会員ノ如キニ至ルマテ屢々兵営見学ノ便ヲ得テ其実況ヲ明ニシ知ラズ識ラズ奉公心ノ萌芽ヲ涵養セラル、コト尠シトセズ斯ノ如クシテ軍隊ノ精神カ広ク深ク地方民ノ心底ニ扶植セラルルコト実ニ偉大ナルモノアリ

右ノ如クナルヲ以テ若シ一朝ニシテ全然師団ノ廃止セラル、カ如キコトアランカ地方民ノ精神界ニ及ホス影響至大ナルモノアルヘシ、サナキダニ思想界混乱ノ今日果シテ従来ノ此ノ美風ヲ持続シ得ルヤ否ヤ誠ニ寒心ニ堪ヘザルナリ而シテ一面ニハ直ニ多数ノ失業者ヲ出シ破産者ヲ生シ市町村二十年来ノ施設経営ハ殆ンド徒労ニ帰セン斯ル激変ニ対シテハ策ノ施スベキナク地方俄ニ萎靡荒廃シ其惨状見ルニ忍ビザルモノアラン惹テハ国家ニ対スル思想ニ影響シ其結果誠ニ恐ルベキモノアルベシ乃チ師団ノ廃止ハ単ニ一地方ノ問題ニアラズシテ実ニ国家ノ大損害ナリ而シテ其損害ハ金銭ヲ以テ償ヒ得サルベシ閣下冀クハ此実情ヲ洞察セラレンコトヲ茲ニ関係市町村長百二十六名ノ連署ヲ以テ謹テ具申ス

大正十三年八月　日

久留米市長　船越　岡次郎

（『久留米市誌　中編』）

だが、八月二十八日、新聞に「廃止される師団／久留米、岡山、豊橋、高田師団に略決定」と報道される。しかし、久留米は諦めてはいなかった、「前途に一縷の望み」を持って、存続運動が続けられた。

「（略）四個師団が果して廃止さるゝ事となるや尚多くの疑問あり軍動の結果如何に依つては久留米師団の存置は必ずしも絶望にあらざる模様である従つて久留米市の上京委員は政友会及憲政会の尽力に依つて政府に向ひ盛に存置運動を行つてゐる」（「福岡日日新聞」大正十三年八月三十日）

翌年二月には、市会もまた陳情を行っている。

市会ヨリノ陳情書

第十八師団廃止ノ説一タヒ伝ハルヤ地方民ノ驚愕深憂其ノ極ニ達シ各方面ヨリ之カ存置ニ関シ具陳シタルハ閣下ノ既ニ熟知セラル、処ナリ

惟フニ我九州ハ攻防上最要地タルハ勿論工業ノ原動力タル豊富ナル石炭ト電力トヲ有シ大陸トノ連繋特ニ深ク一朝有事ノ際ハ大軍ノ動員ニ極メテ適切枢要ノ地タリ殊ニ当衛戍地ハ全国ニ冠タル高良台ノ演習場ト筑後川ノ豊富ナル水量トヲ有シ平野数十里兵ヲ練ルニ優越ナル地位ヲ占メ九州ノ中央部ニ位シ四通八達用兵上極メテ適切ニシテ尚他ニ超越シタル点頗ル多キヲ以テ師団存置ノ恩命ニ接スルコトハ全市民ノ悃願期待スル処ナリ本市会亦其ノ要望ニ基キ満場一致ノ決議ヲ経テ茲ニ状ヲ具シ閣下ノ清鑑ヲ仰ク希クハ願意御諒察アラムコトヲ

右陳情候也

大正十四年二月十五日　　市会議長

陸軍大臣宛

参謀総長宛

（『久留米市誌　中編』）

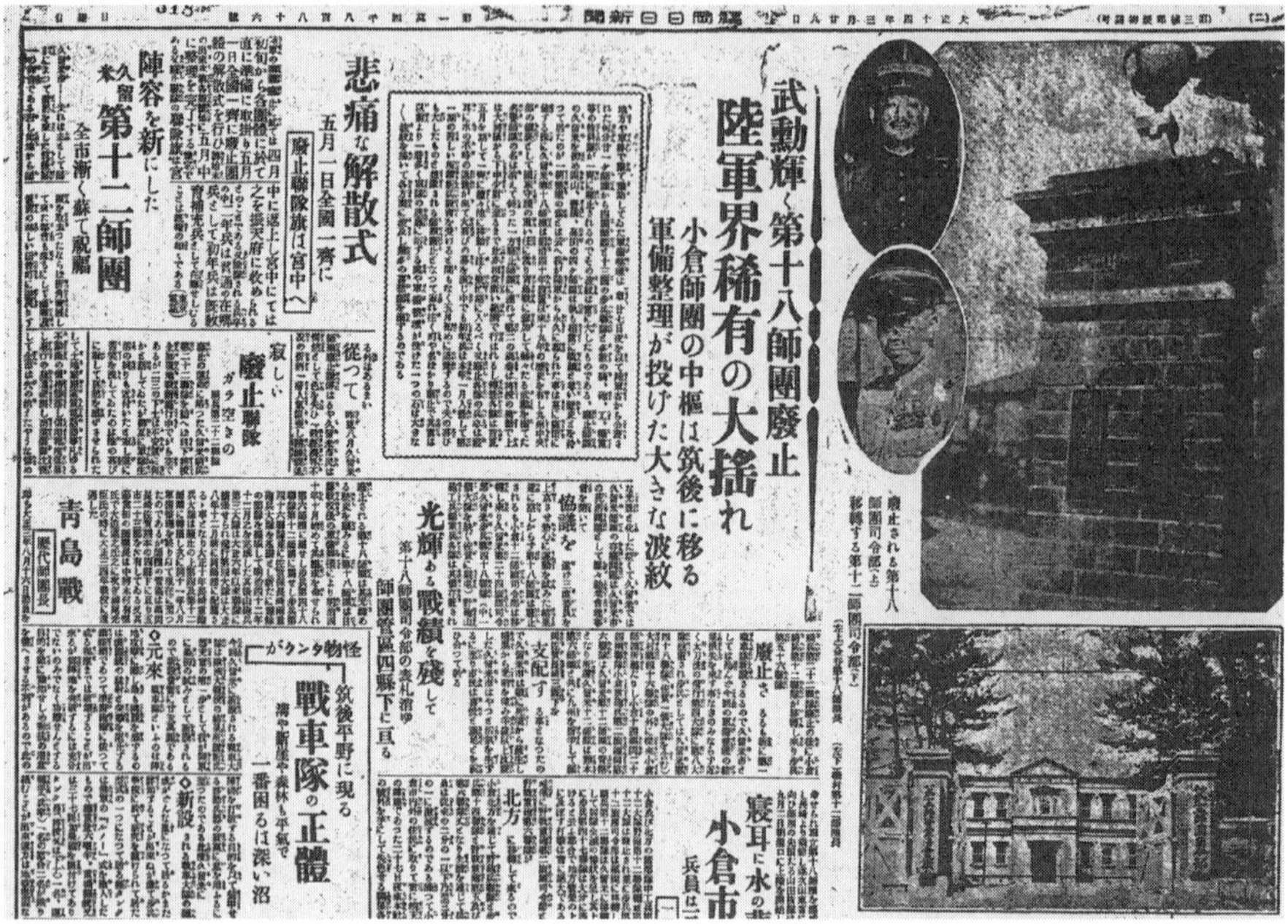
武勲輝く第十八師團廢止
陸軍界稀有の大揺れ
小倉師團の中樞は筑後に移る
軍備整理が投げた大きな波紋
悲痛な解散式
五月一日全國一齊に
廢止聯隊旗は宮中へ
陣容を新にした
久留米 第十二師團
光輝ある戰績を殘して
戰車隊の正體
筑後平野に現る
青島戰

図43　第十八師団廃止と第十二師団の久留米移駐を報じる新聞記事
（「福岡日日新聞」大正14年３月29日）

このような状況を経た大正十四年三月二十七日、陸軍省は軍備整理を正式に発表した。久留米に関する主なものは、第十八師団の廃止、第十二師団の小倉から久留米への転営、歩兵第五十六聯隊一個の減と第一戦車隊の新設であった。久留米市長は「こんな嬉しい事はなく全く天佑」と語り、合せて小倉市を気遣った（「福岡日日新聞」大正十四年三月二十九日）。「軍都久留米」が救われた日であった。

第十二師団の久留米移駐が成った後、船越久留米市長は、安堵を以て経過を振り返っている。

（略）昨年八月でした私は筑後川治水工事及び久大線速成問題に就き運動の為め日高中垣本村諸君と共に上京の途中岡山駅通過の際新聞号外で久留米第十八師団廃止説を知り一同色を失い出京と同時に其真相を探り次で田村市助役中川会議所会頭日高市参事会員佐々木元代議士岡県参事会員相次いで上京し更に今春二月私は岡太田中川諸氏と共に上京し野田政友会総副裁を始め福岡県選出各代議士有馬前代議士松浦中将仁田原大将永田中外商

業理事小倉日糖支配人等在京久留米人会幹部の尽力を得て運動し此間一面には久留米市会商業会議所並に師団関係郡市町村連署の陳情書を提出し尚郡市民大会を開いて師団存置に関する熱誠を示したものであります（略）

（「福岡日日新聞」大正十四年三月二十九日）

ところで、この市長談話に登場する人物は次の人たちである。この人たちを手繰ると、「陳情」などとは違った、裏面での運動経緯が垣間見える。

「野田」＝野田卯太郎。明治三十一（一八九八）年衆議院議員当選。大正十二（一九二三）年政友会副総裁。

「佐々木」＝佐々木正蔵。昭和十一（一九三四）年没、八十二歳。味坂村（現小郡市）出身。明治二十三（一八九〇）年第一回衆議院選挙から四十一年まで代議士、憲政会に属する。

「有馬秀雄」＝久留米藩重臣の系。伯爵有馬家々令。政友会より代議士ともなる。軍誘致に尽力。

「松浦」＝松浦寛威《かんい》。昭和三（一九二八）年六十五歳で没。八女郡豊岡村出身、明治二十一年から国分村。仁田原と同じく北汭義塾《ほくぜいぎじゅく》。大正八（一九一九）年中将、十二年退役。寛威の弟淳六郎は、この時期は大佐で陸軍省高級副官。累進して中将となり、第十師団長。昭和十九年六十一歳で没。船越市長が頼ったのは中将とあるので松浦寛威である。

「仁田原」＝仁田原重行。黒木町出身。久留米漢学者江碕済《わたる》が明治十二年から八女郡北河内村に設けた北汭義塾に学ぶ。異例の速さで陸軍大将となる。大正十（一九二一）年予備役。

「永田」＝永田成美。久留米市篠山町の生まれ。上京し「中外商業新報」の記者となる。明治三十九年、久留米出身の日比翁助の引立により三越デパート入社。明治四十四年、中外商業新報に戻り、後取締役を務める。中外商業新報は現在の「日本経済新聞」。

「小倉」＝小倉《おぐら》敬止。久留米市京町出身。明治四十二（一九〇九）年大日本製糖会社に聘《へい》せられ藤山社長の股肱《ここう》となる。

師団存続にあたって、まさに久留米地域出身の縁故を頼り、当時の政・財・官（軍）の人物の力を借りようとしている。政治家は新聞報道にあるように、当時の二大政党、政友会と憲政会両方を頼っている。「福岡日日新聞」（大正十三年八月十八日）に、「今度は裏口から／久留米死活問題を携て近く上京」との見出し記事がある。久留米市勧業会では「大臣次官局長其他大官要路に都合のいゝ人は委員として必要であるが表面の運動はどうやら前委員に依て一通は済むでゐるやうに思はれるから今度は裏面から有力な政党の力を借るやう」な運動をするというのである。

一方、東京には浮羽出身で枢密院議長を務めた倉富勇三郎がいる。日記（『倉富勇三郎日記』）が刊行されているが、このような件に関して、立場上であろうか表立った動きはしていない。しかし、また、伯爵有馬家の家政相談人も務めており、在京の久留米出身者の中枢にあったと言える。当時、倉富のもとを訪ねた人の中には、野田卯太郎、有馬秀雄の名前が有り、師団存置問題に意見を交わしている。野田は、「十八師団は廃止しても、特設部隊位は久留米に置くことゝなる模様」との見込みを伝えているに過ぎない（大正十三年十月十九日）。有馬秀雄は、在京久留米人より陸軍当局者に対して陳情書を出すことになったので、その名義人について相談をしている。また、仁田原は「肺患」であると記されており、そのためか有馬家「家職監督」を辞したいと望んでいたという。

ここまで、在京の当地方出身者で、市長などが頼ったであろう人たちと、その動きについて述べたのだが、『筑後河北誌』に、岩橋次郎なる人について「宮の陣が産んだ悲運の将軍岩橋次郎」と題した一文がある。

（略）大佐に進級し参謀本部第一課長に栄転し、国軍の編成制度の根幹を掌握するに至った。偶々大正十四年軍制改革が行われ、第十八師団が廃止され、小倉より第十二師団司令部を始め、多くの部隊が久留米に移駐されて、久留米市をして軍都として繁栄させた陰の功労者は、実に国軍の編成制度を掌握した岩橋次郎大佐の力であり、之に協力したのが八女郡本分出身の、当時の陸軍省高級副官松浦淳六郎大佐、のちの中将であった。

岩橋次郎は、当時の三井郡宮ノ陣村生まれ、明治三十（一八九七）年熊本地方幼年学校に第一期生として入校した俊才であり、大尉に進級し参謀本部部員となったという。『陸海軍将官人事総覧 陸軍編』によれば、大正十二（一九二三）年三月十九日参謀本部編成班長となっている。『筑後河北誌』では参謀本部第一課長とあるので、同じ第一課の中で昇任していたのであろう。

この本の著者、柳勇自身、明治二十四（一八九一）年生まれの軍人である。明治四十二年、熊本陸軍地方幼年学校卒業。陸軍少将で終戦を迎えた人であり、出身は岩橋と同じ三井郡内、現小郡市松崎である。柳は岩橋について「謹厳にして俊秀情誼に厚く、人格高邁にして神智卓越し、我等後輩を教ゆるに、恰も松下村塾に於ける松蔭の感があった」とも記している。同郷のことでもあり、実際に岩橋に接点があった柳が書き記したことである。軍制改革に関しては真実性が高いものがあろう。また、松浦寛威の弟淳六郎は、当時陸軍省高級副官であったと記している（『陸海軍将官人事総覧』によれば、大正十一年八月五日、参謀本部庶務課高級課員。大正十三年十二月十五日、歩兵第十三聯隊長とある）。

以上のことを勘案すれば、久留米市長が頼った先として名を掲げた人たちの中で最も実効性があったのは、松浦寛威を経ての、弟淳六郎、岩橋次郎ラインということであったのだろう。むろん、これが第十二師団久留米移駐決定の要因のすべてというわけではないであろうが。

（2）軍の誘致と負担

第十八師団の廃止は、小倉から第十二師団の久留米移駐ということで決着した。「軍都久留米」は存続し得たの

表11　久留米市の市費経常・臨時合算歳出

年　度	経常費	臨時費	合　　計	合　計　額 対前年度比	
明治28年	20,242.254厘	7,112.110厘	27,354.364厘		対28年度比
29年	24,791.855	10,351.517	35,143.372	128%	128%
30年	32,198.927	5,818.299	38,017.226	108	139
31年	37,985.598	22,028.617	60,014.215	158	219
32年	44,862.215	11,536.940	56,399.155	94	206
⋮					
38年	65,163.540	21,417.970	86,581.510		対38年度比
39年	73,584.283	30,134.762	103,719.045	120%	120%
40年	88,098.000	109,485.000	197,583.000	190	228
41年	82,883.000	128,905.000	211,788.000	107	245
42年	90,676.000	53,080.000	143,756.000	68	166

(『久留米市概覧』〔大正７年〕より作成。数値については『久留米市誌 上編』〔昭和７年〕の「久留米市歳出入累年決算総額表」の記載と異同がある)

であった。しかし、十八師団の存置運動の中で、師団消費による経済的な恩恵も述べながら、軍を誘致したことによる負担の数々をも吐露した。ここで改めてその内容をまとめてみる。

先に引用した「師団廃止ニ対スル関係市町村長ノ陳情書」には、次のように負担を記していた。

①敷地十六万七千坪の献納

②兵営に通じる幹線道路の開削と市街の延長

③多数の住宅を建て将校の住宅に充てる

④娯楽の機関を建設した

⑤農業・工業の製品は師団の需要に応えるよう変更した

この各項目の内、多くはすでに述べてきたことである。軍の誘致による発展と、そのための努力、言い換えれば負担が、久留米市からの師団廃止の危機に一挙に憤懣を秘めながら羅列されたのである。

この「努力」のためには、当然多額の費用を費やしている。第十八師団誘致の前後、明治三十九年から四十一年まで、久留米市の歳出は大きく増加している（表11）。歩兵第四十八聯隊誘致の際も同様である。特に目立つのは、やはり献納地購入や道路建設に充てた臨時費の増加である。明治三十八年度に比べて、四十年度は五一一％、四十一年度は六〇二％という驚くべき増加となっている。

ところで、この大正十四年の軍備縮小は、師団の数を減らし、その経費を軍の近代化に充てるという目的があった。このため久留米移駐後の第十二師団は、第十八師団と比べて幾つかの異同がある。この内、久留米に関する主なものは次の通りである。

①歩兵第五十六聯隊が廃止され、その後に第一戦車隊新設

②歩兵第四十八聯隊の内一個大隊が、廃止された佐賀五十五聯隊跡に移転

③騎兵第二十二聯隊は廃止されたが、小倉にあった騎兵第十二聯隊と編合

久留米が師団衛戍地であることには変わりがなかった。しかし、久留米への経済的な効果という点から見れば少なからず影響を及ぼしたはずである。歩兵一個聯隊と一個大隊が減じている。その代りは戦車隊の新設であった。この戦車隊は陸軍にとって初めてのものであるので、実験、教育的なものであっただろう。『兵旅の賦――北部九州郷土部隊70年の足跡　第一巻　明治大正編』には、「大正十四年四月、歩兵学校から基幹要員を派遣、本部と一コ中隊及び材料廠から発足（略）、教育用としての戦車はルノー一型五両、A型三両（略）」とある。兵員数で一千人以上が減じたことになり、新たな戦車という兵器に対しての需要品など、久留米でまかなえるようなことはなかったはずである。経済的な効果は減じたのである。

図44　第十八師団記念碑

（諏訪野町堂女木池畔）
題字は最後の師団長・金谷範三中将。
歴代師団長名と師団の経歴を記す

2　水源の枯渇　国分村

国分村に兵営が設置された理由の一つは、村内を流れる高良川の伏流水が豊富な湧水となっている点である。第十八師団が久留米に設置された際にも、特科隊付近の井戸水の水質が悪かったことから、この国分の湧水を水源として軍用水道を設置して利用した（第六章参照）ことも述べた。だが、このことが国分地区に悪影響となって表れることとなった。『初手物語』に「（略）明治の末頃十八師団の出来て、師団の水道の源になる井戸ば名入《ねいり》の上の白川《しらこ》に作ってからが、国分のうちへんの水の出の悪うなったけん（略）」と記されている。

影響を受けたのは、主に灌漑用水であり、農民たちであった。師団設置当初、国分村は水量の減少を心配し反対の姿勢を取った。どのような反対運動があったか不明だが、相手は軍であり、また国分村としても自ら誘致したことでもあった。軍も農民の実情を汲み、稲作期間中には軍用水道からの取水が許されることとなった。

水源地に関する地元民陳述（昭和三十七年）

一　水利権の起り

久留米市に旧久留米第十八師団の設置されるに伴い、新たに設置された牟田山特科隊（輜重・山砲・騎兵の各隊）に給水することを目的として地元の反対があったにもかかわらず軍当局は、明治四十二年当時三井郡国分村（村長　本戸末吉）に水源地を掘削したが、地元への条件として軍用使用と同時に灌漑水としても使用することを関係農民百数十名の代表と師団長の間に契約を締結、爾来この使用がなされて来た。

二　当初如何にして使用しはじめたか

（略）菰原地区は軍用水源地より（略）出水口より常時流水により灌水されていたが、一方名入地区に於ては天候の事情等により灌水不足を来した場合は（略）ポンプ取水し灌水の不足を補っていた（略）以上の様な状態で取水を行って来たが異常渇水のときは水不足がひどいので、この地区の水稲栽培を中止し、競馬場でも作ろうかという声さえ出るに及び、師団長もこの農民の実情を重視し、以後旧軍用水源地の全面使用（大正末期）が稲作期間中農民にも許されるに至った。（略）

（『久留米市史 第11巻』）

村内、東国分地区に湧き出す優良な水が、村への軍誘致の大きなポイントであった。一個聯隊程度であれば、さしたる問題とはならなかったのであろうが、師団規模への供給ともなれば、湧水の不足・枯渇を招くこととなったのである。

3 兵営の裏　高良内村

国分村に第歩兵第四十八聯隊の兵営設置がなされた今一つの理由は、敷地の東側、明星山に向けて広大な演習地が確保できたこともあった。この演習地の大部分は、兵営の東に隣接した高良内村に属した。

高良内村は三井郡に属する。村の中央を高良川が西流する。本村は高良山地の南麓に位置し、国分村との境を接して下川原《しもごうら》の集落、南の上津荒木《こうだらき》村に接した鍄水地区、そして、高良川を遡った所に杉谷の集落がある。村の人口は明治三十七（一九〇四）年で三一二八人。耕地は「惣面積見積反別凡千余町歩」であるが、村の大部分は明星山・高良山の山地・山林である。田畑に加え山林の恵みを受け、江戸時代には暮らしに困らない村であったという。しかし、農地として耕作できる場所は、概ね高良川本流沿いと高良川に注ぐ小河川の谷間《たにあい》、「西北ノ一方稍広潤ナリ」の地である。

ただ、「人口ハ耕地僅々弐百弐拾四町五反拾弐歩ニ此スレハ三千百二十八人ノ多キニ達シ人当漸ク八畝六歩ニ過キス」（『高良内村是』）の村でもあった。

（1）農地の減少と離農

三井郡内の一村として、久留米市と共に軍の誘致に足並みをそろえたであろう高良内村であったが、演習地や兵営の敷地となったことで大きな障害が生じ「零落」した。農地の減少、それも大幅な減少を招いたのである。歩兵第四十八聯隊が設置された七年後、明治三十七（一九〇四）年に編纂された『福岡県三井郡高良内村是』に、嘆きとともに詳述されている。それによれば明治十二（一八七九）年の高良内村の戸数は四一一戸であり、その内農業に従事する者は三三三戸。実に九〇・七％である。

『久留米市史 第11巻』によれば、演習地によって三十余戸が立ち退かされ、また多くが離農しなければならなかった。さらに喪失した耕地は百一町余、全耕地面積の三七％に達したという。実際に現在の地図を見てみると、元来演習場であった現陸上自衛隊幹部候補生学校の東、青峰ニュータウンの一画に、この地域では最も大きな溜池「小笹池」があり、そこからの水路は西に向かって流れ下っている。また、陸上自衛隊幹部候補生学校の東や南沿いにも水路があるが、明治三十（一八九七）年当時は、このような溜池や谷間の小河川からが田畑への用水路であっただろう。軍の施設による耕作地の喪失は、こういった現況などからもうなずける。

前述のように、一気に四割にも及ぼうとする農地がなくなるということは、村の農産業に致命的な状況を作り出したと言えよう。さらに立ち退き、離農を余儀なくされた村民はその後どうであったのだろうか。小作化する者もあったのかもしれないが、引用の通り、村内の耕地は「僅々」であった。『高良内村是』の「自作小作ノ状態」に掲げる表から村内の農家の内訳を見れば、田作、全二九〇戸。内、自作六十戸、自小作一三〇戸、純小作百戸。畑作で、全三九一戸。内、自作一一一戸、自小作一四五戸、小作一三五戸である。自小作も含めた小作農家の割合は、七〇～八〇％に上る。この割合は高良内村に限った数字ではないものだろうが、小作が大半なのである。また、次の「佐賀新聞」を見れば、農地を失くした農民の将来の困難性を窺うことができる。

兵営敷地買収に就て

兵営敷地買収の件は所有者と柳田郡長との間に交渉整ひたること昨紙既に報したる所なるが尚其詳細を聞くに買収土地四十二万千坪に対する所有主の頭数は四十三名にして内九町〇七畝丈は佐賀郡鍋島侯爵家大島重蔵、深川地所株式会社大坪保次郎、北島佐八、内田祐三、都合七名の所有に属する由買収価格は土地の優劣に依り一様ならざるも柳田郡長は一反に付平均二百円の積りにて交渉を纏めたる由亦郡部の地主中買収に依って土地の全部を引揚げられ及び住家を移転せざるべからざるもの三四名あり郡内に於ける前記七名の土地所有者は侯爵を除くの外多くは実業家なれば全部買収さるゝも直ちに其代金を他に活用することを得るも郡部所有者の如きは土地及び家屋の全部を買収せらるゝ以上は直ちに其代金を他に転用するの途なく殊に小作人の如きは小作の為めに多数男女の年季傭人等を抱へ居る向もありて事情諒すべきもの少からさる由なるが兎に角所有諸氏か自己の利害を去り相当の価格を以て迅速に柳田郡長の交渉に応したるは実に本県の面目を発揮したるものと云ふべく此上は尚円満に契約の締結あらんこと返々も望ましき限りなり

(「佐賀新聞」明治四十年四月十八日)

さらに、「離農」であるならば、他に職を転じなければならない。高良内村の「農業状態」を見れば、農民の内、専業三三六戸、商兼業三十七戸、工兼業二十戸である。数の上だけでは国分村とあまり変わりはない。しかし、高良内村は、国分のように商店街ともいうべき町並が形成された地ではない。商店などの経営は多く村民相手くらいのものであったと思える。国分村と同じように、新たに商業への参入が選べたとも思えない。さらに、当時の久留米市内の産業は多分に洩れず軽工業であり、大正五(一九一六)年の資料引用ではあるが従業者の多くは女

表12　大正５年の久留米市主要工場の従業員

工場名	男	女	計
鐘紡久留米支店	130人	569人	699人
つちやたび店	170	330	500
しまや足袋店	97	237	334
国武特許絣会社	15	79	94
赤松絣工場	3	70	73
日本製粉久留米支店	49	5	54

（『久留米商工史』〔昭和49年〕から抜粋作成）

性であった（表12）。同村の離農者の数も、その後の有り様も、現時点では皆目分からない。だが、当時、耕作地を売ることが良い結果を招いたとは決して思えない。

（2）続く軍用地拡大——高良内村の慨嘆

軍用地への土地の買収は、この第四十八聯隊設置の際だけのことではなかった。明治四十年の師団設置では、歩兵第五十六聯隊の兵営地となった。

さらに昭和十五（一九四〇）年・十六年に続けて買収が繰り返された。第一予備士官学校の設置である。同校は昭和十五年に「戦車第一連隊・西部第四九部隊東側のすいか・うり畑（すいかは美味で高良内西瓜として有名であったという）約八万坪に着工」された（『久留米市史　第11巻』）。これには第十八師団設置に際して設けられていた「大射的場」（第二章参照）の拡大であろう「久留米第一予備士官学校訓練場ノ二、一七三、五二〇〔㎡〕ノ本敷地ハ久留米各部隊諸兵演習場トス」（『久留米市史　第11巻』より略記）が伴った。次に示す「軍用地（内野）払下げ請願」中の、田・畑・山村の面積は約二一五万八二〇〇平方メートルとなる。面積の近似から見ても、払下げ請願の地はこの訓練場のことである。戦時下、軍用地は拡大を続けたのである。

軍用地（内野）払下げ請願（昭和二十七年二月）

高良内町は久留米市の最東端に位し、その地形は東北は耳納連山、南は明星山・飛岳の山地迫り、西部僅かに開けた平地に乏しい地域でありまして、戦前の戸数五四一戸、人口二、八六三人（昭和十四年十二月）耕地面積水田八五町、畑一四一町に過ぎない貧弱なる農山村でありました。

然るに昭和十五年九月予備士官学校設置に伴ひ、更にその耕地の中心部二十一町七反を失ひ、引続き昭和十六年七月内野地区田九町、畑四十町、更に山林一六九町が軍用地として買収され、同地区の住民約三〇戸は終に立退きの止むなきに至り、実に耕地面積七〇町余を失ふことゝなり、私共は只でさえ耕地の狭小を憂へていたところ耕地僅に一七七町歩に減少して、その生活は極めて悲惨な状態となつたのであります。而も私共農民は先祖伝来の土地に取組んでこそ生き得るものであります。土地に対する愛着の念は到底筆舌に尽し難いものがあります。併しながら当時国家の危急に対処すべく、又係官の戦終れば必ず先の所有者に返還されるとの言を堅く信じ、戦に勝つ為、只その一事の為に私事を擲つて土地買収を承諾した次第であります。かくて終戦となるや人口は急激に増加し現在戸数七七四戸　人口四、〇七九人を数へるに至りましたが、終戦直後の食糧事情は極めて険悪なものがあり、只僅かに旧軍用地が県当局の奨励指導によつて使用許可となり、私共その開墾に従事してこの窮状を切り抜けたような有様であります。而も一旦荒廃した土地の開墾は実に困難を極め、その苦労は真に容易ならぬものがあつたのであります。

併しながら私共は将来必ずこの土地は、我々の手に返るとの希望と更に当局の指示に従ひ営々として困苦に堪へて来たものであります。その間幾度か各方面に土地払下げの要望を願い出たのでありますが、未だにその解決が遂げられないのみか、最近その旧軍用地の一部が警察予備隊の為に使用されるやに承ります。

かゝる状態では極めて困難なる状勢下にあらゆる艱難を忍んで開墾に努力した私共の苦労は報いられず、私共の生活は亦頗る不安なものとならざるを得ません。又私共一同心を合わせて国家再建への覚悟を固めている秋、その精神的打撃は計り知れないものがあります。

何卒私共の衷情を御諒察の上一日も速やかに該地の払下げになりますよう特別の御配慮を賜りますよう住民一同連署をもちましてここに請願致します。

昭和二十七年二月二十三日

古賀　寅蔵

他一、四九三名

（「旧軍用地払下陳情書綴」久留米市農業委員会〔『久留米市史　第11巻』〕）

先の明治三十年の歩兵第四十八聯隊設置は「誘致」したのであった。そこには、あるいは村の発展への期待も有ったであろう。しかしその期待は『村是』に記されているように、裏切られる結果となった。その記憶は十分に残っていたはずである。そこに昭和の買収は、望みもしないものであった。先に引用した請願に有るように「戦に勝つ為、只その一事の為」に協力する道しかなかったのである。そして、再び「私共は只でさえ耕地の狭小を憂へていたところ耕地僅に一七七町歩に減少」してしまった。更に人口も、明治三十七年の三一二八人に対し、昭和十四年には二八六三人に減少している。

では、高良内村の農業以外の産業、工業と商業の状況はどうであったのか。『村是』「生産」の項に拠れば、商業の内、資本金額が大きいのは、織物商と穀物仲買・出仲買くらいしかない。商業全三十六戸の内四戸は行商・触れ売りである。どれを見ても軍を相手に商業活動を行ったとは思えない。「之レヲ農事ニ比スレハ大ニ逕庭《けいてい》アリ」と記されたとおりである。同じく工業は「職工」に分類され、最も多いのは「木挽職」二十四人で、大工、石工、桶職などが続く。これもまた、商業と同様である。

今ひとたび、『高良内村是』を紐解いてみる。『村是』の「将来之部、余業農事ノ発達」の項に記された村の心情、苦悩は心を打つ。

（略）本村ハ明治十二年ノ村誌ヲ見レハ戸数四百十一戸ニシテ農ヲ業トスル者実ニ三百七十三戸ノ多キニ達シテ工業者僅ニ三十六戸商業者ト称スル者ニ至ツテハ単ニ二戸ニ過キス現今調査ノ商業者ノ四十弐戸ト比較セハ其差幾何ソヤ勿論斯業ノ盛衰ハ本村財政上影響スル処亦決シテ少ナカラスト雖モ之ヲ農事ニ比スレハ大

イニ逕庭アリ然リ而シテ本村現時ノ状態ヲ察スルニ練兵場射撃場等ノタメ耕地狭縮スルト共ニ農家モ亦減退シ他ニ発展ノ道ヲ考究スルモノヲ見サルハ果シテ何ノ心ソヤ（略）

次にまた言う。

村人ヲ奮ヘ村人ヲ進メ我輩絶叫シテ告ント欲スル所ノモノアリ何ソヤ曰ク我カ耕サント欲スル田園我カ栽植セント欲スル山林或ハ練兵場トナリ或ハ他町村人ノ有トナリツ、アルヲ左ナキタニ人口ト土地ト其比ヲ得サル本村カ日ヲ逐フテ零落シツ、アルヲ僅カノ金ヲ調達スルモ之ヲ他町村ニ仰カサルヲ得サル事ヲ之ヲ遺憾ト思ハサルカ之ヲ挽回セント思ハサルカ何ヲ苦ンテ旧蝸廬ニ齷齪シテ窮迫ナル生計ノ下ニ棲息セントスルソ（略）

この文は「移住及出稼」の項である。「北海道アリ台湾アリ」、「彼布哇出稼人ノ結果ヲ見ヨ」と、出稼ぎへの道を説かねばならない。

『村是』に記されたような憂慮は、村に軍用地が設けられた直後から、村民の認識するところであった。高良内村役場の資料が久留米市教育委員会に保存されているが、この中に当該時期の『村会議事録綴』が残っている。この中、村会議員古賀平太郎が村会議長久保山舜盈（後に村長を務める）に宛てた、明治三十一年十二月二十六日付の「建議書」が収録されている（『廿七年以降村会議事録綴』）。

古賀が言うところは、後の『村是』に重なる。軍用地によって村内の耕地は減少し、村は「活計」に「苦シムハ火ヲ見ルヨリ明」らかである。このため「本員等一村代議士之責任ヲ負ヘル之カ救済ノ道ヲ講」じなければならないと指摘する。そこで「救済ノ道」とは、村内の水縄山中の開墾、即ち、林業の発展であると説く。このためには江戸時代から山中に設けられていた近隣各町村の入会地を「解約」せよと主張する。この入会地は六十町歩にも及んだというが、裁判に訴えることも辞せず「誠意熱心斃レテ止ムノ決意」を以て事を行わなければならないと主張する。並々ならぬ決意である。このような決意無くしては、軍用地を受け入れることができなかったのである。

だが、村にとって不利益をもたらすことになる軍用地に対して、議事録のどこにも、受け入れに対する議論があったという記載は無い。無論、反対するというような記載も無い。古賀議員の「建議書」も、軍用地受け入れによる村の苦しみに対する処方なのである。

一個の村にとって、軍用地受け入れの是非を論議することなどは一切無かった。さらに言えば、できるものではなかったのである。只々、憂慮と決意をもって受容する道しか無かったと言えよう。

このような高良内村に対し、「発展」を為した国分村の『村是』は以下のように記している。

(略)六千四百七拾二人ヲ包有シ郡内第一ノ大村タリ
大字国分ニハ歩兵四十八聯隊ノ兵営及旅団司令部衛戍病院等アリ各種ノ商家及旅館ハ兵営前ニ軒ヲ並ヘ人馬ノ往来兵士ノ通行繁忙ヲ極メ依リテ以テ生計ヲ営ムモノ多シ(略)

誇らしさに満ち溢れている。『高良内村是』の慨嘆ともいえる記述と、まさに裏腹である。

『高良内村是』は、歩兵営が誘致されてから七年後、明治三十七年の編纂である。兵営の表となった国分村との差は歴然としており、発展を願った軍誘致の恩恵の微塵も看取できない。国分は「軍都」の誉と恩恵とを一身に受けたが、同じ三井郡内の高良内村は、その陰を一身に受けたのである。

この数回にわたって兵営や演習場に選定されたことによる村民、特に農民の怨念ともいうべき感情は、戦後になって吐露される。

警察予備隊演習への警告要請

（昭和二十七年二月）

近時予備隊の演習実施に際し、濫りに耕作地に踏入り之が為に耕作物にかなりの損害を与へあって、耕作農民の感情又面白からざるものあり。食糧増産の意義を没却したる行為は特に反省してもらいたい。尚内野地区溜池（汐井川溜池）の築堤に最近長さ約三十米、巾約一米、深さ約一米の濠を掘開し（三ヵ所）更に同築堤に対し山上より射撃を実施しあり。本築堤並に水落しは、昭和二十五年多大の経費を投じ改修したものである。築堤は溜池の生命線であり、溜池は農民の生命線である。産業施設に対しその安全を阻害するが如き行為は絶対に注意してもらいたい。

右事項に関し、予備隊当局に対し厳重警告下さる様要請します。

昭和二十七年二月二十五日

久留米市　高良内町

農民代表　（略）

久留米市長　殿

（『久留米市史　第11巻』）

警察予備隊が演習に際して濫りに耕作地に踏み入り耕作物に被害を与えている、溜池の築堤に濠を掘り、射撃をするなどしている。市は警察予備隊に警告してくれと言うのである。確かに、戦後警察予備隊に対しての「警告」ではある。しかし、このような出来事、また「面白からざる感情」とは、四十八聯隊設置以降積もり積もったものであったと思える。敗戦まで、軍に対して苦情を唱えるということなど、ほぼありえなかったはずである。

それが戦後民主主義の世の中となったことによって、やっと、積年の思いを目の前の警察予備隊とその行為に対して物言うことになったのであろう。

(3) 恩恵はあったのか

では、兵営、演習地の所在地となった高良内村には恩恵はなかったのであろうか。考えられる恩恵は一つだけである(土地買収費や小規模な雇用などは別として)。それは村内の主要道路として二筋の郡道が開削されることであった。

『高良内村是』に「道路ノ修築」の項を設けている。

運輸交通ノ整否ハ国家ノ消長ニ関スルハ今更論ナキナリ而シテ避遠ノ地最モ其必要ヲ感ス熟々本村ノ地勢ヲ察スルニ東西ニ長ク南北ニ短ク山間ニ僻在セルヲ以テ道路モ亦単調ナリ今其首要ナル本線トモ云フヘキモノハ多々アルニ非ス即チ本村ノ中央ヲ貫通スル郡道ヲシテ完成セシメ八女郡横山村等ニ通スルニアリ苟クモ是道ニシテ完成センカ農ト云ハス工商ト云ハス其他百般ノ事業ハ此交通ノ便ヲ須ツテ始メテ発達スルコトヲ得ン殊ニ本村ノ首脳トモ謂フヘキ山間部ノ遺利即チ不用ノ産物ハ有用トナルノミナラス難ハ変シテ易トナリ労ハ代リテ逸トナラン之ニ加フルニ八女ノ旅客貨物ハ之ニ依リテ久留米市ニ往復スルヤ必セリ其幸福果シテ幾何ソヤサレハ村民タル者最モ其成効ヲ速カナラシメン事論ヲ俟タサルベシ其他八女郡ヨリ字鎗水ヲ通シテ国分村ニ達スル郡道ノ如キ其完成ハ旅客ヲ便シ更ニ本村ヨリ御井町字宗崎ヲ経テ久留米市ニ通スル里道ヲシテ快ク車馬ヲ通行スヘク修繕スル亦最モ必要ヲ感ス是道ヤ朝夕婦女少童ニ至ルマテ苟クモ他町村ニ赴カント欲スル者概子之レニ依ラサルナケレハナリ而シテ山道里道ノ如キニ至リテモ常ニ注意シテ時々修繕ヲ加フルハ目下ノ急務ナランカ

高良内村は山懐の村である。そのため道路事情は良くなかった。役場・小学校などがある高良内本村のメインの道路は、山裾をうねうねと通り、御井町へ抜け、ここから久留米市へと繫がる。鑓水地区は御井町方面から南へ藤山を抜け八女郡へと道が通る。『村是』にあるように「山間ニ僻在セルヲ以テ道路モ亦単調ナリ今其首要ナル本線トモ云フヘキモノハ多々アルニ非ス」である。このような状況であったため、車馬が通行できる道路は村の悲願であった。即ち、①本村中央を貫通し八女郡横山村などに達する郡道の完成、②八女郡より鑓水を通り国分に至る郡道の完成、さらに、③本村より御井町字宗崎を経て久留米市に至る里道が馬車通行可能になること、この三路線の整備を願っていた。これこそ『村是』に記されこそしないが、兵営・演習地誘致の反対給付として願っていたことに違いない。

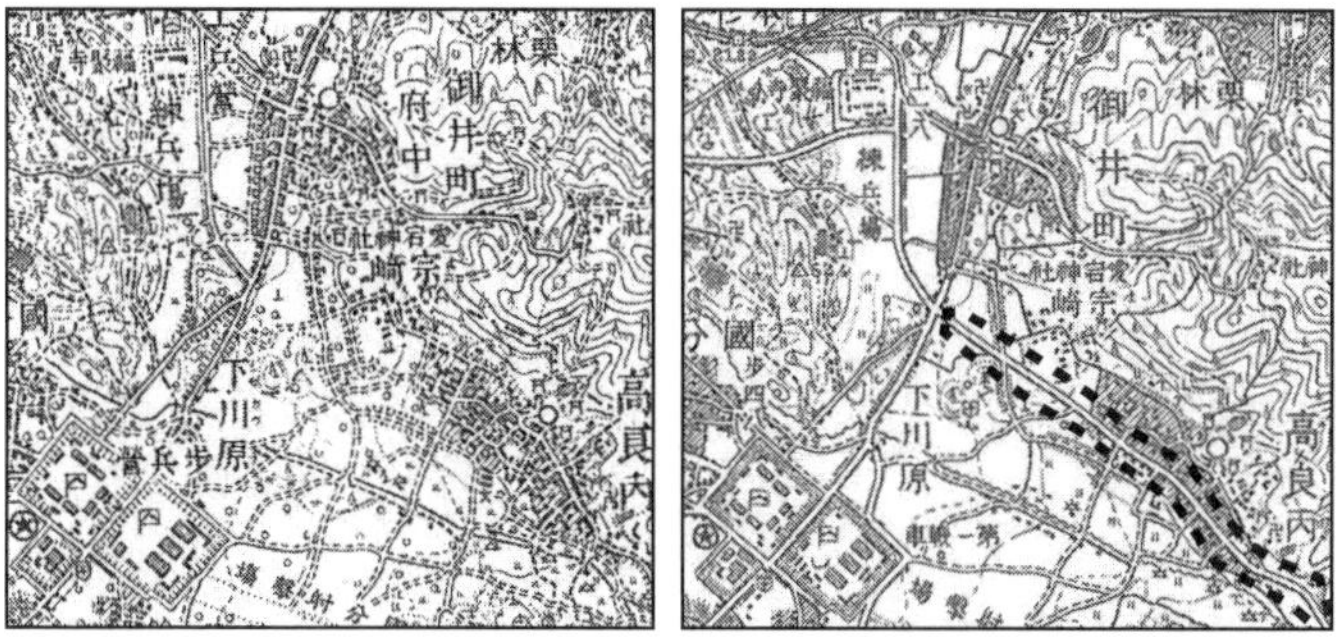

⑴ 陸地測量部明治33年測図
同44年第1回修正測図

⑵ 陸地測量部明治33年測図
大正15年第2回修正測図

図45　御井町と高良内村を繫ぐ道路（図⑵に破線で囲んだ）
図⑴ではまだ旧道のままである

　ところで、高良内村にとって最も重要な道路となる③の道路は、いつ整備されたのだろうか。明治四十四（一九一一）年に至っても旧来の道路のままである（陸地測量部地形図明治四十四年修正測図）。同地形図大正十五（一九二六）年第二回修正測図になって、新たな道路が見えている。今一つ、「高良内村殖林幷杉谷郡道記録」と題された石碑がある。表面は苔むしており、判読しづらい。『久留米碑誌』を参考にすれば、高良内村本村をしばらく高良川沿いに走った「字尾形平」から、村の最山手である杉谷の集落まで郡道開削が記録されている。これによれば、この道は大正四年三月三十日に起工され、同年十二月十二月二十日に竣工している。この道路は、先に記した①であり③の道路の延長である。したがって、③の道路は、明治四十四年から大正四（一九一五）年までの間に整備されたと考える。明治三十年に第四十八聯隊が設置されてから、十五年ほど後のことである。久留米市内外の枢要な道路、また三井郡内の道路は第十八師団設置と相俟って整備された。これに対して、当道路の開削は大正時代を待たねばならなかった。これもまた、高良内村が兵営の裏であったことによるものであろう。

4　演習場　上津荒木村

高良台演習場が設けられた上津荒木《こうだらき》村はどうであっただろうか。演習場となっただけであるので、兵営は無い。この地もまた、幕末期に藩兵の調練が行われていた。

〔安政四年〕十月二日、湯ノ祖〔湯納楚〕村へ出調練、御旗本七ツ過御帰殿。

（『加藤田日記』）

〔慶応元年〕丑九月十四日、川瀬組藤山村之脇ニ湯納楚ト申所之山ニ、御家中御一統弐千人余調練御仕出ニ相成候

（『諸国見聞』）

上津荒木村は、明治二十二（一八八九）年に、上津荒木、藤山、藤光《ふじみつ》の三村が合併して成立した村であるが、東西に長く、丘陵地、山地が多い地形である。この村内に、師団設置に際して演習場が設けられたのである。『久留米市誌 中編』には、「（略）更に騎・砲（野・山砲）、輜重の特科隊南に控え、直に練兵場、演習地（高良台）に及び（略）」とある。この村内に設けられた最大の軍用地が高良台演習場であり、四四一万二二八三・一一平方メートル（『久留米市史 第11巻』旧軍用財産処分状況）の広さであった。実際には「三井郡上津荒木村、八女郡広川村及び三潴郡荒木村の三箇村に跨り、総地積四百五町歩を有し、東西は久留米市より福島町に至る国道並に久留

米市より羽犬塚町に至る県道二条により殆んど境せられ、南部八女郡下広川村（県道より分岐し八女郡上広川村に至る）村道、北部は三井郡上津荒木村（国道より分岐し同村藤光に至る）里道を限り、此区画内の山林地帯全部を包含」（『久留米市史 第11巻』）するものであった。

この演習場もまた、村に影を落とすこととなる。まず、水利上の問題が発生した。

「高良台」の名が示すように、低いだらだらとした起伏が連なる丘陵である。「地勢全面山多ク然レドモ赭兀タル小丘ニシテ鬱蒼タル森林少ナク」（『上津荒木村是』）と表わされる、上津荒木村のほぼ中央を占める赤土の台地である。この地勢のため、村は灌漑用水に乏しい。

水利ニ関スル件

本村田反別二百五十余町歩ヲ有スト雖河川ノ引用スルモノナク只溜池ニ依ルノ外灌水スルノ便ナシ而シテ本村僅カニ十町余歩ノ溜池水面反別アルノミニテ年々旱害ヲ蒙リ亀裂ノ状ヲ呈スルモノ凡五十町余歩ニ垂ントス抑々本村ハ農ヲ以テ主眠《ママ》トスルモノ而シテ夏時灌漑ノ不足ヲ告ケシガ本村経済ニ影響スル是ヨリ大ナルハナシ本村民タルモノ奮テ是カ設備ヲナシ灌水ヲ充分ナラシメン事最モ焦眉ノ急ナリ

（『福岡県三井郡上津荒木村是』）

村内には野添川、藤田浦川が西流するが、さしたる河川ではない。このため高良台には灌漑用水の溜池が多く作られていた。ここが陸軍演習場として買収され軍用地となったのである。このため演習場は軍の使用によって地肌がむき出しとなった。戦後、この地が開拓地となった際の資料であるが、『続久留米市誌 下巻』に、「殆ど一木一草も生えていない土地が多く、永い間軍靴に踏みにじられた不毛荒蕪の地高良台の赫土が果して開墾可能であろうか」とある。この荒れた地肌から赤土が流れ出た。

旧軍用地の所管換申請等（昭和二十七年十月）

（略）

6．更に本地区内には大小五〇個所の溜池を持ち、その灌漑面積三〇〇町に及び、しかもこの溜池に荒肌の地から土砂流入し、これが維持のため年間一〇〇〇万円余の維持費を出費する（略）

（『久留米市史　第11巻』）

藤山地区では水路の遮断が発生した。

記念碑（用水）　藤山町甲塚

（意訳）明治四十参年参月、久留米第十八師団が丸山の地に陸軍射撃場を設置したため、長谷の水道が中断することとなった。そこで藤山区の当局者は官庁に請願して暗溝や露溝を設けて水路を通すことを協議した。この結果、壱百四拾間の暗溝と八拾七間の露溝が開設され、もとのように水道が通じた。工費は区民の夫役のほかに弐千七百余円を要し、その設計は官民共同してなされた。（略）

（『久留米碑誌』）

同様に、水路の遮断は練兵場でも生じている。

明治四十二年十月七日

臨時陸軍建築部本部長　男爵　石本新六 印

陸軍大臣　子爵　寺内正毅　殿

久留米練兵場西側用水路遮断ノ為メ土地買収ノ義ニ付伺

久留米練兵場西側ニナル別紙調書之田地ハ該練兵場新設ノ結果水路ヲ遮断シ為メニ灌漑ハ全然不可能ニ有之就テハ補償料支弁ノ事ヲ協議候モ要求不当ナルヲ以テ寧ロ買収致候方比較的有利ト被存候加之野山砲兵営ニ接近シタル土地ニ付同隊作業場トシテ此際買収致度（略）

（『陸軍省大日記』参大日記）

賠償要求額が不当なので「寧ロ買収致候方比較的有利」であるとして買収し、さらに民法上買収した土地が負担した義務を継続しないように灌漑補償を行っている。

広大な演習場である。溜池などへの水利上のトラブルは少なくはなかったことであろう。

この水路の問題は、一方では軍側にも障害をもたらしている。田地であったような土地を一括して兵営、演習場などにしたのである。このため元来灌漑のための水路が、その地域を幾筋にも流れていたはずである。これの付け替えや集約が新たに惹起する。その結果、軍としては排水工事を各所で行わなければならなくなった。二つの例を取り上げる。

歩兵第五十六聯隊では下水溝を拡張しなくてはならなかった。

歩兵第五十六聯隊下水溝拡張工事ノ儀ニ付伺

明治四十三年五月廿三日

臨時陸軍建築部本部長　男爵　石本新六 印

陸軍大臣　子爵　寺内正毅　殿

歩兵第五十六聯隊構内外ノ排水ハ在来ノ掘放シ下水溝ニヨリ角ノ久保ノ河流ニ放流スルコトト相成居候処該隊建設ト共ニ附近ノ排水ハ其流ヲ変更シ渾テ構外下水溝ニ流入スルヲ以テ水量嵩ミ在来ノ狭小ナル下水溝ニテ到底排水シ去ラサル而已ナラス逆流シ来ルノ状況ニテ敷地内ノ排水ニモ支障不尠依テ別冊設計図面ノ通リ

在来下水溝拡張工事実施致度（略）

（同前）

軍にとっては「下水溝」であるが、元来はこの地域を潤し、「角ノ久保ノ河流」とあるので、衛戍病院裏へと流れ下り、「名入《ねいり》」（『ふるさとの川——高良川・筒川・池町川・金丸川ほか』）となる水流の一つだったはずである。

御井町の工兵第十八大隊でも似たようなことが起こった。同じく明治四十三年の工事伺であるが、御井町の工兵第十八大隊の作業場用地内に排水路新設を余儀なくされた。「南北ニ縦貫スル渓流」は「絶ヘス流水ヲ有シ且ツ水底ハ浅キノミナラス屈曲多キ」ために「排水不十分ニシテ場内ハ常ニ溢水ノ為メ湿潤」し、「夏期大雨ノ際ハ場内一面ニ氾濫」したというのである。この川は「井田川」といい、現在も下流で内水氾濫を起こし、令和五年段階で、旧工兵隊兵営である現久留米大学御井学舎のグラウンドに貯留池の建設工事が行われるに至っている。

上津荒木村に話を戻す。この村にとって今一つの問題は、山からの薪などの採取ができなくなったことである。

軍用地高良台の払下げ請願（昭和二十七年二月）

上津町・藤山町・藤光町は久留米市の最南端に位し、その地域の大半は山岳地帯で平野に乏しく、戸数八八八　人口四、九五〇　耕地面積水田二二〇町歩　畑九〇町歩に過ぎない貧弱なる農村であります。戦前山林の殆んどを軍用地として買収されました結果、私共農民は薪炭林もなくなりまして生活は極めて悲惨なる状態となったので有ります（略）

（『久留米市史　第11巻』）

村の暮らし向きに困難を来したのである。『村是』の「本村人本村地籍内ニ所有スル林産価格並ニ収益」の項を見れば、表13に示す収益が記されている。

一方、広大な山林を持つ高良内村では、松四一五八円、薪一四四〇円、柴九百円、落葉二五〇円の収益である

表13　「本村人本村地籍内ニ所有スル林産価格並ニ収益」

	収　量	価　格	収益金額
松　3尺以下	17万8500本	3万345円	867円
薪	551万斤	9918円	661円20銭
柴枝	33万8000把	9840円	656円
落葉	5950把	238円	238円

（『福岡県三井郡上津荒木村是』〔明治37年〕より抜粋改変し作成）

（『高良内村是』）。比較すれば、高良内村では松など本格的な材木が主力であるが、上津荒木村では、薪、柴枝類の比率が高い。これは、やはり「山多ク然レドモ赭兀タル小丘ニシテ鬱蒼タル森林少」ないことによるものであろう。つまり、高良台での林業生産による収益が多く含まれていたと考えられる。であれば、家庭燃料の欠乏に止まらず、村民の収益に大きな影響を与えたと考えるのが妥当であろう。

高良台演習場も、決して地元に良い影響は与えなかったのである。

終章　「軍都久留米」の終焉

1　敗戦と軍の解体

昭和二十（一九四五）年八月、敗戦を迎えて軍隊は廃止となり解体された。これは同時に「軍都久留米」の終焉をも意味する。明治三十（一八九七）年の歩兵第四十八聯隊の誘致に始まり、明治四十（一九〇七）年の第十八師団の誘致、大正十四（一九二五）年の軍縮による第十八師団の廃止と、第十二師団の移駐。久留米市は発展を軍隊に賭けたのだが、五十年を経ずして「軍都久留米」は終わったのであり、主がいなくなった兵舎だけが残された。

久留米師団とその組織は戦争が激しくなるにつれ規模を拡大し、それに伴って地域の軍用地も拡大していった。敗戦後、この用地、建物は大蔵省の管理下に置かれ、その後、学校、工場、あるいは戦災・引揚者住宅、開墾地などとなっていった。国の戦災地復興の方針としては、師団所在地については、「大都市における戦災教育施設はなるべく元の都市に復帰することを避け全国に散在する陸軍軍都たる旧師団所在地および旧陸軍施設を利用して学園都市に転換せしめる」（「西日本新聞」昭和二十年九月二十七日）ということであった。野田俊作福岡県知事も「師団を失った久留米としての復興目標は軍の建物を利用して学都としての発展を期すべきであらう」（同前、昭和二十一年二月二十三日）と述べている。学園都市としての復興は、決して久留米市が独自に構想したものではなかったが、いずれにしても復興への方針、少なくとも残った軍用地、兵舎の利用の方向は定まったことになる。

転用の道が開けた兵舎であったが、戦後の様子は惨めであった。御井町の工兵隊跡には、久留米医科大学（現久留米大学）予科、後商学部が入った。この時の様子である。

「諸式万事お粗末なうえに校舎も兵営そのままという極めて惨めな誕生（物理学教室）」、「兵舎は終戦と同時に荒廃し、天井もなく塵埃山積してまったくねずみの巣窟と化す（生物学教室）」、「天井板は全部はぎとられ、室内の装飾はもちろん、戸や窓ガラスのないところが非常に多く、教室にと望んだ兵舎は屋根瓦が1枚もなく、営庭は怪物屋敷のように殺風景であった（予科創始史）」（『久留米大学商学部五十周年記念誌』）。

このような荒れたままの状態は、軍都久留米の誇りであった歩兵第四十八聯隊跡とて変わりはなかった。昭和二十四（一九四九）年、九州大学第三分校が聯隊跡に置かれた。この時の様子は、「（略）入校式のために第三分校に足を踏み入れた学生たちは、校門を入ったところで棒立ちになった。目の前は一面、人の背丈を越える草が生い茂り、この練兵場跡の野っ原を囲むようにして立っている旧兵舎群が、草越しにわずかに見えるという惨状である。兵舎は大小約二十棟。さすがに造りはがっちりしていたが、茶色にすすけた建物を「校舎」というには、あまりにそぐわぬイメージであった」（「こおらの里35　つわものどもの夢の跡」〔「西日本新聞」連載〕）という。

（略）久留米市は知ってのとおり、国内でも有数の軍都であった。されば市の随所には広大な兵舎跡が何か所も存在し、それが終戦直後の混乱期に荒廃し尽くし、大蔵省の所管に移った頃はもはや手のつけられない状態となっていた。省の出先機関もこの管理には手を焼き、借り手さえつけば安い地代で貸し出す方針で臨んだ。大学が予科設置に当たって工兵隊跡地の借用を申し込んだ際にも、当局はもっと広い兵舎を利用するように勧めたほどで、これに対し大学側は工兵隊跡地だけでも結構広すぎるぐらいだということで、相手の折角の厚意?を辞退したという。ここで厚意の文字の下に「?」のしるしをしたのは、それがほんとうの厚意だったのか、それとも管理上の責任転嫁だったのかわからないからである。（略）

（『久留米大学商学部五十周年記念誌』）

昭和二十一年、医科大学予科開設時の大学側が受け止めた印象である。新聞報道では「落ちつく戦災学園／久留米元兵舎争奪戦に終止符」との見出しで、工兵隊跡などが希望する学校間の「争奪戦」となったと記している。そうであったにしても、管理をする側に回った大蔵省、特に窓口となった地方の財務局にとっては、早く処理したい気持ちで一杯であったのではないだろうか。であれば、久留米大学が受けた印象にはうなずけるものがある。

軍都久留米を誇りとした久留米の人々は、いかなる思いで荒れた兵舎を見ていたのであろうか。終戦一年後の新聞には、「軍国主義の巣であった兵営もそれぞれ新しい使命に更正した」と記している。戦争の激化を経て、地域と軍隊の関係は崩れ去っていたのであろうか。

一方、別の道をたどった二つの施設がある。一つは陸軍墓地である。周囲は戦災復興として建設された久留競輪場となったが、「忠霊塔」としてのみ残った。

今一つは陸軍病院である。県内には五カ所の陸軍病院があった。昭和二十年十二月に厚生省に所管が移され、一般に開放された。久留米陸軍病院は終戦時に、「軍医六十名、看護婦三百六十名、入院傷病兵三千五百名」であった。国立久留米病院となった際には、「現在医師三十名、看護婦百四十名に縮減、病棟も一部間引きしたとはいへ、なほ二千名程度の収容力」であった（「西日本新聞」昭和二十一年二月六日）。現在は久留米大学医療センターとなり、地域の中核的な医療の一端を担っている。ただ、今や、陸軍を起源に持つ施設であることを知る人は少なくなったことであろう。

また、終戦から一カ月ほど経った昭和二十年九月二十一日、新聞紙上に次の広告が載った。

契約代金支払公告

久留米師管区経理部ニ対シ物件ノ納入、加工、運搬等ヲ実施シ未タ代金ヲ受領セサル者ハ九月二十八日迄ニ個人或ハ代表者ノ印鑑及関係書類持参当部ニ出頭受領セラレ度

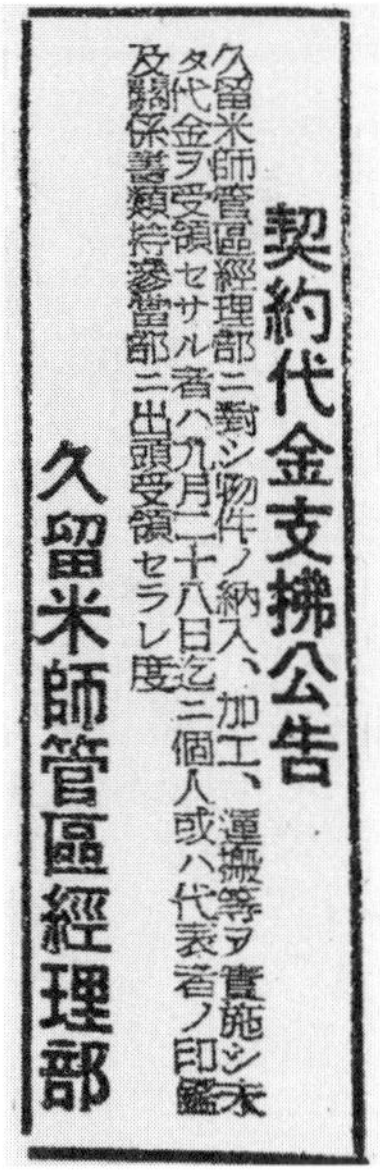
契約代金支拂公告

久留米師管區經理部ニ對シ物件ノ納入、加工、運搬等ヲ實施シ未タ代金ヲ受領セサル者ハ九月二十八日迄ニ個人或ハ代表者ノ印鑑及關係書類持參當部ニ出頭受領セラレ度

久留米師管區經理部

図46　契約代金支払公告
（「西日本新聞」昭和20年９月21日）

久留米師管区経理部
（「西日本新聞」昭和二十年九月二十一日）

軍の支払い残務整理である。明治三十年以来連綿と続いた、軍と地元「御用達」との関係は、この九月二十八日を以て終了したのである。つまりは、この日が実質的な「軍都久留米」の終焉と言えよう。

2　警察予備隊の誘致

学園都市による久留米復興が始まっていった。しかし、敗戦による軍隊の廃止で、地元は大きな消費者を失った。こと兵営の「門前町」であった国分にとっては大きな打撃であった。そこに持ち上がったのが警察予備隊の移駐であった。このことに地元、特に国分町は安堵し、期待をかけた。『久留米市史　第11巻』に「西日本新聞」昭和二十五年八月二十三日付の記事を掲載している。

地元は蘇生の思い―活況取戻す久留米国分本町（昭和二五・八・二三　西日本）

警察予備隊九州本部（仮称）が久留米市外高良内村旧第一予備士官学校跡に決定したことは、戦車隊など軍隊の廃止で火の消えたようになっていた同市国分本町の人々に蘇生の思いをさせている。国分本町は軍隊用品、飲食店、写真屋で軍隊とともに繁栄してきたところ、最近は九大第三分校生徒の下宿などでやっと町の形態を保っていたが、こんど警察予備隊ができて三千名もの人が入ることになれば、同地はこの予備隊をめぐってふたたび活況を呈するだろうと町民の顔はあかるい。

【久留米商工会議所田中宗氏談】久留米の皆さんは非常な喜びでこれを迎えるでしょう。久留米は長い間の軍都を解放されて学都として発足していたが、学生の経済力は弱いので困っていた。警察予備隊なら経済力もあるし、あらゆる面で市民が協力できるし、大いにその将来を期待している。
【高良内村役場談】先日そんな情報が入ったので村会の協議会にはかった。もちろん反対などはない。これを機会にバスの運転をひんぱんにして交通を便利にしてもらいたいとの希望があった。

久留米に移駐してきたのは、高良内町旧陸軍予備士官学校跡に久留米普通科学校、国分町旧歩兵第四十八聯隊跡に特科聯隊で、合せて約六千名程になったという。旧陸軍の場合、平時における一個師団は約一万人程であるので、「軍都」の復活と繁栄を期待したとしても、おかしくはないだろう。『久留米市史』では次のように述べられている。

（略）予備隊久留米移駐と同隊普通科学校関係で、約六〇〇〇人の大世帯となったので、その台所を賄うのも大変であった。（略）市内農村部にとっても魅力ある市場ということになり、激しい顧客争奪戦が起りそうな気配となったので、高良内・山川・合川・上津・国分・小森野・御井の七納入組合が集まり、久留米市生産納入組合連合会を結成して、納入品の入札を行った。このほか、みそ・しょうゆ等についても、納入希望者が殺到したので、市商工課と商工会議所で協議の結果、旧軍時代の実績と能力を勘案して適正な業者を推薦し（略）

（『久留米市史　第4巻』）

ところが、やはりである。今回もまた、誘致にあたって地元の負担が必要であった。昭和二十六（一九五一）年の市議会で、市長は「九州本部の誘致については、熊本が二三万坪を無償提供して猛運動している。しかし久留米としては、立地条件が最も良い。昨日筒井総監が来久になり、結局建設迄の準備費用約四千万円のうち、国から一千万円は出そうということですが、久留米としては一千三百万円を要求している。所要坪数は七万坪であります」と述べている。さらに、三千～四千万円の、中学校の移転などの費用が必要だとしている。これに対し、議員から、「誘致については多少の犠牲は止むを得ぬ。是非誘致してもらいたい」との意見が出ている。今一つ、「旧四十八部隊跡には、久留米食品株式会社が営業を行っていたので、約二七五万円の補償費を払って移転してもらうこととし、受入態勢を整えた」（『久留米市史 第11巻』）のである。

ここでもまた過去と同じく、誘致の競争と、地元の金銭的負担が繰り返されることとなったのである。

さらに、警察予備隊もまた、陸軍がそうであったように「陰」をも持ち込む。それは演習場の再開に凝縮されている。警察予備隊は、旧陸軍が演習場として使用していた高良台と高良内町の内野地区を接収し、再び演習場としての使用を求めたのである。

これに対し、高良台開拓者、高良内農民などから、強い不満と抗議活動が行われている。

演習用地接収問題

（略）高良台ならびに高良内町内野の一部を演習場として使用したいとする意向が、予備隊側にあることが分かった。（略）戦後連合国軍側に接収されていたものの、連合国軍の演習に支障のない部分の開拓・農耕は差し支えないとされていたものであった。そこで、両地区ともに開拓農民や地元農民ら計一四九八戸が入って営々と開墾し、ようやく一般農地なみの収穫を上げつつある矢先の接収問題であるため、農民たちの驚きと怒りはひととおりではなかった。早速、市・県及び国（農林・外務・大蔵各省と予備隊本部など）へ陳情を続けた結果、予備隊側も演習地としての接収について大幅な譲歩を示した。すなわち、当初、高良台について四四五ヘクタール、内野二七六ヘクタールの計七二一ヘクタール以上必要と主張していたが、昭和二十七年十

二月十七日、保安庁側から、最低限二二〇ヘクタールを保安隊が使用することで決着した。(略)

(『久留米市史 第4巻』)

旧軍用地の払下げを求める決議(昭和二十七年三月)

旧陸軍軍用地高良台演習場・内野訓練場・高良内射撃場の各入植地並地元増反地区は、終戦直後の逼迫した食糧事情の打開策として当局より引揚者・復員軍人・地元増反より成る入植開発が督励指導されたのであります。

(略)

然るに昨今警察予備隊に於て、高良内射撃場の一部が実際に使用されつゝある現状にあり、斯る事態は今後全般的に関係する問題と思考せられるので、関係開拓民の生活権確保の意味から農民の犠牲補償の責任を明確にし、合せて占領軍接収解除の暁には、速かに各関係者へ払下げ方特別の御配慮下さる様本会の決議により特に請願致す次第であります。

昭和二十七年三月十三日

久留米市農業委員会

委員長　石橋　作太郎

久留米市長　山下　善助　殿

(『久留米市史 第11巻』)

戦争の時代を通り過ぎ、警察予備隊への要求、苦情は速かった。これはまた、戦前に陸軍へ物言うことができなかったことが、戦後の民主主義の時代となった時、表面化したものとも言えよう。いずれにしても、ここでもまた、警察予備隊の誘致による、表の町と裏の町との構図は繰り返されたのである。

3　その後の久留米

戦後、終焉をつげた「軍都久留米」は、令和五年現在、「平成の大合併」を経て、人口は三十万人を超え、中核市となっている。昭和二十年まで軍都であることによって繁栄してきたのだが、前項のように、繁栄の基盤であった軍隊は無くなった。軍都としての名残のように、警察予備隊、現自衛隊を誘致はした。しかし、これが現在の久留米の経済を大きく支えていることはない。

明治維新を迎えるまでの久留米は「城下町」と称される。明治三十年からは「軍都」と称された。それ以降、『久留米市史』を始め、その時の久留米市に関して定型的に形容する呼称は見かけない。しかし、「ゴム三社」という言葉に代表されるように、久留米を代表する産業は、このゴム産業である。戦時中、久留米のゴム産業は軍需産業に指定されることによって、生き残った。それ以上に戦争による需要によって拡大した。そして、戦後、民需への転換を果たした。高度成長期の頃まで、国鉄久留米駅の通勤風景は、駅を出た集団が大きく右と左に分かれたと聞く。駅を背にして左がブリヂストンとアサヒ。右が月星である。この時期、「ゴムの町」と一定は形容されていた。軍隊無き後、久留米に育ったゴム産業が、確かに久留米のその後を牽引したのである。

私には戦後の久留米を分析する力はない。今後、どのように形容されるか、それは別の研究に委ねられるであろう。ただ、いかに形容する時代ではあっても、その根底には、筑後川が育んだ平野を中心として、営々とした農業の営みがあったのだと思う。

◆参考文献

＊原則として文献名の50音順排列

『秋月黨』川上市太郎著、葦書房、昭和五十一年（初版：亀陽文庫、大正十四年）
『洗町小誌《久留米史料叢書［四］》』亀山清次郎著、古賀幸雄編、久留米郷土研究会、昭和五十二年
『有馬義源公』坂本辰之助著、東京郵便通信社、明治四十一年
『異風者伝――近代熊本の人物群像』井上智重著、熊本日日新聞社、二〇一二年
『円形野外講堂　久留米市文化財調査報告書　第202集』久留米市教育委員会、二〇〇四年
『加藤田日記《久留米史料叢書［五］》』加藤田平八郎著、久留米郷土研究会編刊、昭和五十四年
『観光の久留米　市勢要覧・商工名鑑』夕刊大久留米社、昭和十二年
『北九州市史　近代・現代　行政　社会』北九州市史編さん委員会編、北九州市、昭和六十二年
『久留米回想記　明治～大正時代――近代久留米の黎明を伝える』吉田シヅ子著、今村書店、二〇〇一年
『久留米観光読本』広重慶樹著、久留米市観光協会、昭和十三年
『久留米市誌　上編』久留米市役所、昭和七年
『久留米市誌　中編』久留米市役所、昭和八年
『久留米市史　第3巻　近代』久留米市史編さん委員会編、久留米市、昭和六十年
『久留米市史　第4巻　現代』久留米市史編さん委員会編、久留米市、平成元年
『久留米市史　第6巻　年表・索引』久留米市史編さん委員会編、久留米市、平成二年
『久留米市史　第11巻　資料編　現代』久留米市史編さん委員会編、久留米市、平成八年
「久留米市諏訪野町〝今昔〟」小川喬義著（『久留米郷土研究会誌創立45周年記念　第30号』久留米郷土研究会、二〇一七年）
『久留米市勢一斑』筑後日之出新聞社、大正四・十一年

『久留米市編入当時の国分町　全』大正十三年
『久留米商工史』権藤猛著、久留米商工会議所、昭和四十九年
『久留米人物誌』篠原正一著、久留米人物誌刊行会、昭和五十六年
『久留米大学商学部五十周年記念誌　昭和25年～平成12年（1950～2000）』久留米大学商学部50周年記念誌編集委員会、
久留米大学商学部、二〇〇〇年
『久留米碑誌』久留米碑誌刊行会、昭和四十八年
『久留米俘虜収容所　1914～1920　久留米市文化財調査報告書　第153集』久留米市教育委員会、平成十一年
『久留米めぐり』篠原正一著、菊竹金文堂、昭和九年
「軍隊と戦争の記憶――日本における軍用墓地を素材として」原田敬一著（『佛教大学総合研究所紀要　第7号』二〇〇〇年）
『軍隊と地域社会を問う　地域社会編《地域のなかの軍隊9》』林博史・原田敬一・山本和重編、吉川弘文館、二〇一五年
『軍隊を誘致せよ――陸海軍と都市形成《歴史文化ライブラリー370》』松下孝昭著、吉川弘文館、二〇一三年
『軍都の慰霊空間――国民統合と戦死者たち』本康宏史著、吉川弘文館、二〇〇一年
『軍用地と都市・民衆《日本史リブレット95》』荒川章二著、山川出版社、二〇〇七年
『校訂　筑後志』杉山正仲・小川正格編、黒岩玄堂校訂、久留米郷土研究会、一九七四年
『工兵第十八連隊史』渋谷勇雄著、緒方武二刊、平成元年
『御創建一三〇年記念　山川招魂社誌』山川校区郷土研究会編、山川招魂社一三〇年祭記念事業実行委員会、平成十一年
『佐賀県経済百年史』中山成基著、佐賀新聞社、昭和四十九年
『佐賀市史　第四巻』佐賀市史編さん委員会編、佐賀市、昭和五十四年
『佐賀市水道誌』佐賀市役所、大正十三年
『上海事変写真画報　皇軍武威の足跡』日本足袋株式会社、昭和七年
『諸国見聞』石本猪平著、石本昭一翻刻、海鳥社、二〇二二年
『初手物語』真藤ミチヨ口述、真藤アヤ収録、古賀幸雄・古賀ユキ・真藤アヤ編、久留米郷土研究会、昭和四十七年
「西南戦争と小郡」黒岩弘著（『故郷の花　第21号』小郡市郷土研究会、平成八年）

「戦没者の遺骨と陸軍墓地――夫が戦没した妻たちの六〇年後の意識から」横山篤夫著（『国立歴史民俗博物館研究報告　第147集』二〇〇八年）
『続久留米市誌』上巻・下巻、久留米市役所、昭和三十年
『第九「初めて」物語』横田庄一郎著、朔北社、二〇〇二年
『筑後河北誌』柳勇著、鳥飼出版社、昭和五十六年
『筑後郷土通史　近世篇　下』伊奈健次著（浅野陽吉編『郷土研究　筑後　第五巻第八号』昭和十二年）
『筑後名鑑　久留米市之巻』渡辺五郎編刊、大正十一年
『月星ゴム90年史』月星ゴム株式会社、昭和四十二年
『蹄響』長崎武著、東京厚生堂、大正五年
『ドイツ軍兵士と久留米――久留米俘虜収容所Ⅱ　久留米市文化財調査報告書　第195集』久留米市教育委員会、平成十五年
『ドイツ兵捕虜とスポーツ――久留米俘虜収容所Ⅲ　久留米市文化財調査報告書　第213集』久留米市教育委員会、平成十七年
『ドイツ兵捕虜と収容生活――久留米俘虜収容所Ⅳ　久留米市文化財調査報告書　第251集』久留米市教育委員会、平成十九年
『豊田勝秋――近代工芸先駆者の生涯』中牟田佳彰著、西日本新聞社、昭和五十二年
『八間屋村から国分自治区へ』金子祐幸著刊、平成三十一年
「「万骨枯る」空間の形成――陸軍墓地の制度と実態を中心に」原田敬一著（『佛教大学文学部論集　第77号』一九九二年）
『福岡県浮羽郡是』浮羽郡是調査委員会、明治四十三年
『福岡県久留米市是』久留米市是調査委員会、明治四十年
『福岡県警察史　明治大正編』福岡県警察史編さん委員会編、福岡県警察本部、昭和五十三年
『福岡県史　通史編近代　産業経済（二）』財団法人西日本文化協会、平成十一年
『福岡県三井郡上津荒木村是』上津荒木村調査委員、明治三十七年
『福岡県三井郡高良内村是』（稿本）高良内村調査委員、明治三十七年
『福岡県三井郡国分村是』国分村調査委員、明治三十六年
『福岡県三井郡是』三井郡是調査委員会、明治三十七年

『福岡市人物大鑑』隈部紫明著、福岡出版協会、昭和十一年
『ふるさとの川――高良川・筒川・池町川・金丸川ほか』小川喬義著、二〇〇六年
『ふるさと御井』グループはぜの実、一九七一年
『兵旅の賦――北部九州郷土部隊70年の足跡』北部九州郷土部隊史料保存会編、西日本新聞社、昭和五十一年
『三井郡勢一斑』三井郡役所庶務課編、三井郡、明治四十一年
『三井郡読本』三井郡教育会編刊、昭和十年
『御井町合併記念誌附郷土誌』野村米次編刊、昭和三十一年
『三井めぐり』篠原正一著、菊竹金文堂、昭和九年
『明治天皇と久留米　御臨幸二十周年記念』財団法人久留米社会教育会、昭和六年
『明治四十四年特別大演習写真帖』福岡県、一九一一年
『目で見る久留米の歴史　市制九〇周年記念』久留米市史編さん委員会、昭和五十四年
『躍進！久留米を語る』久富金作著、久留米商工会議所、昭和十二年
『吉井町誌　第三巻』吉井町誌編纂委員会編、吉井町、昭和五十六年
『陸海軍将官人事総覧　陸軍編』外山操編、芙蓉書房出版、昭和五十六年
『私の歩み』石橋正二郎著、一九六二年

【資料】「福岡日日新聞」に見える兵営建設関連記事・抜粋（日付は新聞掲載日）

歩兵第四十八聯隊設置時

明治二十九年	
三月　十八日	「師団増設公布」。廿四旅団は筑後久留米に置かるゝならん。
十九日	「陸軍管区の改正」。第十二師管は小倉、大分、久留米、佐賀を以て各其聯隊区となす。
二十日	「師団及旅団位置」。第十二師団は小倉、第二十四旅団は久留米ならん。
二十七日	「福岡聯隊は撤去せらるべし」。第廿四聯隊は久留米に移さるゝことに決す。
五月　八日	師団増設に付各府県に於ては一箇人又は市町村名義を以て新兵営建築用地の献納を出願するものあり。
六月　五日	「新兵営地としての久留米と佐賀」。久留米に設置せらるべき旅団は佐賀には移ることなし。
十日	「久留米兵営地に就いて」。久留米旅団敷地及び附属地は既に測量に着手。兵営建築地凡四万坪、練兵場四万坪、射的場三万坪、この他に陸軍墓地、病院等。
七月　十六日	久留米に旅団を置かるゝに付、第廿四旅団より一個大隊を久留米へ分遣。
八月二十五日	「新築計画の聯隊営」。歩兵四十八聯隊等営舎新築に着手、本年末までの竣成を予期。
九月　二十日	「久留米兵営建築受負」。久留米兵営新築工事は四万千六百円にて熊本陸軍御用達鹿児島県人池畑半蔵。落成期限は明治三十年一月三十日。
十月　九日	「久留米新兵営建築に就て」。第四十八聯隊兵舎建築は已に工事に着手。建築監督出張事務所は格好の家なき為、家屋を建築することとし、真藤栄・国分和蔵建築委員となる。
十二月　十日	久留米歩兵聯隊縫工場其他新築外一廉　臨時陸軍建築部熊本支部入札広告。

明治三十年

一月　五日　「建築中の兵営倒る」。昨年十二月二十九日、久留米建築中の兵営一棟強風の為め吹き倒されたり。

十三日　新設久留米歩兵聯隊下士集会所及酒保一棟新築、久留米歩兵聯隊暖炉格納庫一棟新築。一月四日付臨時陸軍建築部熊本支部広告。

二月　二日　新設久留米衛戍病院病室及附属家一棟新築。一月二十七日付臨時陸軍建築部熊本支部広告。

二十五日　新設久留米歩兵営聯大隊本部二個中隊兵舎二棟新設。二月二十三日付臨時陸軍建築部熊本支部広告。

三月二十四日　「第四十八聯隊新兵営へ移転の期」。来月移転までに工事完成の運びに至らず十日間程延期。

四月　三日　「市長訓示」。第四十八聯隊来営に付久留米市長は明後五日より軍人に対する心得を諭示するよし。

十五日　「久留米片信」。新兵営工事は既に聯隊司令部及二ケ大隊を入るべき二棟落成、転倒せし一棟は工事を急ぐ。四方一面の柵は未だ竣工せず。兵営見物多し。

二十日　「久留米第四十八聯隊転営に付市長の訓示」。

二十一日　「土木受負広告」。三井郡国分村地内　県道新設工事一ヶ所。四月十八日付福岡県。

二十二日　「第四十八聯隊転営概況」。聯隊副官、聯隊長以下将校家族一同来着。

二十三日　「第四十八聯隊歓迎」。久留米全市は戸々軒頭に国旗及び灯を掲げ、聯隊通行の順路は桜樹を植える。

二十五日　「第四十八聯隊歓迎」。四十八聯隊の全員新営に着し分列式執行。

五月　一日　「兵営近況」。営門ほぼ落成し一両日中に竣工。下水溝及柵、一大下水溝は工事を急ぎ西方一面は大半竣工。

兵営周囲の柵は東方一面□□落成。兵営は二ヶ中隊用兵舎一棟が七分出来上り。衛生□及営倉、一棟□□に柱梁の組立終り瓦を葺く。酒保下士集会所、酒保一棟は目下柱の組立終る。縫靴工場は工事に着手。

五月　七日　新設久留米歩兵聯隊兵器庫一棟新築工事。五月三日付臨時陸軍建築部熊本支部広告。

　　十四日　「工事広告」。新設歩兵第四十八聯隊〔久留米〕二ヶ中隊兵舎二棟新築、仝一ヶ大隊庖厨及浴室一棟新築、仝大中隊被服庫新築、仝二ヶ中隊厠二棟新築、仝二ヶ中隊顔洗々濯所新築。五月十日付臨時陸軍建築部熊本支部。

五月　十五日　昨日第四十八聯隊への御真影到着。

五月二十八日　「兵営工事の近況」。営門に「第四十八聯隊」の懸札かかる。裏門は二三日中に着手。衛兵所及営倉、一棟は八分落成。下水溝、西方一面は竣工し南北一帯は目下工事中。兵舎及厠、二ヶ中隊用兵舎一棟及厠は八分程竣工。周囲の木柵東方一面成工、西側は建設中。下士集会所及酒保大半成就。暖炉室、裏門側の暖炉室は七分通り落成。衛戍病院及裁縫所、二棟は柱梁の組立を了り瓦を葺く、来月中には竣工予定。

六月　三十日　「第四十八聯隊移転式」、昨廿九日、第四十八聯隊、移転式、兵営縦覧者多し。

七月　七日　第四十八聯隊鉄工場一棟新築。六月二十九日付臨時陸軍建築部熊本支部広告。

第十八師団設置時

明治四十年

一月　五日　「師団設置方針」。二個師団増設方針愈々決定。

二月　七日　「師団増設地」。九州に於ける新設地は佐賀附近及び鹿児島の二ヶ所。

　　二十六日　「増設師団の基地」。増設師団の基地は確定せるも旅団並に聯隊の所在地中二、三は未確定。

二十七日　「久留米市長上京」。吉田久留米市長、市会議員水田常三郎他一名緊急事件で昨日上京。

三月	七日	「新設師団基地」。新設師団は十五日頃上奏の運び。新設師団基地は久留米他、聯隊候補地は運動激烈。
	十二日	「新設師団基地」。九州の師団基地は久留米市決定。新設旅団は佐賀？及鹿児島。
	十四日	「新師団基地と競争」。新設師団基地は不日上奏。然る後設置府県の事務官を出張せしめ内示し土地献納に付いて打合せ。
	十九日	「新設師団地奏請」。新設師団衛戍地は両三日前裁可を奏請、発表は五月頃。
		「府県事務官召集」。土地その他の件に付内協議のため関係府県事務官を陸軍省に召集を通牒。
	二十三日	「久留米市と献地」。久留米市に師団増設確報達し市民歓喜。一昨日福岡県部長来久し市長らと協議、献地の問題には相違なかるべし。
	二十六日	「九州師団所管改正」。第六、第十二師団の編成に異動有るべし。
		「久留米の師団敷地」。新設師団敷地に県庁土木技師出張し棒杭を打つ。
	二十七日	「全国衛戍地移動」。第十八師団久留米、旅団久留米一・大村一、聯隊久留米二・大村一・佐賀一。
	三十日	「久留米師団位置」。久留米に於る新設第十八師団の位置略図の通り総坪数は四十万九百坪。
四月	三日	「久留米市長の注意」。二日より市民を寺院、集会所に集め市長訓諭。
	十三日	「敷地買収済む」。蛍川町憲兵隊敷地は久留米市役所の周旋にて示談結了。国分、御井、高良内の兵営敷地買収示談も略纏る。
		「有馬家令の献地尽力」。有馬伯爵は久留米、関係各郡に書を送り、家令有馬秀雄を派遣。献地も行うと。
	十五日	「有馬家家令の協議」。有馬秀雄は一昨日吉田市長、恵利助役、参事会員と敷地献納に付協議。各郡長とも協議。
四月	十七日	「敷地献納報告」。一昨夜、市長は委員会に献地の顛末を報告し満場承認。

	二十三日	「久留米の道路」。道路開鑿が市民の与論。県庁より技師を派遣し司令部を中心とした道路開鑿の実測に着手。
	二十四日	「新設師団と久留米」。久留米市は師団所在地としての体面を保つため、種々機関の拡張、小学校増設、伝染病院移転、久留米停車場は師団には狭隘のため拡張の計画。
	二十八日	「久留米市役所の執務」。師団増設決定後献地に関し執務多忙。
五月	一日	「敷地献納の卒先〔ママ〕」。福岡県知事、献地願を陸軍省に提出。
		「建築支部開所」。建築支部開所へ、支部長として千秋工兵大佐。久留米市は櫛原町鹿子木氏跡等二三ヶ所を支部に見立てる。
	二日	「有馬家令の招宴」。二日前、有馬秀雄氏は敷地献納に尽力した諸氏を招き慰労の宴。
	三日	「久留米建築支部」。建築支部長以下所員六七名は昨日までに来米、師団予定地を一覧。
	五日	「久留米建築支部」。建築支部を商業会議所に要望され、会議所は移転へ。
	二十三日	「各兵営の建築」。新設各師団の建築は今後四ヶ年を以て完成すべき筈。久留米第十八師団、山砲兵一ヶ大隊、歩兵一ヶ聯隊、騎兵一ヶ聯隊、砲兵一ヶ聯隊、工兵一ヶ大隊、輜重兵一ヶ大隊は本年度内に着手。
	二十五日	「久留米の兵営敷地」。特科兵営敷地鳥飼村分まで拡張。御井町の工兵敷地も変更し北の道路に沿うように変更、同道路より歩兵第四十八聯隊横の御井町道路に連続する道路を新設し営門はこの道路に面する。
	二十八日	「久留米の道路」。久留米市通町と更生県道間に師団司令部各兵営連絡道路を計画。
	三十一日	「久留米建築支部員の談」。師団敷地の実測も大部を終り練兵場の実測に取掛る。製図終り本省の認可を得て地均し工事に着手する予定。
六月	二日	「久留米市参事会」。昨日、久留米市参事会に、市有財産として御井郡内三万坪購入の追加予算八万四千六百円を諮る。

八日　「寄附募集方法調査会」。久留米繁栄期成会選定の同調査委員は募集方法に就き協議。
十五日　「久留米の兵営連絡道路」。兵営連絡道路の件に付、恵利助役他県庁に出張。
二十二日　「常設委員会」。久留米市繁栄期成同盟会常設委員会開催し四手に分かれ寄附募集。
「久留米憲兵本部」。久留米憲兵隊本部は師団司令部内に置くこととし、蛍川町憲兵分隊拡張は僅少とする。
三十日　「久留米市会」。臨時土地購入費八万四千六百円を諮り確定、借入金返却期限は三ヶ年を一ヶ年に修正。
七月　一日　「久留米の寄附募集」。寄附金募集は一昨日より始まる。
「久留米市債成立」。師団用地購入費、十七銀行と交渉の末八万円利率年八朱で成立。
四日　「久留米建築支部近時」。臨時建築支部、関係土地地上物取払いを十五日までと命じる。
師団司令部及工兵隊敷地の地均し・排水溝立替・土塁築造・道路付替及新設工事入札を五日とする。
騎兵・輜重兵営の同工事は六日、野砲・山砲敷地は七日の入札、建築工事請負入札は本月中旬とする。
五日　「臨時福岡県会」。土木補助費について、工兵隊に通ずる道路は速やかに県道とすべき。
十一日　「新設兵営の炊事汽缶」。新設兵営用の炊事汽缶一式据付共請負に付、小倉建築支部にて鉄工場の社名・資本等取調べ。
二十一日　「新設兵営工事」。兵営敷地地均し工事三カ所に付近町村より各百五十～二百名。市内各旅館繁盛する。
九月二十七日　久留米寄附金募集四万三千円、結了。
十月二十三日　「師団新設と家屋」。久留米市は、師団司令部・経理部・軍医部・軍法会議等四十室以上の準備を命じられる。

十一月	五日	「第十八師団の建築工事」。三池土木会社その他の受負にて兵営工事着々と進む。司令部は受負者に差支え生じ未だ着手せず。
	八日	「日吉町の道路に就て」。通町一丁目横丁～有馬丁に通ずる道路は来年度完成を目指す。
		「神社の焼失」。十二軒屋天満宮焼失、特科隊建設地方面に火の手見え一大事となる。
	十四日	「本県予算概観」。福岡県予算、第十八師団新設のため三井郡営の里道更生費一万一千三百余円に対し県補助を特別に十分の七とする。
	十五日	「第十八師団幹部」。木村陸軍少将は中将に進み第十八師団師団長。建築工事遅れ、師団司令部は現旅団司令部、旅団司令部は衛戍病院、病院事務室は空病室、その他は歩兵第四十八聯隊内で事務。
		「移転祝」。師団設置のため久留米市及国分村共立伝染病院は同村野中に移転、このほど竣工。
	二十四日	「久留米の師団設置祝ひ」。久留米市は、師団設置祝賀を師団長・幹部着任時か、兵舎落成し兵員入舎時か講究。
十二月	一日	「第十八師団幹部員」。師団幹部昨今赴任中。
	四日	「宇宿参謀長」。宇宿参謀長は一昨日、江口第二十四旅団長は昨日久留米着。
	五日	「第十八師団司令部開始」。木村師団長本日に久留米に入り司令部開始、市内は国旗を掲げ歓迎。
	十一日	「旅団長の披露宴」。旅団長は一昨日、偕行社に地方官・在米将校を招き新任披露宴を行う。
十二月	十五日	「第十八師団歓迎会」。久留米市、三井・浮羽・八女・三潴・山門・三池各郡の第十八師団歓迎会は昨日萃香園で実施。
	二十二日	「司令部開庁式」。昨日第十八師団開庁式挙行。歩兵第四十八聯隊営門前に大緑門が築かれ来賓賑わう。
	二十四日	「両師団の完成期」。第十八師団、本年は各兵科共三分の一入営、四十二年十二月一日より完

備するに至るべし。

二十五日　「寺原知事の談話」。第十八師団工事のため八女地方の大工の賃銭が数倍騰貴と。

二十九日　「久留米の歳末」。久留米の歳末は幾分不振だが、師団工事のため小料理屋・飲食店は多少景気良い。

明治四十一年

一月　七日　「特科隊の移転期」。特科隊兵舎は輜重隊を除き落成、二月中旬頃には引き移る。

九日　「第十八師団観兵式」。国分練兵場にて昨日挙行。

十二日　「新設師団の営舎」。竣工期延引し、騎兵・野砲・工兵・輜重兵は四月頃移転の運び。

二月　八日　「久留米特科隊の着米」。特科隊兵舎第一期工事は輜重隊を除き落成、各隊は二月十七日以後着米予定。

九日　「三電灯の連合給灯」。三電灯会社、師団への供給競争。

十一日　「兵営附近の道路」。兵営附近の道路は本年度内開通のはず。

「久留米異附近の道路」。久留米市内外附近の国県道路は師団建築資材運搬の牛馬車のため破損。

十二日　「久留米師団兵輸送」。兵員は各地より軍用列車で輸送。

十三日　「第十八師団の点灯」。師団への電灯は日田水電から、兵営附近は広滝水電から久留米電灯を経て供給。

十五日　「特科隊の入米」。久留米第十八師団特科隊は左記日割を以て入米の筈、工兵の先発は昨日到着。

十八日　「野砲隊の入米」。昨日列車にて熊本より到着。

十九日　「特科隊の入米」。昨日騎兵第二十二聯隊の一部、山砲第三大隊馬匹と共に到着、また工兵隊も。

二月二十一日　「道路開鑿着手」。久留米市より増設師団各兵営に通ずる道路開鑿に取掛る。

二十二日　「久留米の特科隊」。各特科隊は直に操練の課程に服し、殷々たる砲声は市民の夢を驚かす。

二十三日　「久留米特科隊の近状」。郷里の父兄は面会と共に新兵舎観覧の為出米。特科隊は本年度内は受負賄の為屋外に竈を築き炊き出しを為す。

二十九日　「第十八師団司令部移転」。師団司令部工事竣功し、仮司令部〔第二十四旅団司令部〕より書類など運搬し昨日より移転済み。

三月二十三日　「輜重第十八大隊久留米着」。之を以て第十八師団の特科隊は全部移転済みとなる。

四月　二日　「受負棟梁逃ぐ」。騎兵第二十二聯隊内の一部工事を受負を為したる石川県人村上は経理部より金子を受取り逃げる。

五月　二日　「久留米市長の晩餐会」。吉田久留米市長は懇親を結ぶ為め昨日晩餐会を催す、武官側は木村師団長、江口旅団長他。

八月　二十日　「新設師団兵舎」。新設師団兵舎建築の四十一年十二月竣功予定は四十二年三月となる。久留米同第五十六聯隊は同期までに完成すべし。

九月　十三日　「兵営落成期」。歩兵第五十六聯隊は秋季演習に参加の為来米、演習終了後新兵営に入るため工事を急ぐ。

二十八日　「九州の兵営工事」。陸軍臨時建築部小倉支部は暑中休暇も廃し昼夜兼行。久留米歩兵第五十六聯隊・佐賀同第五十五聯隊は十月一日以降差支えなし、尤も、全部の完成は明年三月までの予定で、兵舎・厨房・火薬庫等兵馬収用に必要な部分のみ。第十八師団収容し居える騎・輜・工は来十月中、山砲・野砲は同二月中、兵器支廠は十月中に竣工すべし。

十月　十六日　「久留米兵営工事の近況」。木下学而氏受負の歩兵第五十六聯隊工事は長引き、臨時陸軍建築部小倉支部は部員を増加し督励、木下氏も職工百六十名に更に約二百名を増加し昼夜兼行にて工事を進める。

二十七日	「両聯隊の転営」。第十八師団姫路第五十六聯隊は久留米に、福知山歩兵第五十五聯隊は佐賀に転営、第五十六聯隊は昨二十六日から二十八日にかけて下関に着し入営。
十一月二十六日	「五十六聯隊移転近し」。歩兵第五十六聯隊兵舎は工事竣成せず第三大隊以外は聯隊本部、他部隊に収容中であるが、近日中に新兵舎に収容予定。
十二月　四日	「第十八師団一周年」。
明治四十四年	
十一月二十二日	臨時建築部小倉支部閉鎖される。

おわりに

私は一九七九年、埋蔵文化財発掘調査員として久留米市役所に入所した。だが、歴史資料調査などに携わり、最後の三年間は久留米市立中央図書館に移った。定年退職後の三年間、久留米市立北野図書館に嘱託職員として勤めて、職を辞した。

その年、二〇一七年十一月、中央図書館の郷土史講座で話をするよう依頼を受け、「兵営の設置と久留米の人々」と題して話をした。その折に大いに参考にしたのが松下孝昭氏の著書『軍隊を誘致せよ――陸海軍と都市形成』であった。以前から、軍隊が在ったことによる久留米市の「発展」には興味を持っていたが、発展の具体像はどうであったのか、あるいは、果たして「発展」だけで括って良いものか、との思いを持っていた。

郷土史講座の話をまとめるにあたって、このことをテーマの一つに置いた。また、できるだけ資料として残るようにと、レジュメとしてはかなり厚いものを作った。それ以来、少しずつ調査を進めてはいたが、本にまとめるには一歩を踏み出せないでいた。そんな折に花乱社の別府大悟氏と出会うこととなり、「本を書くことはパッションですよ」の一言に、やっと重い腰を上げることとなった。

出版へのきっかけを作ってくれたのは、郷土史講座に誘っていただいた、中央図書館の旧知の司書臼井玲子氏である。別府氏を紹介いただいたのは、考古学を志していた折から長く深いおつきあいをいただいている久保山教善氏である。執筆中には、文化財保護課時代に机を並べた河邊正義氏に、若い頃の軍隊経験から、その時代が持つ「空気」というようなものを教示いただいた。大学の同窓である林日佐子氏には、当地で手に入りにくい論文を手配いただいた。

もちろん、資料を調べるにあたっては、中央図書館調査研究室の司書の方々には一方ならぬお世話をおかけした。元の職場であった久留米文化財収蔵館の皆様にも、該当する資料を探し出していただいた。このようなご助力を得て、なんとか出版することができたのだが、花乱社の別府大悟氏には種々助言と励ましを頂き、本と成していただいた。ここに掲げ得なかった方々を含めて、多くのご協力に心から感謝する。

「はじめに」でも述べたが、多くの資料を一冊にまとめたに過ぎない内容となったのかもしれない。しかし、このことが、久留米地域の歴史研究を行おうとする次の方々への便利な本となっていれば幸いなことである。

元より浅学非才。間違いや思い込みが多々あるのではないかと恐れている。あれこれと思い悩みながら、パソコンを閉じることにする。

二〇二四年二月

山口　淳

【その他】

►や行

►わ行

【地名など】

►あ行

►か行

►さ行

►た行

►な行

►は行

索　引

（各50音順）

【人名】

山口　淳（やまぐち・あつし）
1953年，久留米市御井町に生まれる。
同志社大学にて考古学を学ぶ。
1979年，久留米市役所入所（埋蔵文化財発掘調査員）。文化財保護課にて歴史資料類の調査，収集，保存などに従事。その後，退職前3カ年間は久留米市立中央図書館勤務。2014年，定年退職。久留米市立北野図書館嘱託職員を3カ年勤め，職を辞す。

軍都《ぐんと》 久留米《くるめ》
近代都市《きんだいとし》への転換《てんかん》と地域《ちいき》の人々《ひとびと》

2024年3月11日　第1刷発行

著　者　山口　淳
発行者　別府大悟
発行所　合同会社花乱社
〒810-0001 福岡市中央区天神5-5-8-5D
電話 092(781)7550　FAX 092(781)7555
http://www.karansha.com
印　刷　モリモト印刷株式会社
製　本　株式会社メッツ
ISBN978-4-910038-88-9

野村望東尼《ぼうとうに》 ひとすじの道をまもらば

谷川佳枝子著

高杉晋作，平野国臣ら若き志士たちと共に幕末動乱を駆け抜けた歌人望東尼。無名の民の声を掬《すく》い上げる慈母であり，国の行く末を憂えた“志女”の波乱に満ちた生涯。

▷Ａ５判／368ページ／上製／本体3200円／２刷

頭山満・未完の昭和史

石瀧豊美著

精査した史料に基づき，歴史の闇に葬られてきた頭山満とその仲間たちの和平工作の実相を明らかにする。半世紀の研究成果を世に問う，頭山満・玄洋社研究の金字塔！

▷Ａ５判／390ページ／上製／本体3800円

［新版］フジタよ眠れ

菊畑茂久馬著

戦後長らく忌避・隠蔽されてきた藤田嗣治ら描く「戦争画」の謎に肉薄し，絵画表現についての自立した批評を鋭く問いつづけた画家・菊畑茂久馬の代表的著作を復刊。山本作兵衛炭坑画についての初論考も収録。

▷四六判／240ページ／上製／本体2500円

【歴史散策ガイド】維新秘話・福岡

志士たちが駆けた道

浦辺 登 著

勤皇派・佐幕派ともに有為な人物が数多落命した福岡の幕末・維新。諸国の志士が往来したこの地を舞台に，埋もれた史実を掘り起こし，明治維新の全体像を捉え直す。

▷Ａ５判／200ページ／並製／本体1800円

葉山嘉樹・真実を語る文学

楜沢《くるみさわ》 健 他著／三人の会編

小林多喜二と並ぶプロレタリア作家であり，世界文学へとつながる不思議な文学を紡ぎ出した葉山嘉樹。その現代性に焦点を当てた講演他，主要な作家論・作品論を集成。

▷Ａ５判／184ページ／並製／本体1600円

筑前竹槍一揆研究ノート

石瀧豊美著

明治６年６月，大旱魃を背景に筑前全域に拡がり福岡県庁焼打ちにまで発展した空前の農民一揆を捉え直す。民衆エネルギーの負の側面を正当に位置づけた画期的論考。

▷Ａ５判／160ページ／並製／本体1500円

地方創生時代の「民謡《うた》」づくり

久留米大学チクゴズの記録

神本秀爾編著

学生・地域の人々・ミュージシャンらが一緒になって，主に地元・筑後地域をテーマに楽曲・映像を制作，地域に活力をもたらすことを試みた。全９曲／ QR コード付き

▷Ａ５判／110ページ／並製／本体1200円

帝国日本の植民地を歩く

文化人類学者の旅ノート

崔 吉 城 著 チェ・キルソン

憎しみ（反日感情）や英雄（殉国者）はどのように作り出されるのか。植民地朝鮮に生まれ，日韓の狭間に生きてきた文化人類学者が曾ての植民地で見聞きし考えたこと。

▷四六判／192ページ／並製／本体1600円

❖花乱社の本